汽车发动机
构造与维修

第2版

主　编　刘冬生　金　荣　袁涛生

副主编　莫肖强　徐　武　莫禄金

参　编　莫豪锐　李选剑　符史仁　刘　仁　符策大

　　　　劳群才　魏志远　刘剑彬　朱春松

主　审　杨永志

机械工业出版社

CHINA MACHINE PRESS

本书是"十四五"职业教育国家规划教材。

本书在第 1 版的基础上，按照汽车运用与维修职业技能等级标准的要求编写，由发动机的吊装、曲柄连杆机构构造与维修、配气机构构造与维修、燃油供给系统构造与维修、冷却系统构造与维修和润滑系统构造与维修 6 个项目组成，每个项目根据任务的不同分成 1~3 个教学任务，每个教学任务包括学习目标（知识目标、技能目标、素养目标）、任务描述、相关知识、学习任务单、任务实施、工作任务单和评分细则 7 个部分组成。学习任务单和工作任务单的评分细则几乎涵盖了汽车运用与维修职业技能等级标准中汽车动力与驱动系统综合分析技术初级证书中汽车发动机机械部分考核标准所要求的全部技能点。

本书采用了大量的图片、彩色印刷，并整合了移动多媒体技术，在书中相关资料文本或图片附近设置了二维码，读者用智能手机进行扫描，便可在手机屏幕上显示和教学材料相关的多媒体内容，方便读者理解相关知识，以便更深入地学习。

本书内容新颖全面、图文并茂、通俗易懂、好教易学，可作为职业院校汽车类专业学生的教学用书，也可作为职业技能培训和相关专业人员的参考书。

为方便教学，本书配有电子课件、学习任务单答案、电子教案等资源。凡选用本书作为授课教材的教师均可登录 www.cmpedu.com，以教师身份注册后免费下载，或咨询相关编辑，编辑 QQ：729163363。

图书在版编目（CIP）数据

汽车发动机构造与维修 / 刘冬生，金荣，袁涛生主编. — 2版. —北京：机械工业出版社，2023.6（2026.1重印）

ISBN 978-7-111-72965-5

Ⅰ. ①汽…　Ⅱ. ①刘…②金…③袁…　Ⅲ. ①汽车—发动机—构造—高等职业教育—教材②汽车—发动机—车辆修理—高等职业教育—教材　Ⅳ. ①U472.43

中国国家版本馆CIP数据核字（2023）第058428号

机械工业出版社（北京市百万庄大街22号　邮政编码100037）
策划编辑：师　哲　　　　　　　责任编辑：师　哲
责任校对：肖　琳　许婉萍　　　封面设计：张　静
责任印制：常天培
北京瑞禾彩色印刷有限公司印刷
2026年1月第2版第14次印刷
210mm×285mm·10.75印张·196千字
标准书号：ISBN 978-7-111-72965-5
定价：49.80元

电话服务　　　　　　　　网络服务
客服电话：010-88361066　机 工 官 网：www.cmpbook.com
　　　　　010-88379833　机 工 官 博：weibo.com/cmp1952
　　　　　010-68326294　金 书 网：www.golden-book.com
封底无防伪标均为盗版　机工教育服务网：www.cmpedu.com

关于"十四五"职业教育
国家规划教材的出版说明

为贯彻落实《中共中央关于认真学习宣传贯彻党的二十大精神的决定》《习近平新时代中国特色社会主义思想进课程教材指南》《职业院校教材管理办法》等文件精神,机械工业出版社与教材编写团队一道,认真执行思政内容进教材、进课堂、进头脑要求,尊重教育规律,遵循学科特点,对教材内容进行了更新,着力落实以下要求:

1. 提升教材铸魂育人功能,培育、践行社会主义核心价值观,教育引导学生树立共产主义远大理想和中国特色社会主义共同理想,坚定"四个自信",厚植爱国主义情怀,把爱国情、强国志、报国行自觉融入建设社会主义现代化强国、实现中华民族伟大复兴的奋斗之中。同时,弘扬中华优秀传统文化,深入开展宪法法治教育。

2. 注重科学思维方法训练和科学伦理教育,培养学生探索未知、追求真理、勇攀科学高峰的责任感和使命感;强化学生工程伦理教育,培养学生精益求精的大国工匠精神,激发学生科技报国的家国情怀和使命担当。加快构建中国特色哲学社会科学学科体系、学术体系、话语体系。帮助学生了解相关专业和行业领域的国家战略、法律法规和相关政策,引导学生深入社会实践、关注现实问题,培育学生经世济民、诚信服务、德法兼修的职业素养。

3. 教育引导学生深刻理解并自觉实践各行业的职业精神、职业规范,增强职业责任感,培养遵纪守法、爱岗敬业、无私奉献、诚实守信、公道办事、开拓创新的职业品格和行为习惯。

在此基础上,及时更新教材知识内容,体现产业发展的新技术、新工艺、新规范、新标准。加强教材数字化建设,丰富配套资源,形成可听、可视、可练、可互动的融媒体教材。

教材建设需要各方的共同努力,也欢迎相关教材使用院校的师生及时反馈意见和建议,我们将认真组织力量进行研究,在后续重印及再版时吸纳改进,不断推动高质量教材出版。

机械工业出版社

前　言

本书根据职业院校的教学特点，以提高学习者的职业能力和职业素养为宗旨，倡导以学生为本的教育理念，在进行广泛的企业、行业调研的基础上编写而成。

本书借鉴了德国职业教育的先进教学理念，把行业能力标准作为课程教学目标和鉴定标准，按照行业能力要求组织教学内容。本书充分体现一体化的职业教育理念，贯彻"工作过程系统化"的项目课程开发思想，针对职业院校学生的学习特征设计教学活动。教学活动环境主要模拟企业真实的工作场景，学生通过完成任务描述所布置的任务掌握必需的理论知识，再通过任务实施有步骤地解决任务描述中的问题，进而逐步具备综合的职业能力。

本书坚持"以服务为宗旨，就业升学并重"的办学思想，突出了职业教育的特色，其主要特点如下：

1. 落实立德树人的根本目的。坚持以习近平新时代中国特色社会主义思想引领职业教育汽车类专业教材建设，提升教材的思想性、科学性、时代性，贯彻落实党的二十大精神，融入职业素养等内容，发挥教材培根铸魂的作用，激发学生的家国情怀和使命担当，培养学生的工匠精神，培养适合新时代发展需要的高素质人才。

2. 采用项目式的编写模式，包括发动机的吊装、曲柄连杆机构构造与维修、配气机构构造与维修、燃油供给系统构造与维修、冷却系统构造与维修和润滑系统构造与维修6个项目，每个项目包含若干个任务。每个任务按照学习目标、任务描述、相关知识、学习任务单、任务实施、工作任务单和评分细则进行学习。

3. 本书按照汽车专业领域职业技能等级证书汽车运用与维修职业技能考核（初级）培训方案准则进行编写，同时融入全国职业院校技能大赛元素是"岗课赛证"综合育人系列教材的新尝试。

4. 本书坚持理论与实践、知识学习与技能训练一体化，贯彻"做中学、学中做"的教学理念，强调实践与理论的有机统一。技能上力求满足企业用工需要，理论上做到"适度、够用"。

5. 本书坚持过程评价和成果评价相结合，即对学生在学习每个任务过程中的表现和最后的实训成果进行评价。评价要求明确、直观、实用，可操作性强，能很好地调动学生的学习积极性。

6. 本书按照工作手册式教材形式打造，借助"互联网+"技术，紧抓数字化机遇，将二维码等数字技术融入教材，助力学生学习成长，进一步丰富、优化、更新教材数字化资源、推进教育数字化。

本书由刘冬生、金荣、袁涛生任主编，莫肖强、徐武、莫禄金任副主编，参与本书编写的还有莫豪锐、李选剑、符史仁、刘仁、符策大、劳群才、魏志远、刘剑彬、朱春松。本书由杨永志主审。

本书在编写过程中，得到了上海景格科技有限公司给予的大力帮助和提供的许多资料，同时也参考了大量的书籍并借鉴了汽车维修手册和相关培训资料，谨在此向有关作者及资料提供者表示诚挚的谢意。

由于编者水平有限，书中难免有不妥之处，恳请广大读者和专家批评、指正。

编　者

二维码索引

（续）

目 录

项目一 / Project 1

发动机的吊装

任务

吊装发动机

🔧 学习目标

知识目标

1）掌握汽车发动机的功用、分类、总体构造和工作原理。

2）理解汽车发动机的专用术语。

技能目标

1）在实训教师的指导下能从整车上吊下发动机总成。

2）在实训教师的指导下能将发动机总成吊装到整车上。

素养目标

1）能够在工作过程中与小组其他成员合作、交流，养成团队合作意识，锻炼沟通能力。

2）养成 7S 的工作习惯。

3）养成服从管理、规范作业与精益求精的良好工作习惯。

🚗 任务描述

有一位丰田卡罗拉轿车用户将车开到服务站，车主反映汽车已行驶近 40 万 km，油耗明显增加，行驶过程中还经常需要添加机油，现需要维修。

相关知识

一、发动机的作用

发动机是将热能转化为机械能的机器，其作用是将燃料通过燃烧产生热能，再把热能转化为机械能给汽车运行提供动力，如图 1-1 所示。

由于汽车发动机是将燃料直接输入机器内部燃烧而产生热能，因此也称为内燃机。

图1-1　发动机的作用

二、发动机的分类

（1）**按所用燃料种类分类**　发动机可分为汽油机、柴油机和气体燃料发动机三类，如图1-2所示。汽油机即以汽油为燃料的发动机，目前在我国轿车上大量采用。柴油机即以柴油为燃料的发动机，在货车和客车上大量采用。气体燃料发动机即以天然气、液化石油气等为燃料的发动机，在城市公交车上较多采用。

（2）**按冷却方式分类**　发动机可分为液冷式和风冷式两种发动机，如图1-3所示。液冷式发动机即用水冷却气缸和气缸盖等零部件的发动机，在汽车上大量采用。风冷式发动机即用空气冷却气缸和气缸盖等零部件的发动机，一般在摩托车上采用。

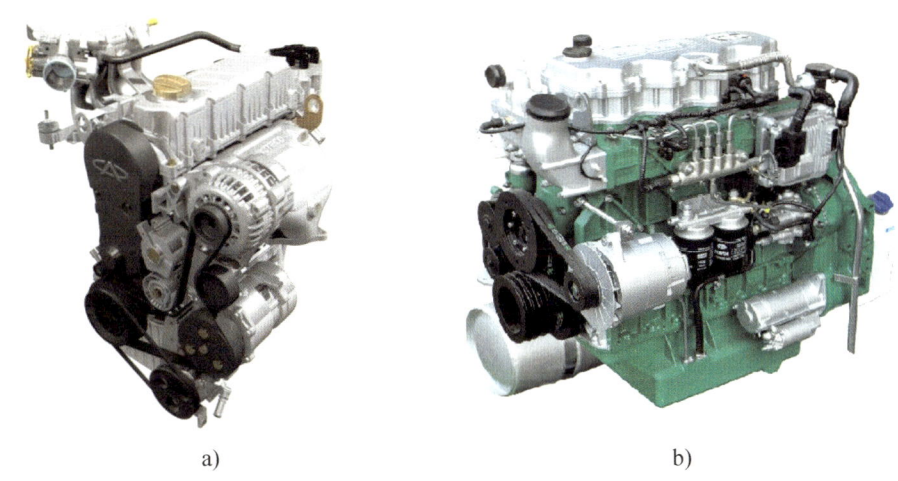

a)   b)

图1-2　按所用燃料种类分类

a）汽油机　b）柴油机

c)

图 1-2　按所用燃料种类分类（续）

c）气体燃料发动机

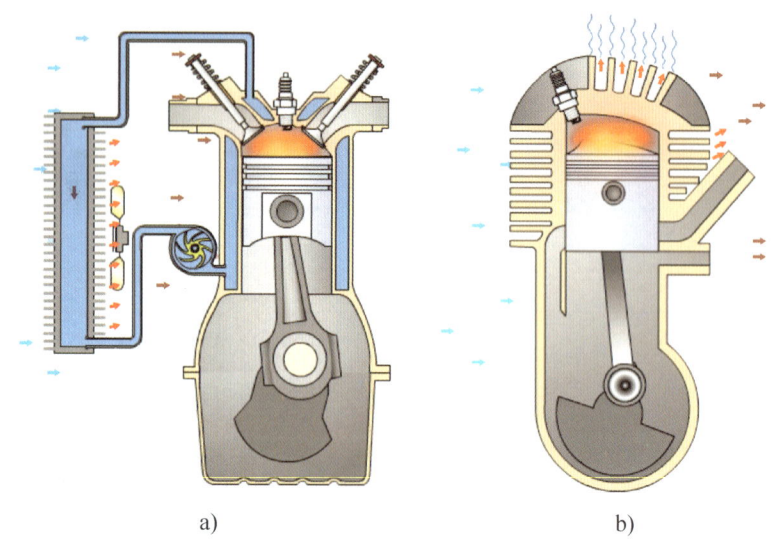

a)　　　　　　　　　　　　　　b)

图 1-3　按冷却方式分类

a）液冷式发动机　b）风冷式发动机

（3）按混合气着火方式分类　发动机可分为点燃式（汽油发动机）和压燃式（柴油发动机）两种发动机，如图 1-4 所示。点燃式发动机即进入发动机内的燃料经压缩后，需用外源点火燃烧的发动机；压燃式发动机即压缩进入气缸内的空气，产生高温，使喷入燃料自燃的发动机。

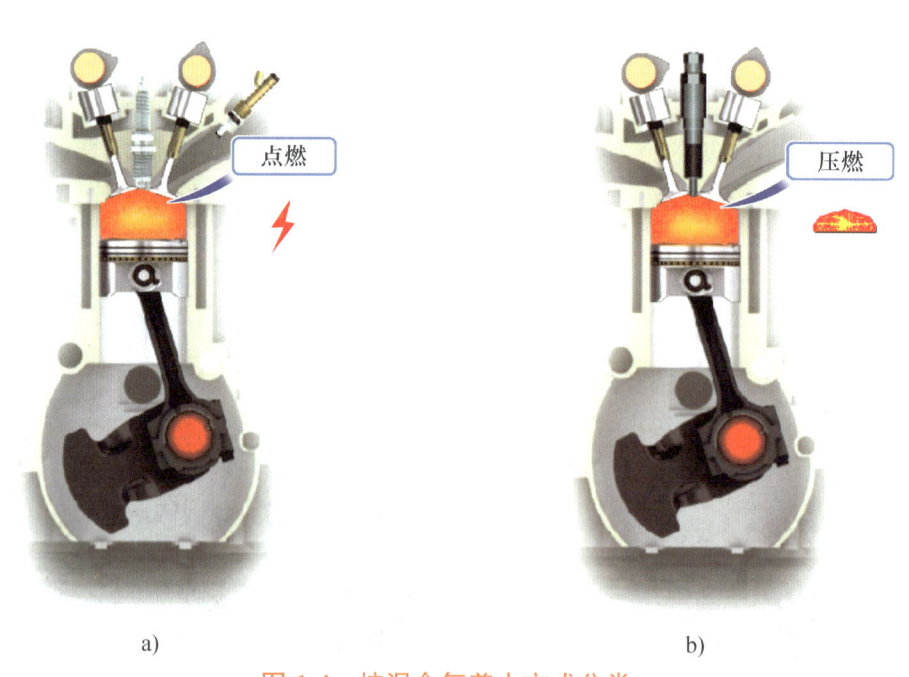

点燃

压燃

a)　　　　　　　　　　　　　　b)

图 1-4　按混合气着火方式分类

a）点燃式发动机　b）压燃式发动机

（4）按每循环活塞行程数分类　发动机可分为四冲程发动机和二冲程发动机，如图 1-5 所示。四冲程发动机即活塞经过四个行程完成一个工作循环的发动机。二冲程发动机即活塞经过两个行程完成一个工作循环的发动机。

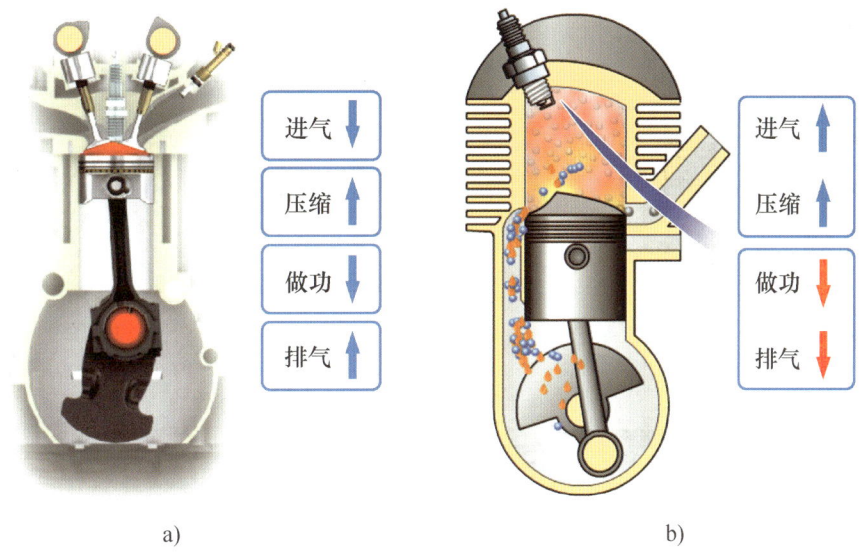

进气 ↓	进气 ↑
压缩 ↑	压缩 ↑
做功 ↓	做功 ↓
排气 ↑	排气 ↓

a)　　　　　　　　　　　　　b)

图 1-5　按每循环活塞行程数分类

a）四冲程发动机　b）二冲程发动机

（5）按发动机内部活塞运动方式分类　发动机可分为往复活塞式和旋转活塞式两种发动机，如图 1-6 所示。往复活塞式发动机即发动机运转时活塞在气缸内做往复直线运动的发动机；旋转活塞式发动机即发动机运转时活塞在气缸内做旋转运动的发动机，由于制造技术复杂，目前几乎没有车辆采用。

a)　　　　　　　　　　　　　b)

图 1-6　按活塞运动方式分类

a）往复活塞式发动机　b）旋转活塞式发动机

（6）按气缸的布置形式分类　发动机可分为直列式发动机、V 形发动机和 W 形发动机等，如图 1-7 所示。

1）直列式发动机即气缸布置于曲轴上方且气缸中心线垂直于水平面的发动机，一般有 4 个气缸或 6 个气缸。

2）V 形发动机即两列气缸，其中心线夹角呈 V 形，并共用一根曲轴输出功率的发动机，一般有 6 个气缸、8 个气缸或 12 个气缸。

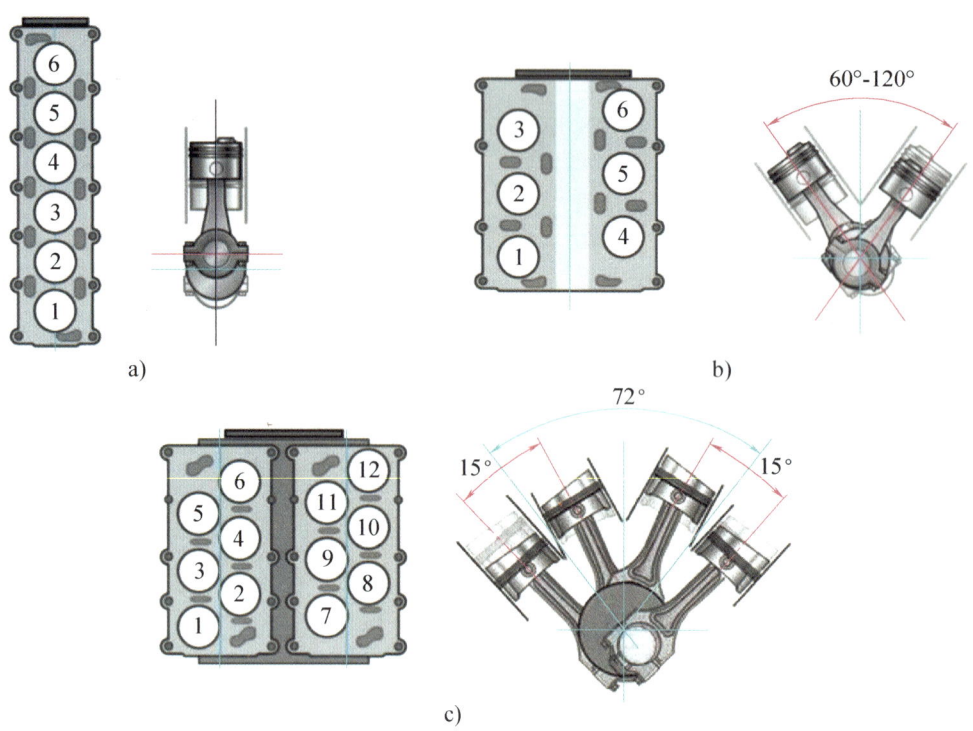

图 1-7　按气缸的布置形式分类

a）直列式发动机　b）V 形发动机　c）W 形发动机

3）W 形发动机即四列气缸，其中心线夹角呈 W 形，并共用一根曲轴输出功率的发动机，一般有 12 个气缸。

（7）按进气状态分类　发动机可分为自然吸气式和增压式两类发动机，如图 1-8 所示。

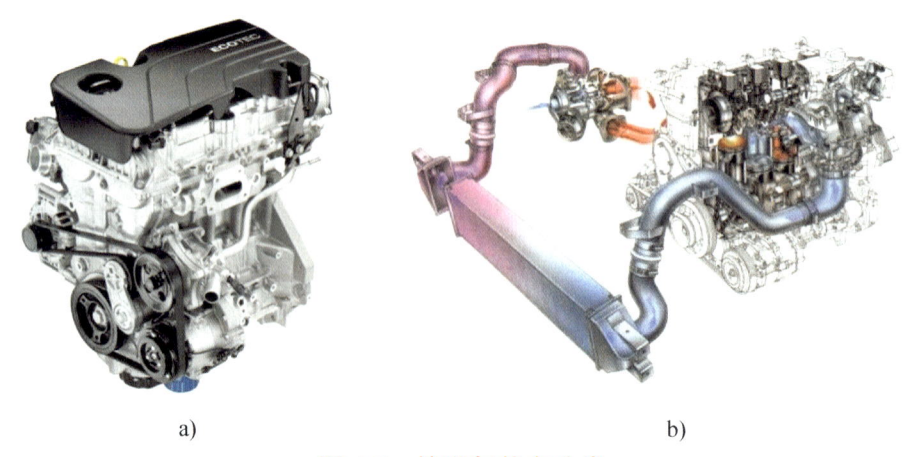

图 1-8　按进气状态分类

a）自然吸气式发动机　b）增压式发动机

1）自然吸气式发动机即进入气缸的空气或可燃混合气未经压缩的发动机。

2）增压式发动机即进入气缸的空气或可燃混合气先经过压气机压缩，以增大充气量的发动机。

三、发动机的总体构造

汽车发动机是一部由许多机构和系统组成的复杂机器，其构造形式多种多样。但无论是汽油机，还是柴油机；无论是四冲程发动机，还是二冲程发动机；无论是单缸发动机，还是多缸发动机，要完成能量转换，实现工作循环，保证长时间连续正常工作，都必须具备以下一些机构和系统。

汽油机由曲柄连杆机构、配气机构两大机构和燃料供给系统、冷却系统、点火系统、起动系统、润滑系统五大系统组成；柴油机由两大机构和四大系统组成（无点火系统）。汽油发动机外形如图1-9所示。

图1-9 汽油发动机外形

1. 曲柄连杆机构

曲柄连杆机构是发动机实现工作循环，完成能量转换的主要运动零部件。它由机体组、活塞连杆组和曲轴飞轮组等组成，如图1-10所示。

2. 配气机构

配气机构的作用是根据发动机的工作顺序和工作过程，定时开启和关闭进气门与排气门，使可燃混合气或空气进入气缸，并使废气从气缸内排出，实现换气过程。它由气门传动组和气门组等组成，如图1-11所示。

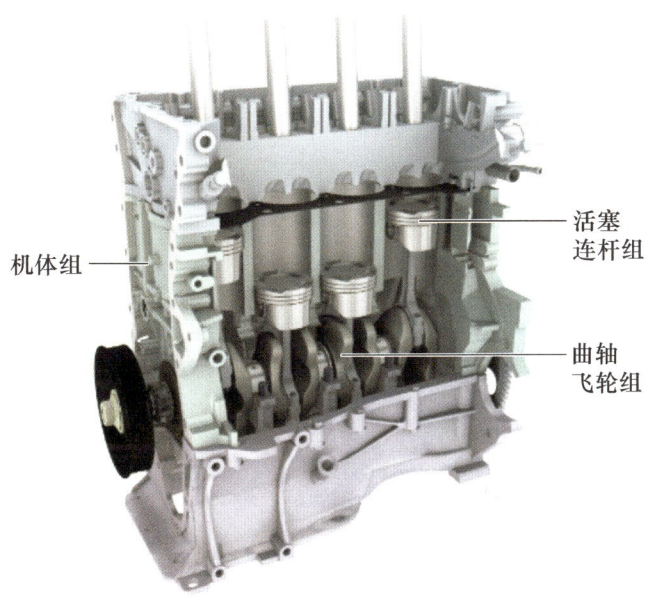

机体组

活塞连杆组

曲轴飞轮组

图1-10 曲柄连杆机构的组成

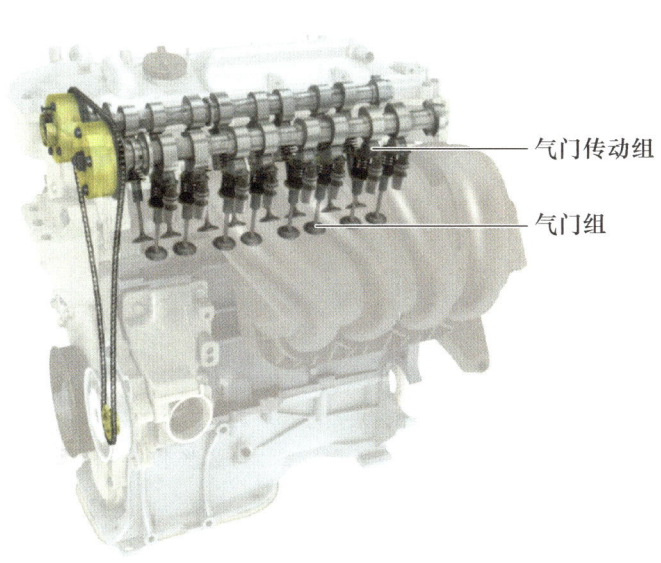

气门传动组

气门组

图1-11 配气机构的组成

3. 燃料供给系统

汽油机燃料供给系统的作用是根据发动机的要求，配制出一定数量和浓度的混合气，供入气缸，并将燃烧后的废气从气缸内排到大气中去；柴油机燃料供给系统的作用是把柴油和空气分别供入气缸，在燃烧室内形成混合气并燃烧，最后将燃烧后的废气排出。燃料供给系统主要由燃油箱、燃油泵、燃油滤清器、喷油器、燃油压力调节器和回油管等组成，如图1-12所示。

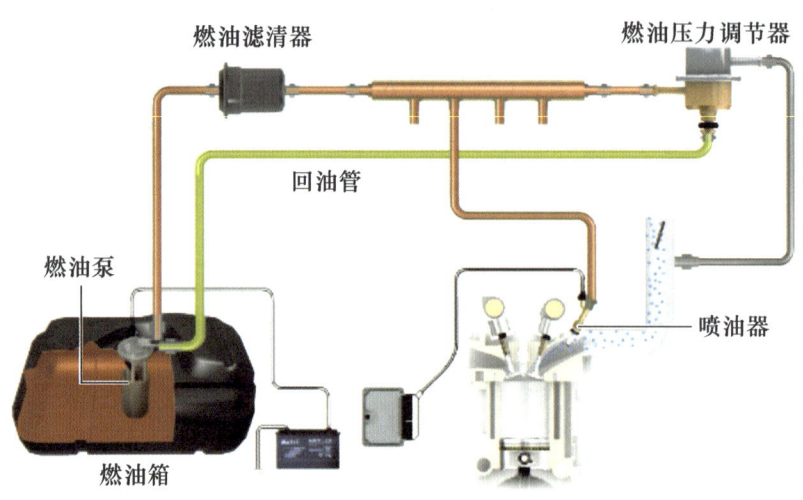

图1-12　燃料供给系统的组成

4. 冷却系统

冷却系统的作用是将受热零部件吸收的部分热量及时散发出去，保证发动机在最适宜的温度状态下工作。水冷式发动机的冷却系统通常由位于发动机机体内的水套、膨胀水箱、水泵、冷却风扇、散热器和节温器等组成，如图1-13所示。

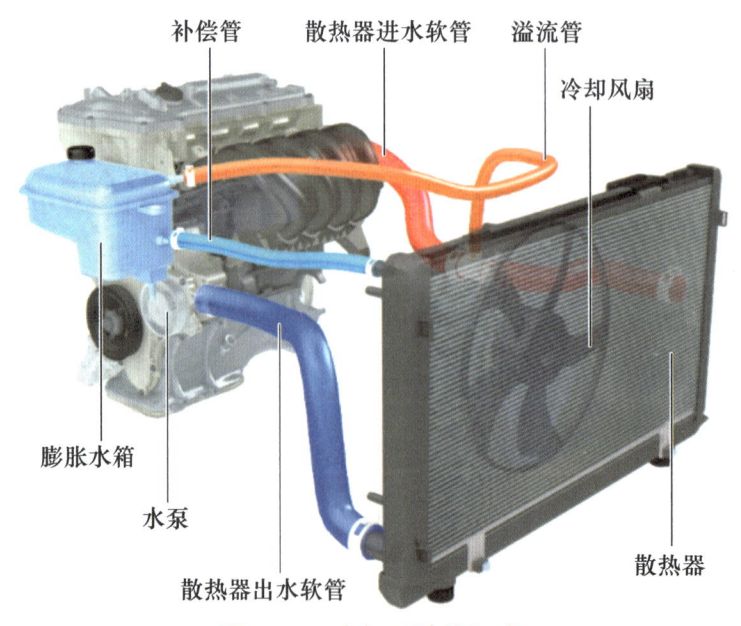

图1-13　冷却系统的组成

5. 润滑系统

润滑系统的作用是向做相对运动的零部件表面输送定量的清洁机油，以实现液体摩擦，减小摩擦阻力，减轻机件的磨损，并对零部件表面进行清洗和冷却。润滑系统通常由润滑油道、机油泵、机油滤清器和油底壳等组成，如图 1-14 所示。

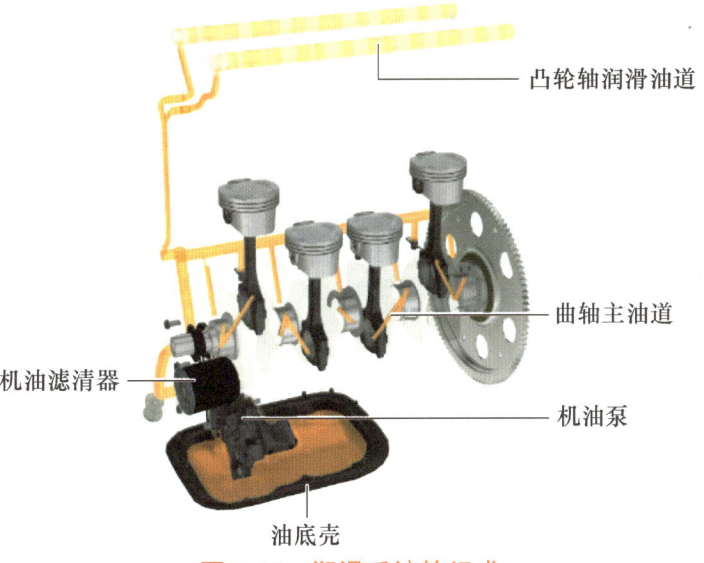

图 1-14 润滑系统的组成

6. 点火系统

在汽油机中，气缸内的可燃混合气是靠电火花点燃的，为此在汽油机的气缸盖上装有火花塞，火花塞头部伸入燃烧室内。能够按时在火花塞电极间产生电火花的全部设备称为点火系统，电子控制的点火系统通常由点火线圈和火花塞等组成，如图 1-15 所示。

7. 起动系统

要使发动机由静止状态过渡到工作状态，必须先用外力转动发动机的曲轴，使活塞做往复运动，气缸内的可燃混合气燃烧膨胀做功，推动活塞向下运动使曲轴旋转，发动机才能自行运转，工作循环才能自行进行。因此，曲轴在外力作用下开始转动到发动机开始自行地运转的全过程，称为发动机的起动。完成起动过程所需的装置，称为发动机的起动系统，它主要由起动机、起动继电器以及外部的蓄电池等组成，如图 1-16 所示。

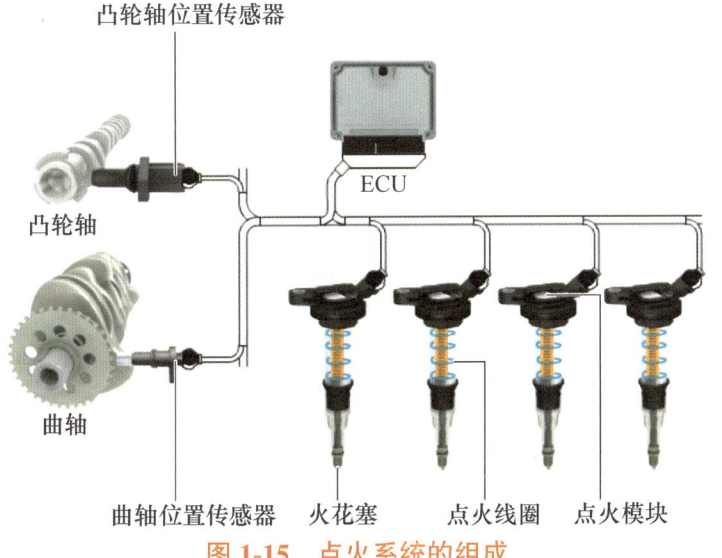

图 1-15 点火系统的组成

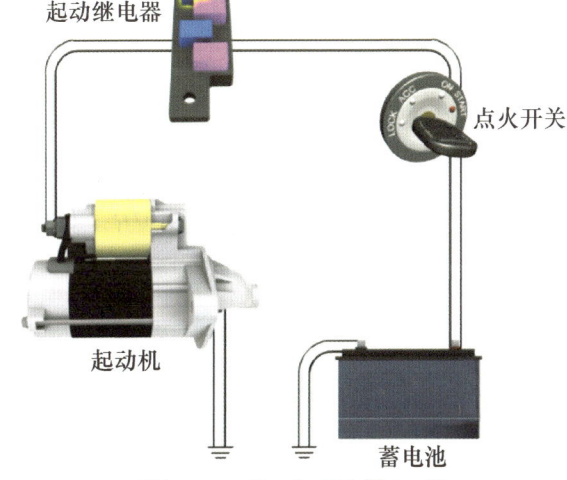

图 1-16 起动系统的组成

四、发动机术语

1. 上止点（TDC）

上止点是指活塞顶离曲轴回转中心最远处，即活塞的最高位置，如图1-17所示。

2. 下止点（BDC）

下止点是指活塞顶离曲轴回转中心最近处，即活塞的最低位置，如图1-18所示。

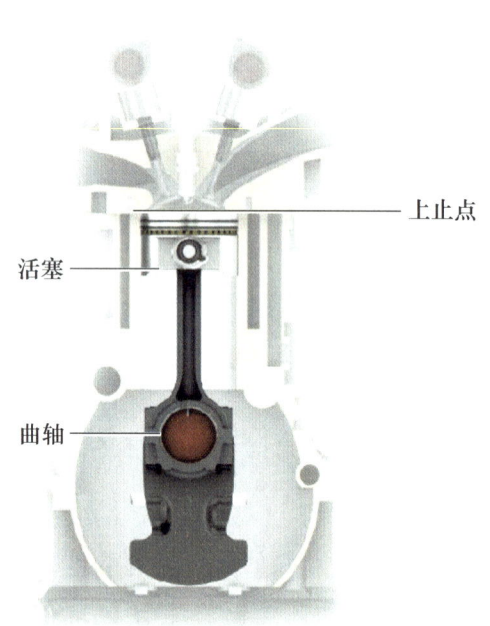

图 1-17　上止点

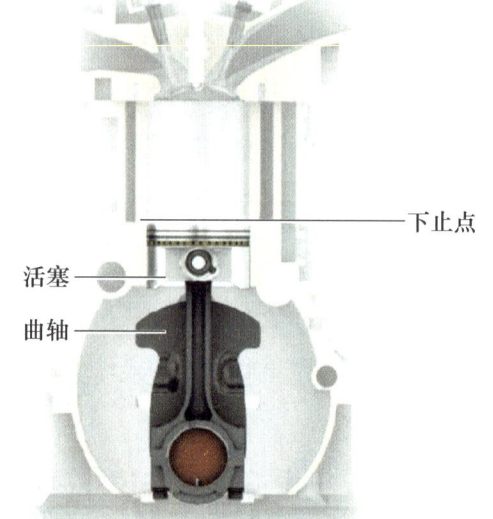

图 1-18　下止点

3. 活塞行程 S

活塞行程是指活塞由一个止点移动到另一个止点的运动过程，也称为冲程。行程的长度即为上、下止点间的距离，用 S 表示，单位为 mm，如图1-19所示。

4. 曲柄半径 R

曲柄半径是指曲轴的回转半径，用 R 表示，单位为 mm。显然，曲轴每转一周，活塞移动两个行程，即 S=2R，如图1-20所示。

5. 气缸工作容积（V_h）

气缸工作容积是指活塞从一个止点运动到另一个止点所扫过的空间容积，单位为 L，如图1-21所示。

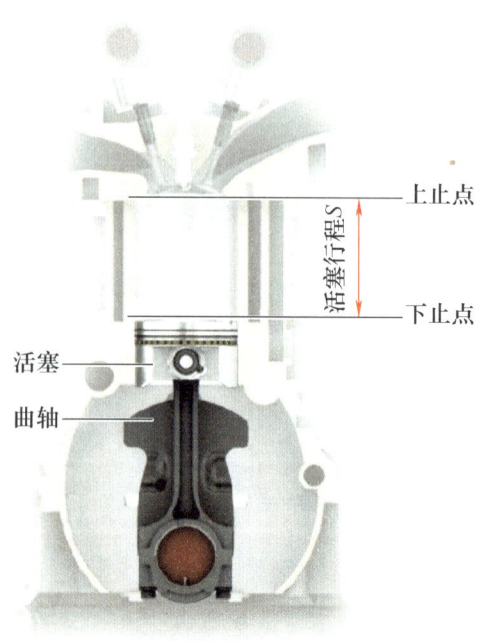

图 1-19　活塞行程

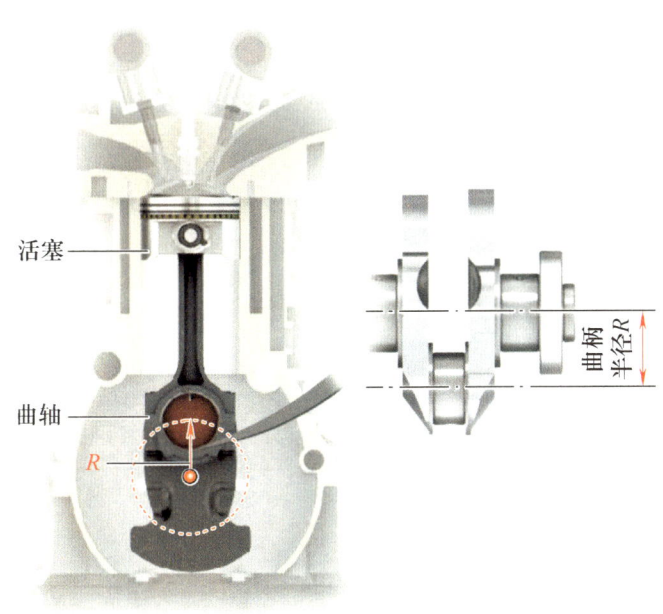

图 1-20　曲柄半径

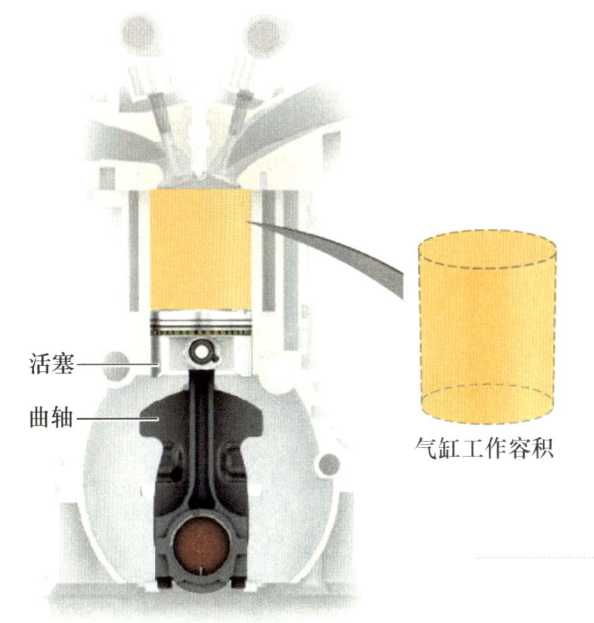

图 1-21　气缸工作容积

6. 燃烧室容积（V_c）

燃烧室容积是指活塞位于上止点时，活塞顶上面空间的容积，单位为 L，如图 1-22 所示。

7. 发动机工作容积

发动机工作容积是指发动机所有气缸工作容积的总和，也称发动机的排量，单位为 L。

8. 气缸总容积（V_a）

气缸总容积是指活塞在下止点时，活塞顶上面空间的容积。它等于气缸工作容积与燃烧室容积之和，单位为 L，如图 1-23 所示。

9. 压缩比（ε）

压缩比是指气缸总容积与燃烧室容积的比值，用 ε 表示，如图 1-24 所示。压缩比表示气缸内的气体被压缩的程度。压缩比越大，压缩终了时气缸内的气体压力和温度就越高。一般车用汽油机的压缩比为 6~10，柴油机的压缩比为 15~22。

10. 工作循环

发动机完成进气、压缩、做功和排气四个行程，称为一个工作循环。

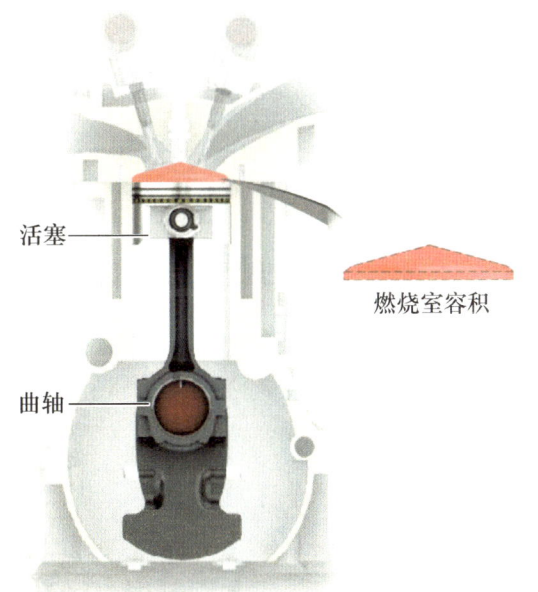

燃烧室容积

图 1-22　燃烧室容积

压缩比

四冲程汽油机工作原理

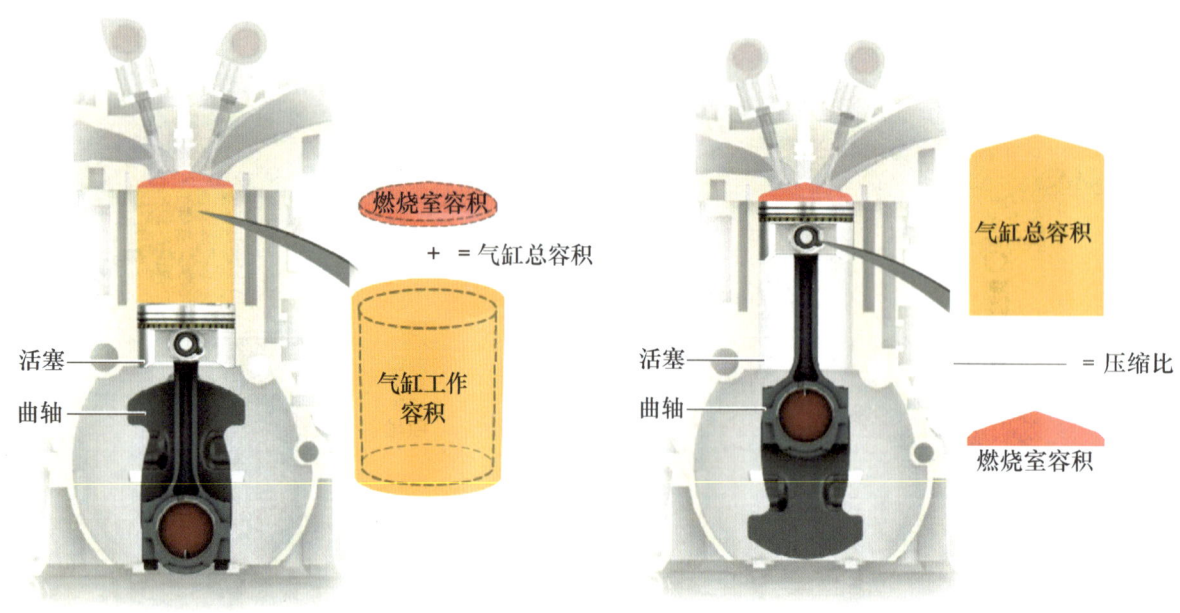

图 1-23　气缸总容积　　　　　　　　　图 1-24　压缩比

五、发动机的工作原理

四冲程发动机将热能转化为机械能的过程，是经过进气、压缩、做功和排气四个连续的过程来完成一个工作循环。曲轴旋转两周，活塞往复四个行程完成一个工作循环的发动机，称为四冲程发动机。

1. 进气行程

活塞在曲轴的带动下由上止点移至下止点。此时排气门关闭，进气门开启。在活塞移动过程中，气缸容积逐渐增大，气缸内形成一定的真空度。空气和汽油的混合物通过进气门被吸入气缸，并在气缸内进一步混合形成可燃混合气，如图 1-25所示。

2. 压缩行程

进气行程结束后，曲轴继续带动活塞由下止点移至上止点。这时，进、排气门均关闭。随着活塞的移动，气缸容积不断减小，气缸内的混合气被压缩，其压力和温度同时升高，如图 1-26 所示。

3. 做功行程

压缩行程结束时，安装在气缸盖上的火花塞产生电火花，将气缸内的可燃混合气点燃，火焰迅速传遍整个燃烧室，同时放出大量的热能。燃烧气体的体积急剧膨胀，压力和温度迅速升高。在气体压力的作用下，活塞由上止点移至下止点，并通过连杆推动曲轴旋转做功。这时，进、排气门仍旧关闭，如图 1-27 所示。

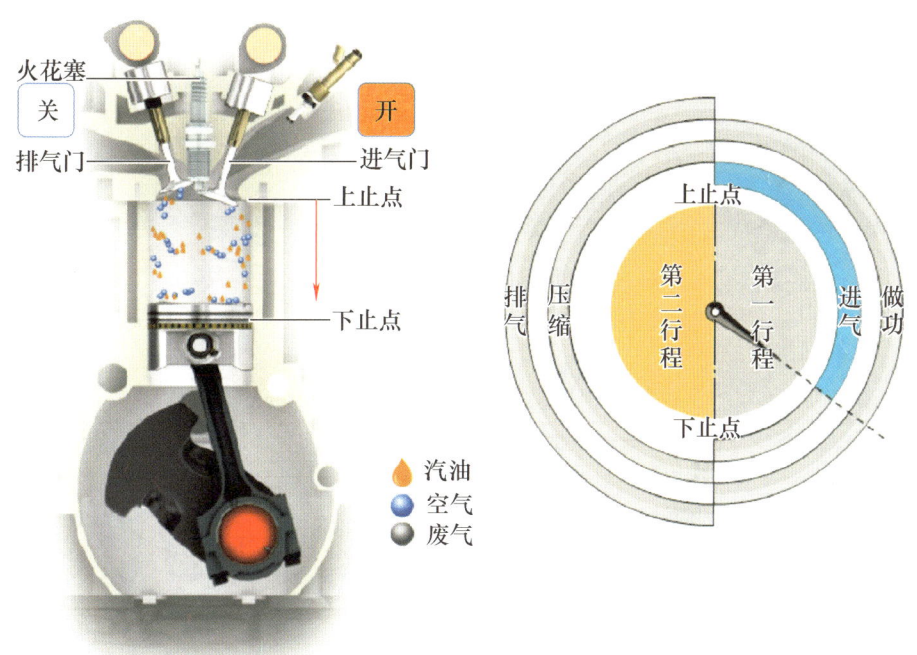

图 1-25　进气行程

4. 排气行程

排气行程开始时，排气门开启，进气门仍然关闭，曲轴通过连杆带动活塞由下止点移至上止点，此时膨胀过后的燃烧气体（或称废气）在其自身剩余压力和活塞的推动下，经排气门排出气缸外。当活塞到达上止点时，排气行程结束，排气门关闭，如图 1-28 所示。

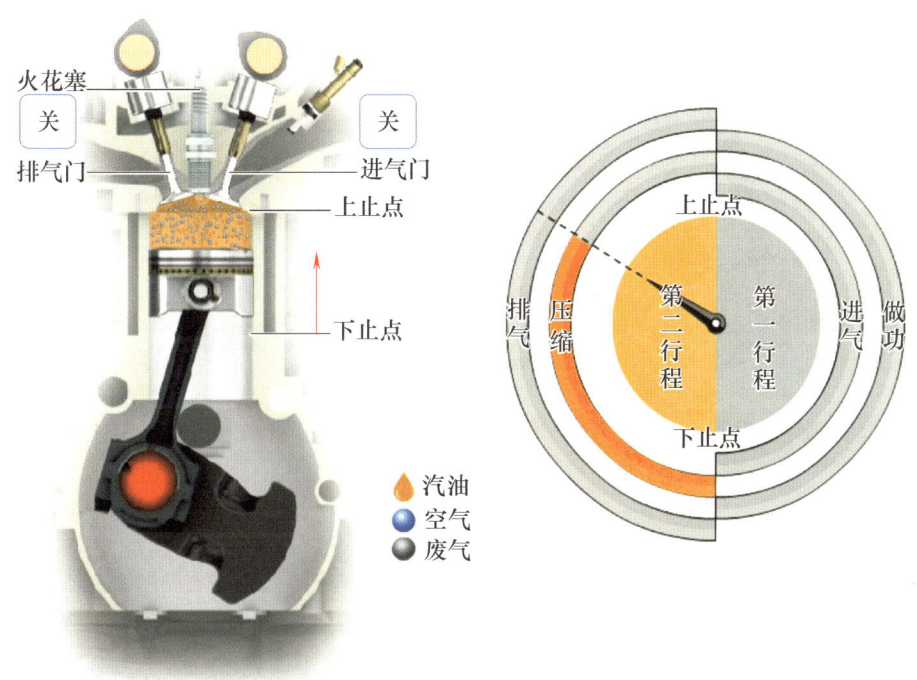

图 1-26　压缩行程

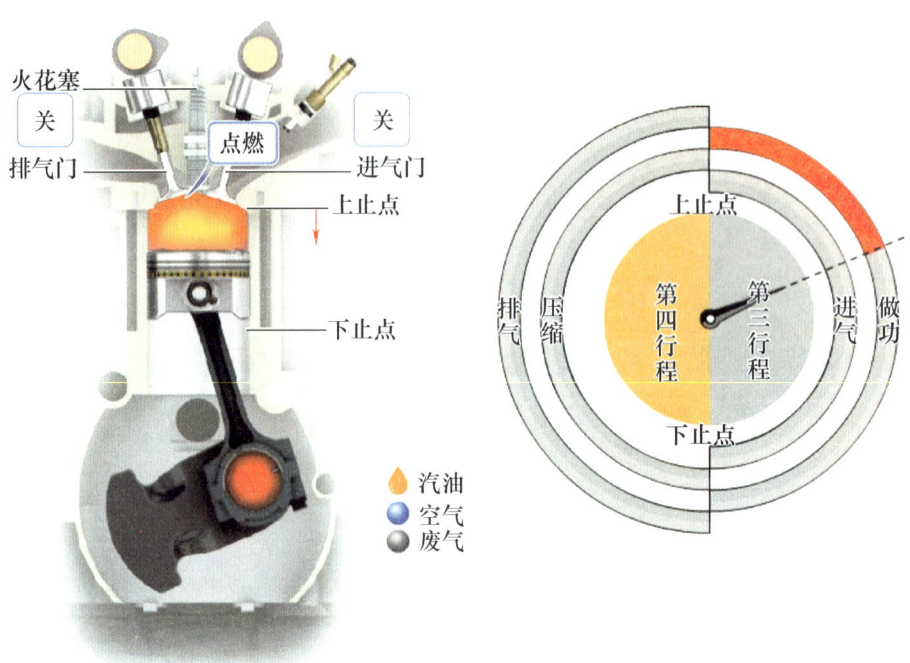

图 1-27　做功行程

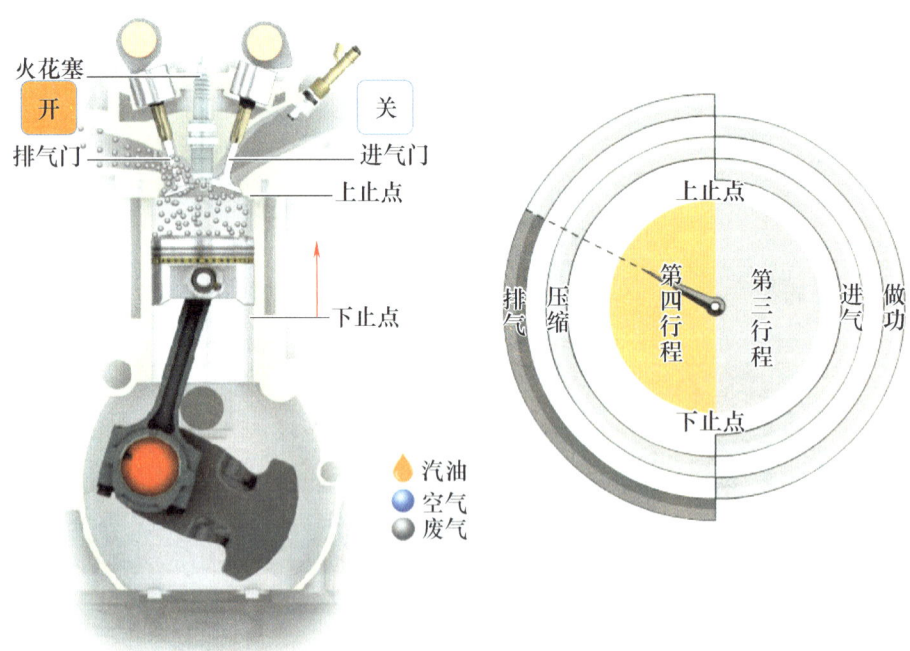

图 1-28　排气行程

吊装发动机	学习任务单	班级：
		姓名：

1. 发动机是将热能转化为＿＿＿＿＿＿能的机器，其作用是将燃料通过＿＿＿＿＿＿产生热能，再把热能转化为＿＿＿＿＿＿给汽车运行提供动力。由于汽车发动机是将燃料直接输入机器内部燃烧而产生热能，因此也称为＿＿＿＿＿＿。

2. 发动机根据所用燃料种类不同，可分为＿＿＿＿＿＿机、＿＿＿＿＿＿机和气体燃料发动机三类。按冷却方式的不同，发动可分为＿＿＿＿＿＿式和风冷式两种。

3. 发动机按混合气着火方式不同，可分为＿＿＿＿＿＿式（汽油发动机）和＿＿＿＿＿＿式（柴油发动机）。按每循环活塞行程数不同可分为＿＿＿＿＿＿发动机和二冲程发动机。

4. 发动机按气缸的布置形式不同，可分为＿＿＿＿＿＿式、＿＿＿＿＿＿形及 W 形。发动按进气状态不同，可分为自然吸气式和＿＿＿＿＿＿式两类。

5. 汽油机由＿＿＿＿＿＿机构、配气机构两大机构、燃料供给系统、＿＿＿＿＿＿系统、冷却系统、点火系统和＿＿＿＿＿＿系统五大系统组成。

6. 下图是发动机曲柄连杆机构图，写出划线处总成件的名称。

7. 配气机构的作用是根据发动机的工作顺序和工作过程，定时开启和关闭进气门与排气门，它由气门传动组和＿＿＿＿＿＿组等组成。

8. 汽油机燃料供给系统的作用是根据发动机的要求，配制出一定数量和浓度的混合气，供入气缸，并将燃烧后的废气从气缸内排出到大气中去；它主要由燃油箱、＿＿＿＿＿＿、燃油滤清器、喷油器、＿＿＿＿＿＿、＿＿＿＿＿＿等组成。

9. 冷却系统的作用是将受热零件吸收的部分热量及时散发出去，保证发动机在最适宜的温度状态下工作，它主要由水套、＿＿＿＿＿＿、冷却风扇、＿＿＿＿＿＿、节温器等组成。

10. 润滑系统的作用是向做相对运动的零部件表面输送定量的清洁机油，减轻机件的磨损，它主要由润滑油道、＿＿＿＿＿＿、＿＿＿＿＿＿和油底壳等组成。

11. 点火系统的功用是产生电火花适时地点燃气缸内的可燃混合气，它主要由点火线圈和＿＿＿＿＿＿等组成。

12. 起动系统的作用是使发动机由静止状态过渡到工作状态，让发动机自行运转，它主要由＿＿＿＿＿＿和起动继电器，还有外部的蓄电池等组成。

13. 上止点是指活塞顶离曲轴回转中心最＿＿＿＿＿＿处，即活塞的最＿＿＿＿＿＿位置；下止点是指活塞顶离曲轴回转中心最＿＿＿＿＿＿处，即活塞的最＿＿＿＿＿＿位置。

14. 活塞行程是指活塞由一个止点移动到另一个止点的运动过程，也称＿＿＿＿＿＿。行程的长度即为上、下止点间的＿＿＿＿＿＿。曲轴每转一周，活塞移动＿＿＿＿＿＿行程。

任务实施

实训任务 吊装发动机

实训器材：

整车、发动机吊架、废油收集设备、废液收集设备、常用维修工具和维修手册等。

作业准备：

1）将车辆在工位上停放并摆正。

2）铺好车内和车外护套。

操作步骤：

一、发动机的拆卸

1. 拆卸前的准备工作

1）首先对燃油供给系统卸压。

2）安装好举升机垫块，并操纵举升机上升到合适位置。

3）排放发动机冷却液。

4）排放少量的自动变速器油，如图1-29所示。

5）操纵举升机下降到地面。

6）拆下发动机舱盖。

7）拆下左、右刮水器臂和通风栅板等，如图1-30所示。

图1-29 排放少量的自动变速器油　　　　图1-30 拆下左、右刮水器臂和通风栅板等

8）拆下刮水器电动机与连动杆总成。

9）拆下风窗玻璃下水槽等。

2. 发动机附件的拆卸

1）拆下蓄电池正、负极插头，并取下蓄电池及托架等。

2）拆下空气滤清器总成与进气管道等，如图1-31所示。

3）断开膨胀水壶与发动机连接的冷却液管路。

4）断开散热器与发动机连接的冷却液管路，如图1-32所示。

图1-31　拆下空气滤清器总成与进气管道　　图1-32　断开散热器与发动机连接的冷却液管路

5）断开自动变速器换档拉索总成。

6）断开自动变速器油散热管路。

7）断开燃油蒸发排放与发动机连接的管路。

8）断开燃油供油管路。

9）拆卸发动机传动带。

10）拆下空调压缩机的固定螺栓。

11）将空调压缩机绑定到车身合适部位上。

12）拔下发动机上的所有线束插头，并拆下线束，如图1-33所示。

13）举升车辆到合适位置，并拆下排气管连接螺栓。

3. 底盘附件的拆卸

1）拧松左、右前轮固定螺母。

2）举升车辆到合适位置。

3）拆下左、右前轮总成。

4）用合适的工具拆卸左、右前轮制动器卡钳、卡钳固定架与制动盘等，如图1-34所示。

图1-33　拆下线束

图1-34　拆卸左前制动器总成

5）拆下左、右半轴与轮毂的固定螺母。

6）拆下左、右前稳定杆连杆。

7）拆下左、右转向横拉杆球头，如图1-35所示。

8）拆下左、右下臂与转向节球头连接螺母，并分离下臂与转向节。

9）分离左、右半轴与转向节，并从变速器上撬下左、右半轴总成。

4. 发动机的起吊

1）安装好发动机吊装链条到合适位置（图1-36），并用发动机吊架轻微吊起发动机。

2）拆下发动机前、后悬架固定螺栓。

3）拆下发动机右悬架固定螺栓。

4）拆下变速器悬架固定螺栓。

5）用发动机吊架缓慢吊起发动机总成；检查发动机周围是否还有未拆下的连接部件。

6）将发动机从发动机舱移出，如图1-37所示。

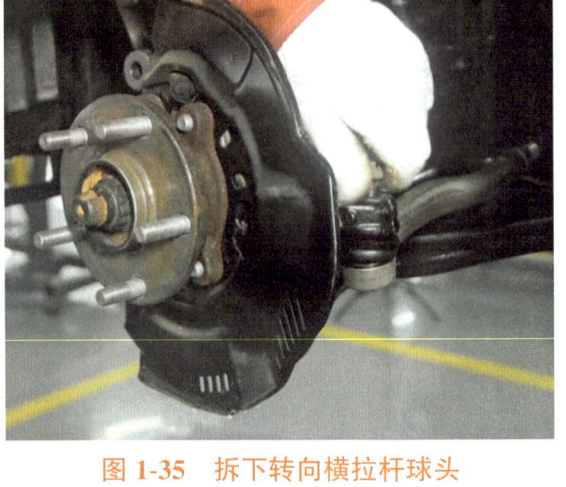

图1-35 拆下转向横拉杆球头

图1-36 安装发动机吊装链条

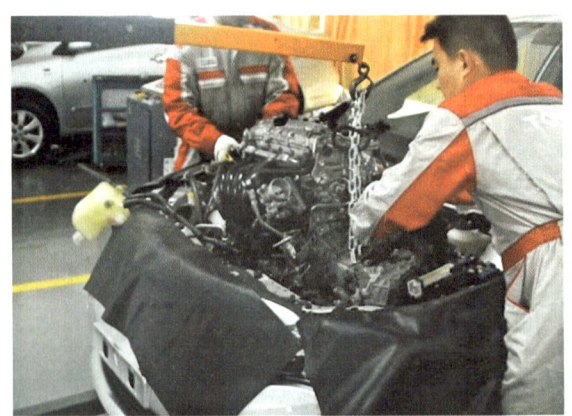

图1-37 将发动机移出

二、发动机的安装

按与拆卸相反的顺序吊装发动机总成，并按维修手册规定的力矩拧紧各部位的固定螺栓，再添加适量的冷却液、自动变速器油与发动机机油，并检查发动机是否存在漏水与漏油现象。

吊装发动机	工作任务单	班级：
		姓名：

1. 车辆信息记录

品牌		整车型号		生产年月	
发动机型号		发动机排量		行驶里程	
车辆识别代号					

2. 发动机吊装拆卸步骤

1）拆卸前的准备工作

项目名称	记录	项目名称	记录
	已执行□ 否□		已执行□ 否□
	已执行□ 否□		已执行□ 否□
	已执行□ 否□		已执行□ 否□
	已执行□ 否□		已执行□ 否□

2）发动机附件的拆卸

项目名称	记录	项目名称	记录
	已执行□ 否□		已执行□ 否□
	已执行□ 否□		已执行□ 否□
	已执行□ 否□		已执行□ 否□
	已执行□ 否□		已执行□ 否□
	已执行□ 否□		已执行□ 否□
	已执行□ 否□		已执行□ 否□

3）底盘附件的拆卸

项目名称	记录	项目名称	记录
	已执行□ 否□		已执行□ 否□
	已执行□ 否□		已执行□ 否□
	已执行□ 否□		已执行□ 否□
	已执行□ 否□		已执行□ 否□

4）发动机的起吊

项目名称	记录	项目名称	记录
	已执行□ 否□		已执行□ 否□
	已执行□ 否□		已执行□ 否□

3. 查阅维修手册

序号	部件名称	章节及页码	规格（公制）
1	发动机机油加注量	第 章 页	
2	轮胎螺栓力矩	第 章 页	
3	下臂球头与转向节连接螺母力矩	第 章 页	

吊装发动机			实习日期：			
姓名：		班级：		学号：		教师签名：
自评：□熟练　□不熟练			互评：□熟练　□不熟练	师评：□合格　□不合格		
日期：			日期：	日期：		

吊装发动机【评分细则】

序号	评分项	得分条件	分值	评分要求	自评	互评	师评
1	安全/7S/态度	□ 1. 能进行工位7S操作 □ 2. 能进行设备和工具安全检查 □ 3. 能进行车辆安全防护操作 □ 4. 能进行工具清洁、校准、存放操作 □ 5. 能进行三不落地操作	15	未完成1项扣3分，扣分不得超过15分	□熟练 □不熟练	□熟练 □不熟练	□合格 □不合格
2	专业技能能力	作业1 □ 1. 能正确地给燃油供给系统泄压 □ 2. 能正确安全地操作举升机 □ 3. 能正确地排放冷却液 □ 4. 能正确地排放自动变速器油 □ 5. 能正确地拆下发动机舱盖 □ 6. 能正确地拆下左、右刮水器臂和通风栅板 □ 7. 能正确地拆下刮水器电动机与风窗玻璃下水槽 作业2 □ 1. 能正确地断开蓄电池并拆下 □ 2. 能正确地断开所有冷却液管路 □ 3. 能正确地断开自动变速器换档拉索总成 □ 4. 能正确地断开自动变速器油散热管路 □ 5. 能正确地断开所有燃油供油管路 □ 6. 能正确地拆下空调压缩机 □ 7. 能正确地取下发动机线束总成 □ 8. 能正确地拆下排气管连接螺栓 作业3 □ 1. 能正确安全地操作举升机 □ 2. 能正确地拆下左、右前轮与制动器 □ 3. 能正确地拆下左、右半轴与轮毂固定螺母 □ 4. 能正确地拆下前稳定杆连杆与拉杆球头 □ 5. 能正确地断开左、右下臂与转向节球头 □ 6. 能正确地取下左、右驱动半轴总成 作业4 □ 1. 能正确安全地安装发动机吊架 □ 2. 能正确地拆下前悬架固定螺栓 □ 3. 能正确缓慢地将发动机总成安全吊起 □ 4. 将发动机总成移出并安全放置	50	未完成1项扣2分，扣分不得超过50分	□熟练 □不熟练	□熟练 □不熟练	□合格 □不合格
3	工具及设备的使用能力	□ 1. 能正确地选用维修工具 □ 2. 能正确地使用维修工具 □ 3. 能正确地使用冷却液回收设备 □ 4. 能正确地使用自动变速器油回收设备 □ 5. 能正确地使用发动机吊架	10	未完成1项扣2分，扣分不得超过10分	□熟练 □不熟练	□熟练 □不熟练	□合格 □不合格
4	资料、信息查询能力	□ 1. 能正确地识读维修手册查询资料 □ 2. 能正确地使用用户手册查询资料 □ 3. 能正确地记录所查询资料的章节及页码 □ 4. 能正确地记录所需维修信息	10	未完成1项扣2分	□熟练 □不熟练	□熟练 □不熟练	□合格 □不合格
5	数据判断和分析能力	□ 1. 能判断拆卸前的准备工作 □ 2. 能判断发动机哪些附件需要拆卸 □ 3. 能判断底盘哪些附件需要拆卸	10	未完成1项扣3分	□熟练 □不熟练	□熟练 □不熟练	□合格 □不合格
6	表单填写报告的撰写能力	□ 1. 字迹清晰 □ 2. 语句通顺 □ 3. 无错别字 □ 4. 无涂改 □ 5. 无抄袭	5	未完成1项扣1分，扣分不得超过5分	□熟练 □不熟练	□熟练 □不熟练	□合格 □不合格

总分：

项目二 / Project 2

曲柄连杆机构构造与维修

任务一

检查机体组

学习目标

知识目标

1）掌握机体组的作用及组成。

2）了解机体组各零部件的类型与结构。

技能目标

1）能规范地拆装机体组各零部件。

2）能规范地检查与测量机体组各零部件。

素养目标

1）能够在工作过程中与小组其他成员合作、交流，养成团队合作意识，锻炼沟通能力。

2）养成 7S 的工作习惯。

3）养成服从管理、规范作业与精益求精的良好工作习惯。

任务描述

有一位丰田卡罗拉轿车用户将车开到服务站，车主反映发动机冷却液温度表指针超过红线，拔出机油尺发现机油成乳白色，需要维修。

相关知识

一、机体组的作用与组成

机体是构成发动机的骨架，是发动机各机构和各系统的安装基础，其内、外安装着发动机的所有主要零部件和附件，承受各种载荷，并保证发动机各运动部件之间的准确位置关系。因此，机体必须要有足够的强度和刚度。

机体组主要由气缸体、气缸盖、气缸垫和曲轴箱等组成，如图 2-1 所示。

二、机体组各部件的结构

1. 气缸体

发动机的气缸体和曲轴箱常铸成一体，称为气缸体 - 曲轴箱，简称为气缸体。气缸体上有数个为活塞做导向的圆柱形空腔，称为气缸；下部为支撑曲轴的曲轴箱；内部有供机油通过的油道和供冷却液循环的水套等；图 2-2 为气缸体的解剖图。

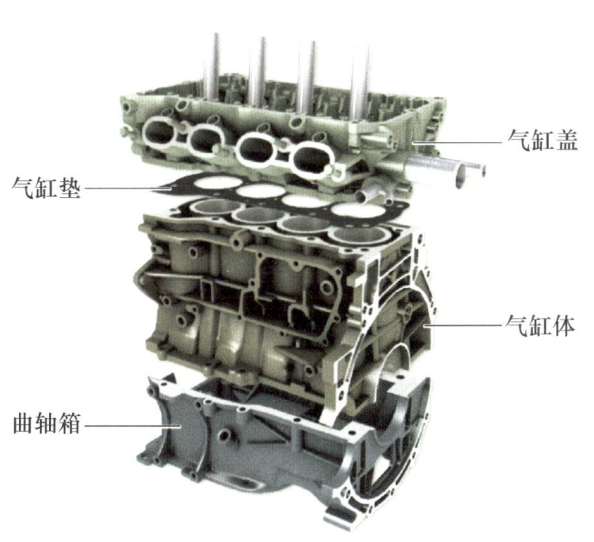

图 2-1　机体组的组成

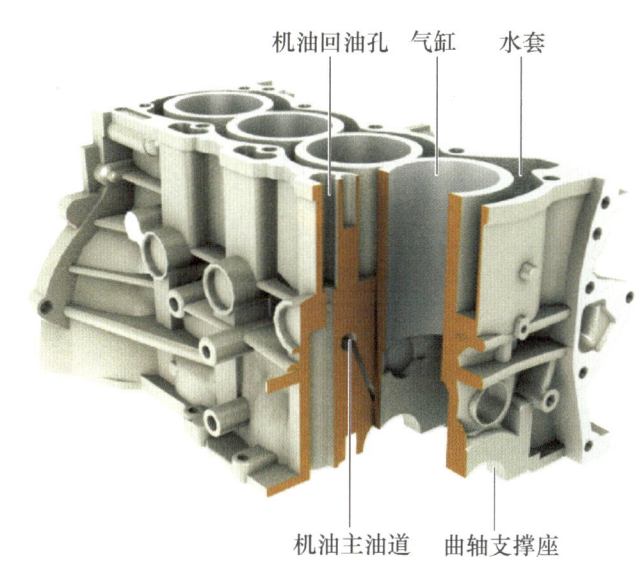

图 2-2　气缸体的解剖图

气缸体是发动机各个机构和系统的装配基体，并由它来保持发动机各运动件相互之间的准确位置关系。

（1）工作条件和材料　气缸体承受较大的机械负荷和较复杂的热负荷，所以要求气缸体具有足够的强度、刚度和良好的耐热性及耐腐蚀性。根据其工作条件和结构特点，一般采用灰铸铁、球墨铸铁或合金铸铁制成。有些发动机为了减轻质量，采用铝合金。

（2）气缸的排列形式　发动机气缸的排列形式一般有直列式、V 形和对置式三种结构形式，如图 2-3 所示。直列式气缸体的各个气缸排成一列，一般是垂直布置；V 形气缸体的气缸排成两列，但两列气缸体之间的夹角小于 180°；对置式气缸体的气缸通常排成两列，两列气缸体之间的夹间为 180°。对置式和 V 形气缸体与缸数相同的直列式气缸

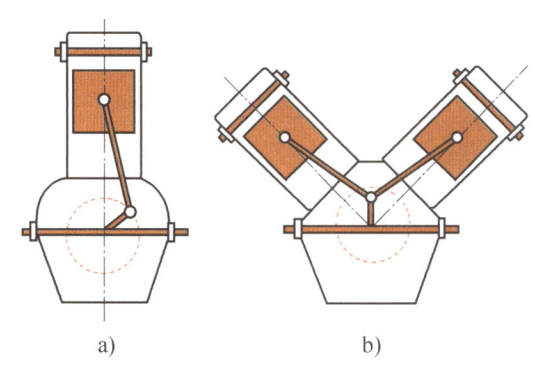

a)　　　　　　　　b)

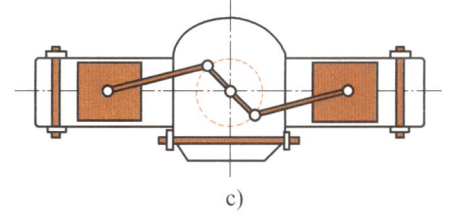

c)

图 2-3　气缸体的结构形式
a）直列式　b）V 形　c）对置式

体相比，高度降低、长度缩短，但宽度增大。

（3）**曲轴箱的结构形式** 曲轴箱的主要作用是保护和安装曲轴，根据与油底壳安装平面位置不同可分成一般式、龙门式、隧道式三种结构形式，如图2-4所示。其中一般式构造简单、加工方便，用于中小型发动机；龙门式刚度和强度较好，但加工工艺性较差，用于大中型发动机；隧道式仅用于少数机械负荷大的发动机。

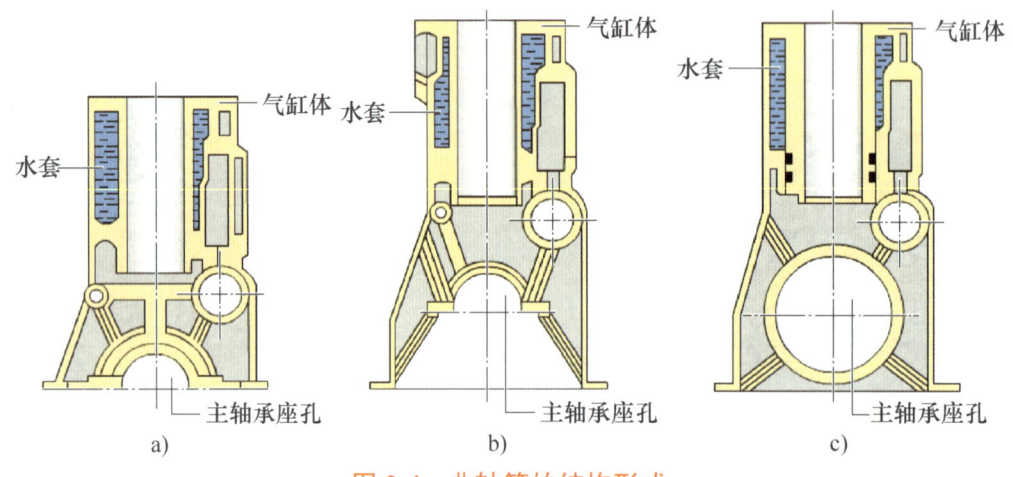

图 2-4　曲轴箱的结构形式

a）一般式　b）龙门式　c）隧道式

（4）**气缸套的种类** 为了使气缸便于修理，将气缸制成单独筒形零部件（气缸套）嵌入气缸体内，缸套与缸体可以材料不同，这样能降低生产和维修成本，也便于修理。气缸套有干式和湿式两种，如图2-5所示，干式气缸套装入缸体与气缸壁接触，不与冷却液接触，与气缸孔为过盈配合，刚度和强度较好但加工复杂，散热不良，一般应用在汽油机上；湿式气缸套外壁与冷却液接触，在气缸套的上、下安装有密封圈来密封冷却液，一般应用在柴油机上较多。

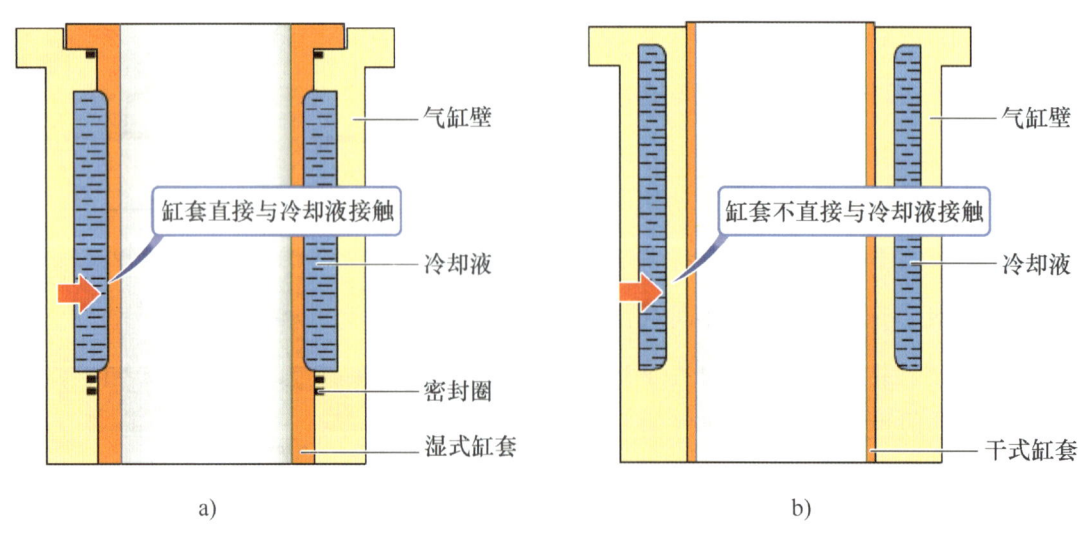

图 2-5　气缸套的种类

a）湿式　b）干式

2. 气缸盖

（1）**作用** 气缸盖的作用是封闭气缸上部并与活塞顶部、气缸壁共同构成燃烧室，同时为其他零部件提供安装位置，如图2-6所示。

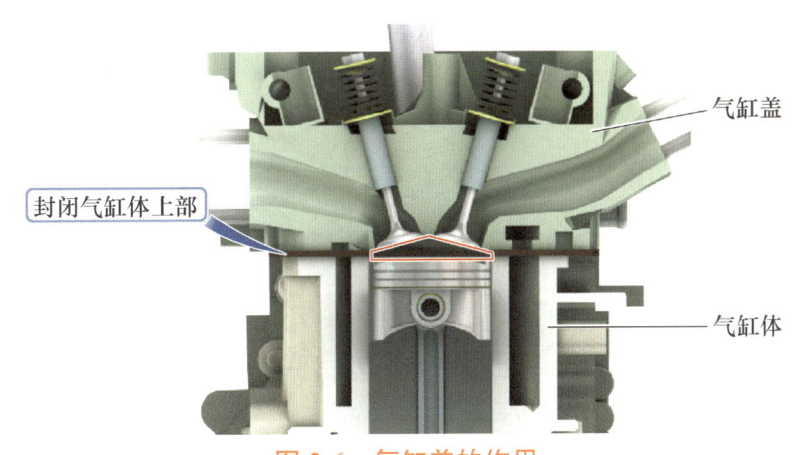

图2-6 气缸盖的作用

（2）**结构与材料** 汽油机气缸盖多采用铝合金材质，虽然成本高，但刚度、强度较好，还可以减小整车质量。

气缸盖上有燃烧室，进、排气门座，气门导管，进、排气道，火花塞安装导管，机油道和冷却水道等。图2-7为气缸盖的解剖图。

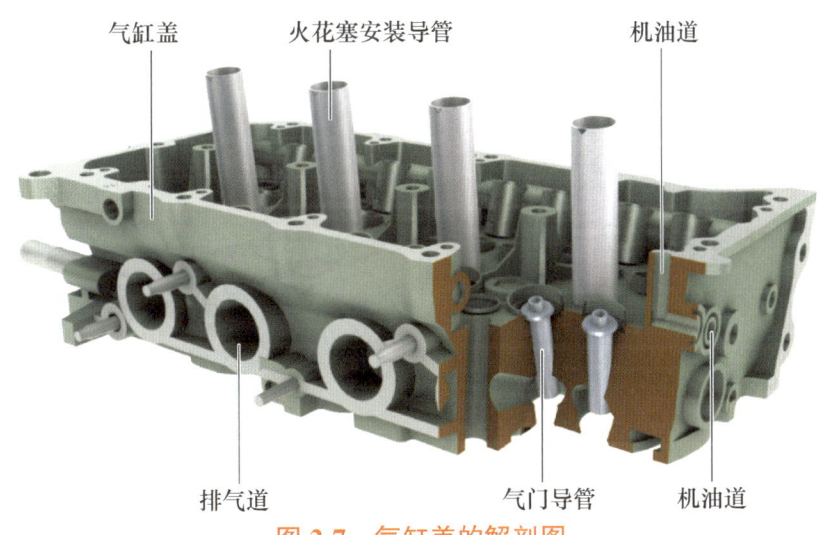

图2-7 气缸盖的解剖图

（3）**燃烧室的类型** 气缸盖是燃烧室的组成部分，燃烧室的形状对发动机工作状态影响很大。汽油机燃烧室的形状如图2-8所示。

1）半球形：气门成V形排列，因此气门可以做得较大，换气好，火花塞通常位于燃烧室的中部，因而火焰行程短，燃烧迅速而完全。现代轿车大部分采用这种方式。

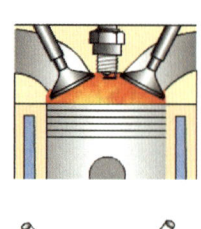
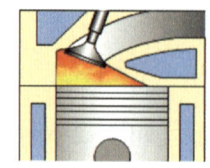
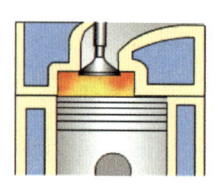

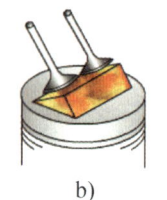
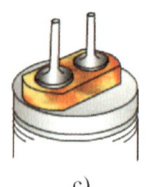

a)　　　　　　　　　　b)　　　　　　　　　　c)

图 2-8　燃烧室的类型

a）半球形　b）楔形　c）浴盆形

2）楔形：构造简单紧凑，气道导流效果好，充气效率高，动力性和经济性较好。

3）浴盆形：动力性和经济性差。

3. 气缸垫

气缸垫装在气缸盖与气缸体之间，其作用是保证气缸盖与气缸体接触面的密封，防止漏气、漏水和漏油。如图 2-9 所示，气缸垫包括水道、气道和机油油道孔等。目前，使用较多的是金属 - 石棉垫。气缸垫常见的损伤是烧蚀击穿，一般发生在水道孔、油道口与气缸孔周围，使发动机漏气或冷却液进入机油。

气缸垫功用

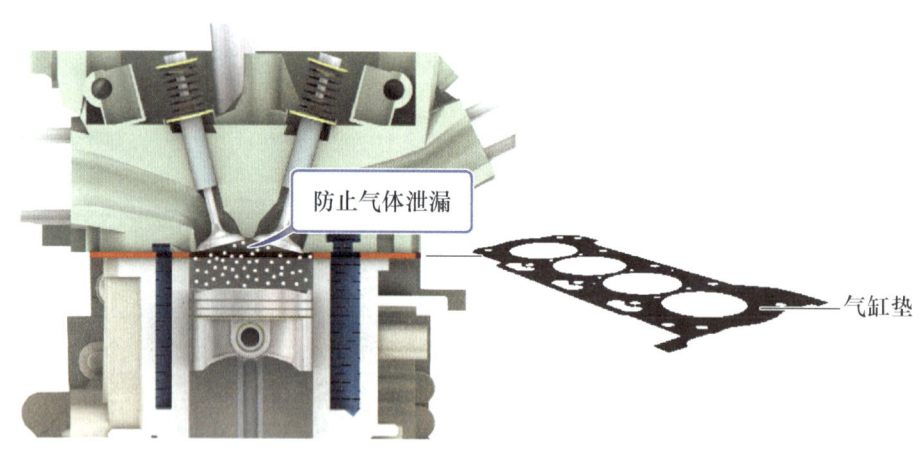

图 2-9　气缸垫

防止气体泄漏

气缸垫

| 检查机体组 | 学习任务单 | 班级： |
| | | 姓名： |

1. 机体是构成发动机的_____，是发动机各机构和各系统的安装基础，其内、外安装着发动机的所有主要零部件和附件，承受各种载荷。因此，机体必须要有足够的_____和_____。

2. 写出下图划线处零部件的名称。

3. 气缸体上有数个为活塞做导向的圆柱形空腔，称为_____；下部为支撑曲轴的曲轴箱；内部有供机油通过的_____和供冷却液循环的_____等。

4. 气缸体承受较大的机械负荷和较复杂的热负荷，一般采用灰铸铁、球墨铸铁或_____制成。有些发动机为了减轻重量，采用_____。

5. _____的主要作用是保护和安装曲轴，根据与油底壳安装平面位置不同可分成一般式、龙门式、隧道式三种结构形式。

6. 气缸套有_____式和湿式两种，_____式气缸套一般应用在汽油机上。

7. 气缸盖的作用是封闭气缸上部并与活塞顶部、气缸壁共同构成_____，同时为其他零部件提供安装位置。它多采用_____材质，虽然成本高，但刚度、强度较好，还可以减小整车质量。

8. 写出下图划线处零部件的名称。

9. 气缸盖是燃烧室的组成部分，燃烧室的形状对发动机工作状态影响很大。汽油机燃烧室的形状主要有_____形、楔形和浴盆形等。

10. 气缸垫装在_____与_____之间，其作用是保证气缸盖与气缸体接触面的密封，防止漏_____、漏水和漏油。

 任务实施

实训任务　检查机体组

实训器材：

发动机实训台架、指针式扭力扳手、刀口尺、塞尺、量缸表、千分尺、常用维修工具和维修手册等。

作业准备：

1）预先拆下发动机外围附件和进排气管等。

2）将已拆下的零部件和工量具摆放整齐。

操作步骤：

一、气缸盖的拆卸与安装

 **1. 气缸盖的拆卸**

1）摇转发动机翻转架使发动机直立。

2）拆卸气缸盖罩部分总成。

3）拆卸正时带和凸轮轴等。

4）用合适的套筒与扳手，按由外到内对角分几次拧松气缸盖紧固螺栓，拧松螺栓顺序如图2-10所示。

> **注意事项：**
>
> 如果螺栓不按正确顺序拆卸或不是在冷态下拆装气缸盖，都有可能造成气缸盖变形。

5）取下气缸盖紧固螺栓，并按顺序摆放整齐。

6）用橡胶槌轻轻敲击气缸盖两侧，再用双手抬起气缸盖。

7）取下气缸盖并将气缸盖放置在准备好的长形木块上，并取下气缸垫，如图2-11所示。

8）检查气缸垫是否烧蚀击穿。

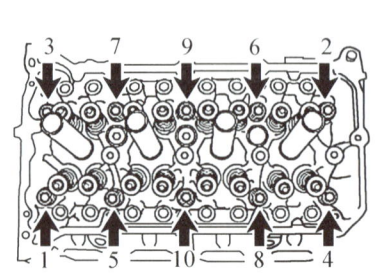

图2-10　气缸盖螺栓的拆卸顺序　　　　图2-11　气缸垫的拆卸

2. 气缸盖的安装

安装时按与拆卸相反顺序进行，但需注意：

1）清除接触表面的所有机油，将新气缸垫放在气缸表面上，印有批次号的一面朝上，如图 2-12 所示。检查气缸体和气缸垫上的机油道孔是否对齐。

2）安装前，在气缸盖螺栓的螺纹和与气缸垫圈相接触的螺栓头下部的部位，薄薄涂抹一层机油。

3）用合适的套筒和扳手由内向外几次拧紧气缸盖螺栓，拧紧顺序如图 2-13 所示。

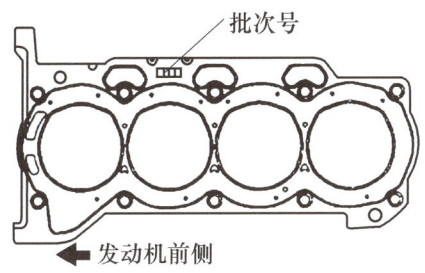

图 2-12　气缸垫的安装方向

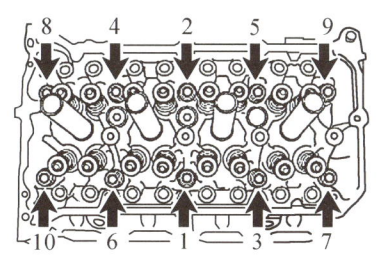

图 2-13　气缸盖螺栓的拧紧顺序

4）用工具拧紧气缸盖紧固螺栓的方法，如图 2-14 所示。

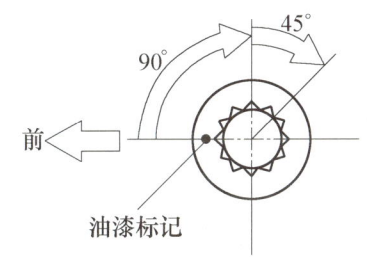

图 2-14　拧紧气缸盖紧固螺栓

注意事项：

如规定拧紧力矩为 49N·m，当气缸盖紧固螺栓拧紧至 49N·m 后，用油漆在气缸盖螺栓的前面作标记。按顺序号再将气缸盖螺栓拧紧 90°，然后再拧 45°。最后，检查并确认油漆标记与前端成 135°。

二、气缸盖的清洗和检修

1. 气缸盖的清洗

1）使用垫片铲刀从气缸体接合表面清除所有气缸垫材料。注意不要刮伤与气缸体接触的表面。

2）使用钢丝刷清除燃烧室的所有积炭。注意不要刮伤与气缸体接触的表面。

3）使用软毛刷和清洗剂，彻底清洁气缸盖。

2. 气缸盖的检修

（1）检查气缸盖裂纹　对气缸盖清洗后，仔细检查气缸盖燃烧室、火花塞螺纹口、进排气口等处是否有裂纹。对于有裂纹的气缸盖一般要求更换。

（2）检查气缸盖是否翘曲变形　气缸盖翘曲变形指的是气缸盖下平面的平面度误差超出规定值。气缸盖翘曲变形后，会使气缸垫密封不严，可用磨削的方法修理，或更换新的气缸盖。检测步骤如下：

1）将所测气缸盖倒放在检测平台上。

2）将钢直尺或刀形尺放在气缸盖的所测平面上，然后用塞尺测量刀形尺与平面间的间隙，塞入塞尺的最大厚度即为变形量，如图2-15所示。

3）测量气缸盖下平面时，需要测量该平面的四条边及对角线处，取六次测量的最大值，如图2-16所示，平面度误差不得超过0.05mm，如平面度误差超出规定值，可采用磨削法加工气缸盖下平面。

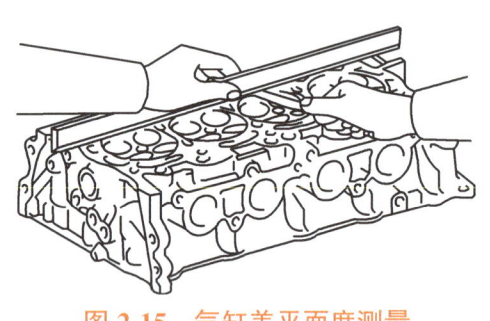

图2-15　气缸盖平面度测量

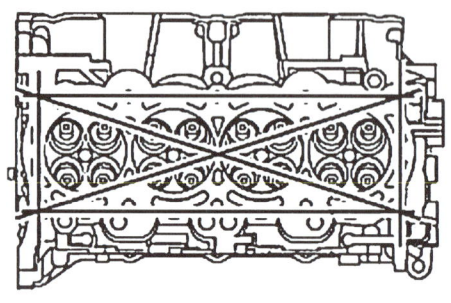

图2-16　测量气缸盖的位置

4）测量气缸盖与进气歧管接触面的平面度，如图2-17所示，平面度误差不得超过0.10mm。

5）测量气缸盖与排气歧管接触面的平面度，如图2-18所示，平面度误差不得超过0.10mm。

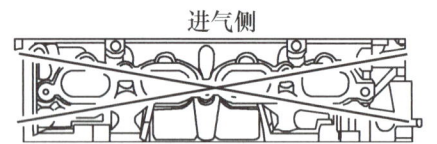

进气侧

图2-17　测量进气歧管接触面平面度

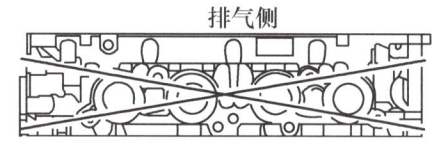

排气侧

图2-18　测量排气歧管接触面平面度

3. 气缸盖固定螺栓的检查

气缸盖固定螺栓在工作中受到很大的拉力，所以容易被拉伸而损坏。如图2-19所示，使用游标卡尺测量螺栓的长度和螺纹的最小直径，最大长度不得超过规定值，最小螺纹直径不能小于规定值。

小资料：

　　丰田卡罗拉1ZR发动机气缸盖固定螺栓标准长度为84.3~85.7mm，最大螺栓长度为86.7mm；标准外径为9.77~9.96mm，最小外径为9.1mm。如果气缸盖固定螺栓长度大于最大值或最小螺纹直径小于最小值，则更换所有的气缸盖固定螺栓。

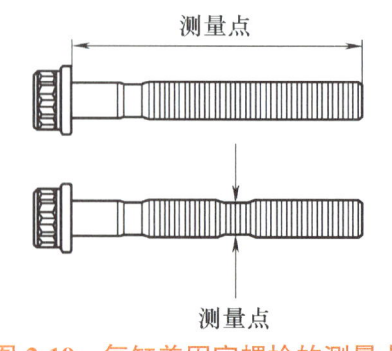

测量点

测量点

图2-19　气缸盖固定螺栓的测量点

三、气缸体的检修

1. 气缸体的清洗

1）使用垫片铲刀清除气缸体上平面的污物和积炭。

2）使用清洗剂彻底清洗气缸体外表面的污物。

3）使用气枪清洁气缸体上的油孔和水道。

2. 检查气缸体上平面的平面度

使用刀形尺和塞尺测量气缸体和气缸盖接触面的翘曲变形，如图 2-20 所示。最大翘曲变形为 0.05mm，如果翘曲变形超过最大值，更换气缸体。

气缸体平面度的测量

气缸圆度与圆柱度的测量

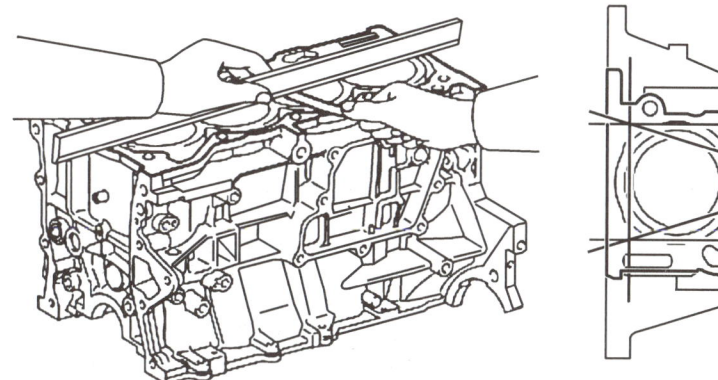

图 2-20　测量气缸体上平面的平面度

3. 气缸磨损程度及圆度、圆柱度偏差的检测

1）用干净抹布擦拭所测气缸；直观检查气缸有无垂直划痕（见图 2-21），如果存在深度划痕，重新镗削所有气缸。如果必要，更换气缸体。

2）检查所有量具（量缸表、游标卡尺、千分尺等）的完好性。

3）清洁游标卡尺并检查有无误差，用游标卡尺测量气缸直径（见图 2-22），读出最接近的整数值（图中为 79mm）作为量缸表基准值（见图 2-23）。

图 2-21　气缸的直观检查

图 2-22　测量气缸直径

4）清洁千分尺并校零，然后将千分尺校准到量缸表的基准值（图中为 79mm）并锁止（见图 2-24），放置在台虎钳上。

图 2-23 游标卡尺的读数

图 2-24 千分尺的调整

5）将百分表安装到表杆上，保证百分表预压 0.5mm 左右并拧紧锁止手柄（见图 2-25），然后选取适合气缸直径的接杆（74~82mm）安装到表杆座上（见图 2-26）。

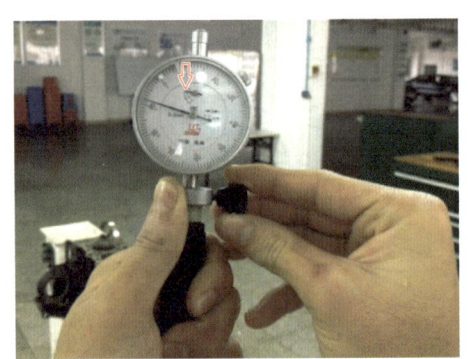

图 2-25 预压百分表

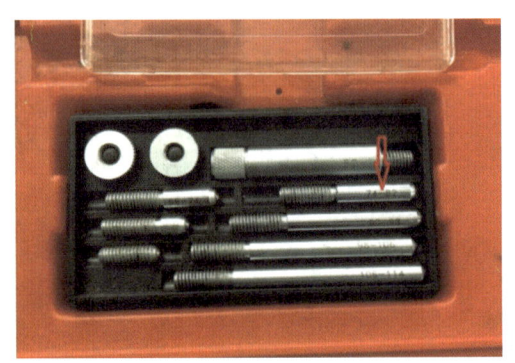

图 2-26 选取接杆

6）将装好的量缸表放入千分尺上进行校准，如图 2-27 所示。

7）稍微旋动接杆，使量缸表小指针转动约 2mm，再拧紧接杆的固定螺母，然后再转动百分表外表盘使指针对准刻度零处，如图 2-28 所示。

8）测量方法：一只手拿住量缸表杆部上端，另一只手托住量缸表下座，稍稍压缩下座后将量缸表放入气缸筒内，如图 2-29 所示。在气缸体的横向和纵向两个方向测量，并测量每个气缸的上、中、下三个位置，因此每

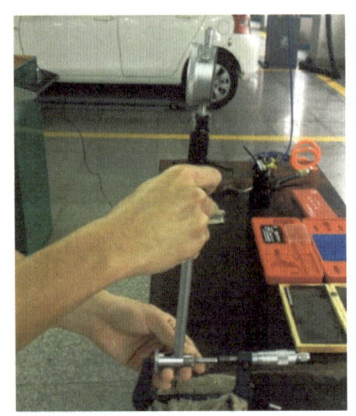

图 2-27 量缸表的校准

个气缸需测量 6 个数值，上面一个位置一般为活塞在上止点时，第一道活塞环气缸壁处，约距气缸上平面 10mm 处；中间位置离气缸上平面 50mm 处；下端位置离气缸下平面 10mm 处。

9）读数方法：

① 百分表盘刻度为大指针在圆表盘上转动一格为 0.01mm，转动一圈为 1mm；小指针移动一格为 1mm。

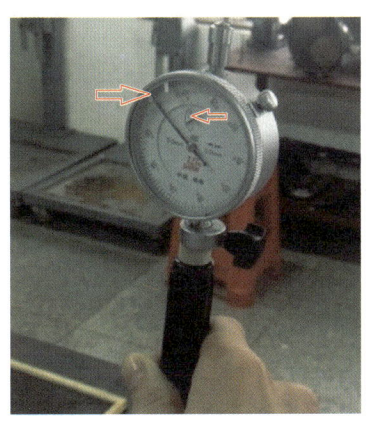

图 2-28　量缸表对准零刻度

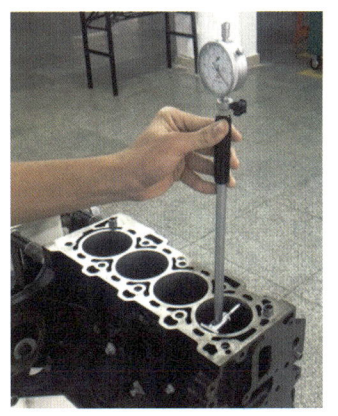

图 2-29　气缸的测量

② 测量时，当表针顺时针方向离开"0"位，表示缸径小于标准尺寸的缸径，它是标准缸径与表针离开"0"位格数的差；若表针逆时针方向离开"0"位，表示缸径大于标准尺寸的缸径，它是标准缸径与表针离开"0"位格数之和。

③ 若测量时，小针移动超过 1mm，应在实际测量值中加上或减去 1mm。

10）数据计算方法：圆度误差一般采用两点法测量，即用同一截面上不同方向最大直径与最小直径差值的一半作为圆度误差。

圆柱度误差也用两点法测量，其数值是被测气缸任意截面、任意方向上所测得的最大直径与最小直径差值的一半。

小资料：

丰田卡罗拉 1ZR 发动机气缸标准直径为 80.500~80.513mm，最大直径为 80.633mm，如测量的 6 个位置某值超过最大值，需要更换气缸体。

4. 气缸体常见的维修方法

1）尺寸修理法：对磨损后的气缸孔进行镗、磨加工，使之达到标准的加大尺寸（加大一级为 0.25mm；加大两级为 0.50mm），然后配用加大的活塞和活塞环。

2）镶套修理法：将原有的气缸套压出，镶入新的气缸套，再将新的气缸套加工到气缸的标准尺寸。

检查机体组	工作任务单	班级：
		姓名：

1. 车辆信息记录

品牌		台架型号		发动机排量	
发动机型号					

2. 气缸盖与气缸体的清洗与初步检查

项目名称	故障记录	维修措施
气缸垫目视检查		调整□ 维修□ 更换□
气缸盖目视检查		调整□ 维修□ 更换□
气缸体目视检查		调整□ 维修□ 更换□

3. 气缸盖固定螺栓的测量

项目名称	测量值	标准值	判定	维修措施
气缸盖固定螺栓			正常□ 损坏□	调整□ 维修□ 更换□

4. 气缸盖平面度的测量

项目名称	最大测量值	标准值	判定	维修措施
平面度			正常□ 损坏□	调整□ 维修□ 更换□

5. 气缸体平面度的测量

项目名称	最大测量值	标准值	判定	维修措施
平面度			正常□ 损坏□	调整□ 维修□ 更换□

6. 气缸筒的测量　　（　　）缸

测量位置	横向测量值	纵向测量值	标准值	判定
上				正常□ 损坏□
中				正常□ 损坏□
下				正常□ 损坏□
气缸圆度				正常□ 损坏□
气缸圆柱度				正常□ 损坏□
维修措施	调整□ 维修□ 更换□			

7. 查阅维修手册

序号	部件名称	章节及页码	规格（公制）
1	气缸盖固定螺栓力矩	第　　章　　页	
2	气缸盖固定螺栓长度	第　　章　　页	
3		第　　章　　页	
4		第　　章　　页	

检查机体组			实习日期：		
姓名：		班级：	学号：		教师签名：
自评：□熟练 □不熟练		互评：□熟练 □不熟练	师评：□合格 □不合格		
日期：		日期：	日期：		

检查机体组【评分细则】

序号	评分项	得分条件	分值	评分要求	自评	互评	师评
1	安全/7S/态度	□ 1. 能进行工位 7S 操作 □ 2. 能进行设备和工具安全检查 □ 3. 能进行场地及设备安全防护操作 □ 4. 能进行工具清洁、校准、存放操作 □ 5. 能进行三不落地操作	15	未完成1项扣3分，扣分不得超过15分	□熟练 □不熟练	□熟练 □不熟练	□合格 □不合格
2	专业技能能力	作业 1 □ 1. 能正确地拆卸气缸盖 □ 2. 能正确地安装气缸盖 作业 2 □ 1. 能正确地清洁气缸盖表面 □ 2. 能正确地检查气缸盖损伤情况 □ 3. 能正确地清洁气缸体表面 □ 4. 能正确地检查气缸体损伤情况 作业 3 □ 1. 能正确地清洁气缸盖固定螺栓 □ 2. 能正确地检查气缸盖固定螺栓 □ 3. 能正确地测量气缸盖固定螺栓 作业 4 □ 1. 能正确地清洁气缸盖测量表面 □ 2. 能正确地测量气缸盖平面度 □ 3. 能正确地清洁气缸体测量表面 □ 4. 能正确地测量气缸体平面度 作业 5 □ 1. 能正确地组装量缸表 □ 2. 能正确地校准量缸表 □ 3. 能正确地测量气缸筒的直径 □ 4. 能正确地选择气缸筒上、中、下位置 □ 5. 能正确地测量气缸筒横、纵向位置	50	未完成1项扣3分，扣分不得超过50分	□熟练 □不熟练	□熟练 □不熟练	□合格 □不合格
3	工具及设备的使用能力	□ 1. 能正确地选用维修工具 □ 2. 能正确地使用维修工具 □ 3. 能正确地使用刀口尺 □ 4. 能正确地使用塞尺 □ 5. 能正确地使用游标卡尺 □ 6. 能正确地使用千分尺 □ 7. 能正确地使用量缸表	10	未完成1项扣2分，扣分不得超过10分	□熟练 □不熟练	□熟练 □不熟练	□合格 □不合格
4	资料、信息查询能力	□ 1. 能正确地识读维修手册查询资料 □ 2. 能正确地使用用户手册查询资料 □ 3. 能正确地记录所查询资料的章节及页码 □ 4. 能正确地记录所需维修信息	10	未完成1项扣2分	□熟练 □不熟练	□熟练 □不熟练	□合格 □不合格
5	数据判断和分析能力	□ 1. 能判断气缸盖外观是否正常 □ 2. 能判断气缸体外观是否正常 □ 3. 能判断气缸盖平面度是否正常 □ 4. 能判断气缸体平面度是否正常 □ 5. 能判断气缸盖固定螺栓是否正常 □ 6. 能判断气缸筒是否正常	10	未完成1项扣2分，扣分不得超过10分	□熟练 □不熟练	□熟练 □不熟练	□合格 □不合格
6	表单填写报告的撰写能力	□ 1. 字迹清晰 □ 2. 语句通顺 □ 3. 无错别字 □ 4. 无涂改 □ 5. 无抄袭	5	未完成1项扣1分，扣分不得超过5分	□熟练 □不熟练	□熟练 □不熟练	□合格 □不合格
总分：							

任务二

检查活塞连杆组

🔧 学习目标

知识目标

1）掌握活塞连杆组的作用及组成。

2）了解活塞连杆组各零部件的结构和类型。

技能目标

1）能规范地拆装活塞连杆组各零部件。

2）能规范地检查与测量活塞连杆组各零部件。

素养目标

1）能够在工作过程中与小组其他成员合作、交流，养成团队合作意识，锻炼沟通能力。

2）养成 7S 的工作习惯。

3）养成服从管理、规范作业与精益求精的良好工作习惯。

🚗 任务描述

有一位丰田卡罗拉轿车用户将车开到服务站，车主反映该车累积行驶了 30 多万 km，但最近明显感觉车辆行驶无力，油耗增加，而且发现机油量明显减少，需要维修。

相关知识

活塞连杆组承受气缸中可燃混合气燃烧后产生的作用力，并将此力通过活塞销传给连杆，以推动曲轴旋转。

活塞连杆组由活塞、活塞环、活塞销、连杆、连杆轴承和连杆轴承盖等主要机件组成，如图 2-30 所示。

一、活塞

1. 作用与工作条件

活塞的作用是与气缸盖、气缸体等共同组成燃烧室，承受气缸中气体的压力，

并将此压力通过活塞销传给连杆以推动曲轴旋转，如图 2-31 所示。

由于活塞顶部直接与高温燃气接触，其散热条件又较差，致使活塞承受很大的热负荷。活塞顶部在做功行程中，承受着燃气冲击性的高压力，高温、高压力将引起活塞变形，导致磨损增加。因此，要求活塞具有足够的强度和刚度，质量尽可能小，导热性能要好，还要有良好的耐热性、耐磨性，温度变化时，尺寸及形状的变化要小等。

汽车发动机不论是汽油机还是柴油机都广泛采用铝合金活塞，只在极少数汽车发动机上采用铸铁或耐热钢活塞。

活塞的作用

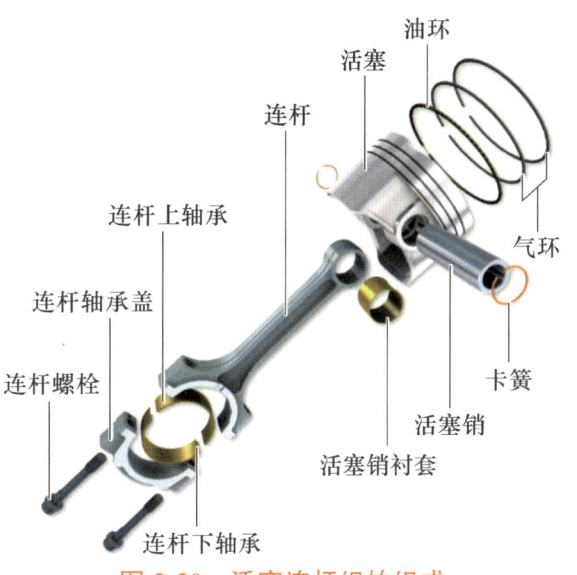

油环
活塞
连杆
连杆上轴承
连杆轴承盖
气环
连杆螺栓
卡簧
活塞销
活塞销衬套
连杆下轴承

图 2-30 活塞连杆组的组成

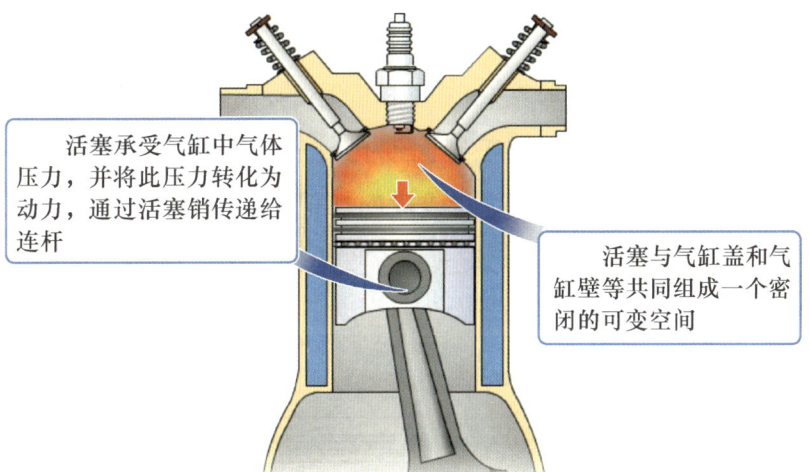

活塞承受气缸中气体压力，并将此压力转化为动力，通过活塞销传递给连杆

活塞与气缸盖和气缸壁等共同组成一个密闭的可变空间

图 2-31 活塞的作用

2. 活塞的结构

活塞可分为顶部、头部和裙部三部分，如图 2-32 所示。

（1）活塞顶部　活塞顶部是燃烧室的组成部分，用来承受气体压力。因此，活塞顶部的金属要有一定的厚度。活塞顶部的形状与燃烧室形状和压缩比大小有关。汽油机活塞顶部有平顶、凹顶和凸顶等形式，如图 2-33 所示。大多数汽油机采用平顶活塞，其优点是受热面积小，加工简单。

（2）活塞头部　活塞头部是包含活塞环槽的部分，其主要作用是安装活塞环；承受气体压力并传给活塞销；与活塞环一起实现对气缸的密封；并将活塞顶部所吸收的热量通过活塞环传给气缸壁。

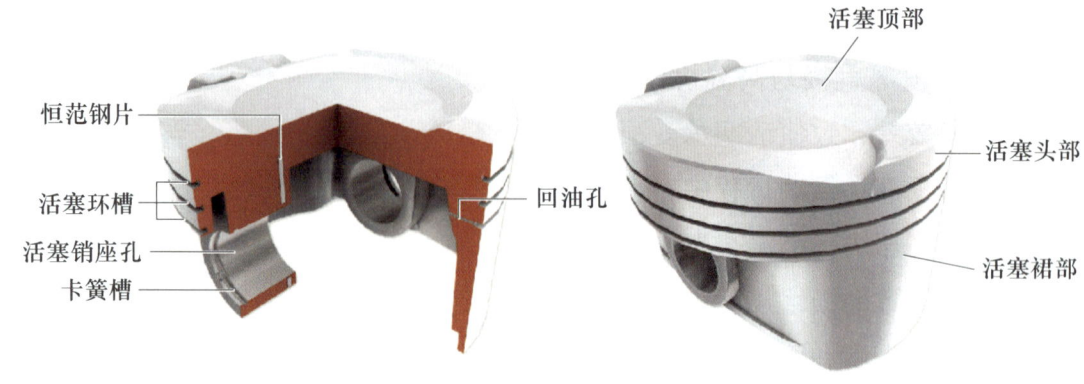

图 2-32 活塞的结构

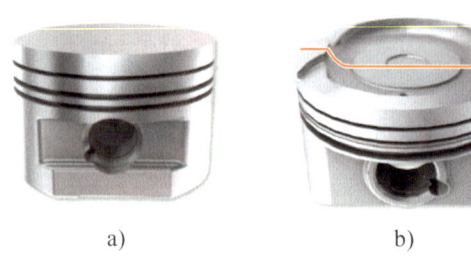 

a) b) c)

图 2-33 活塞顶部形状

a）平顶活塞 b）凹顶活塞 c）凸顶活塞

活塞头部一般加工 3 道用来安装气环和油环的环槽，上面两道为气环槽，下面一道为油环槽。在油环槽底部还加工有回油孔或横向切槽，如图 2-32 所示，油环从气缸壁上刮下来的多余机油，经回油孔或横向切槽流回油底壳。

（3）活塞裙部 油环槽以下的部分为活塞裙部，其作用是为活塞在气缸内做往复运动进行导向和承受侧压力。

为了使活塞在工作时受热膨胀后还能与气缸壁间保持有比较均匀的间隙，以免在气缸内卡死，必须预先在冷态下把活塞制成裙部断面为长轴垂直于活塞销方向的椭圆形，轴线方向为上小下大的圆锥形，如图 2-34 所示。

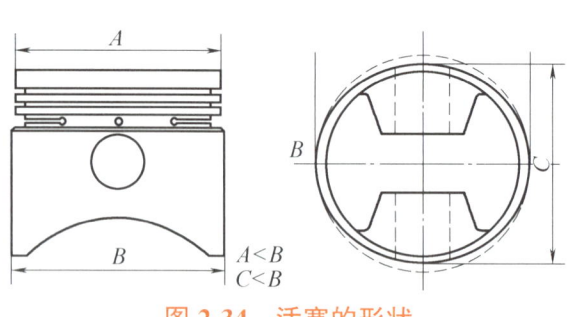

图 2-34 活塞的形状

为了减小铝合金活塞裙部的热膨胀量，有的活塞在其销座中镶有热膨胀系数较低的恒范钢片，如图 2-32 所示。

根据活塞裙部形状的不同，活塞主要有桶式活塞、开槽式活塞和拖板式活塞三种，如图 2-35 所示。其中，轿车上使用的汽油机采用拖板式活塞较多。

二、活塞环

活塞环包括气环和油环两种，如图 2-36 所示。

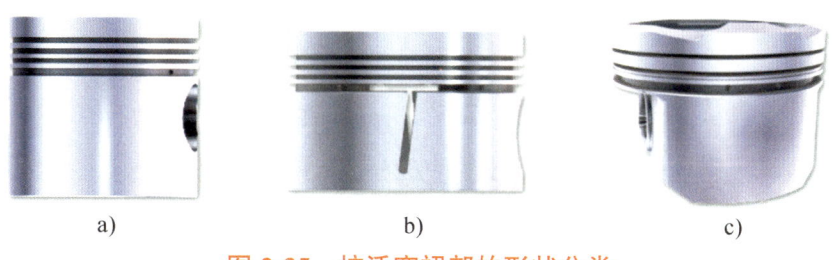

图 2-35 按活塞裙部的形状分类

a）桶式活塞 b）开槽式活塞 c）拖板式活塞

1. 气环

气环的主要作用是保证活塞与气缸壁间的密封，防止气缸内的可燃混合气和高温燃气漏入曲轴箱，并将活塞顶部接受的热量传给气缸壁，再由冷却液带走，避免活塞过热。另外，还起到刮油、布油的辅助作用，如图 2-37 所示。轿车发动机的活塞一般设有两道气环。活塞环在自由状态下外径略大于气缸直径，它与活塞一起装入气缸后，外表面紧贴在气缸壁上，形成密封面。

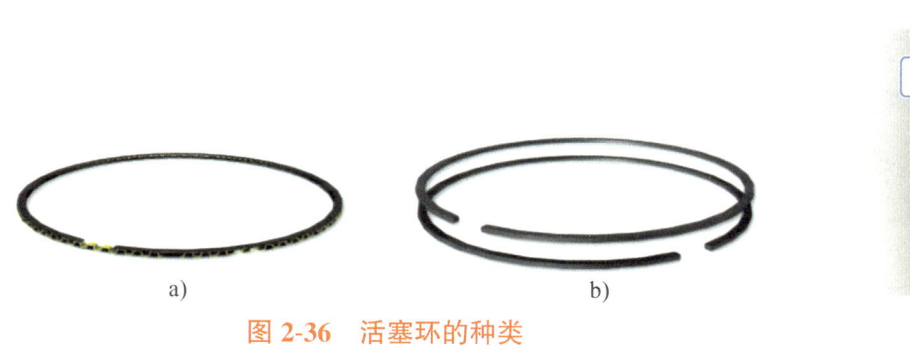

图 2-36 活塞环的种类

a）油环 b）气环

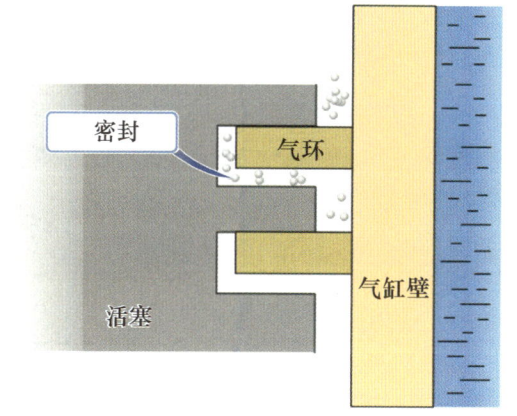

图 2-37 气环的作用

气环为了加强密封、加速磨合、减少泵油作用及改善润滑，除了合理选择材料及加工工艺外，在结构上还采用了许多不同断面形状的气环，主要有扭曲环、矩形环、梯形环、锥形环、桶面环，如图 2-38 所示。其中，扭曲环又分为内切口和外切口两种。安装时，必须注意环的断面形状和方向，应将内切槽向上，外切槽朝下，不能装反。

2. 油环

油环的主要作用是刮除飞溅到气缸壁上多余的机油，并在气缸壁上涂布一层均匀的油膜。油环上行时布油；下行时，将气缸壁上多余的机油刮下来经活塞上的回油孔流回油底壳，如图 2-39 所示。

目前，汽车发动机上采用的油环有整体式和组合式两种形式，如图 2-40 所示。

1）整体式油环在其外圆中部切有环槽，槽底开有若干回油孔，发动机工作时，利用上下两个环形刃口将气缸壁上的多余机油刮下。

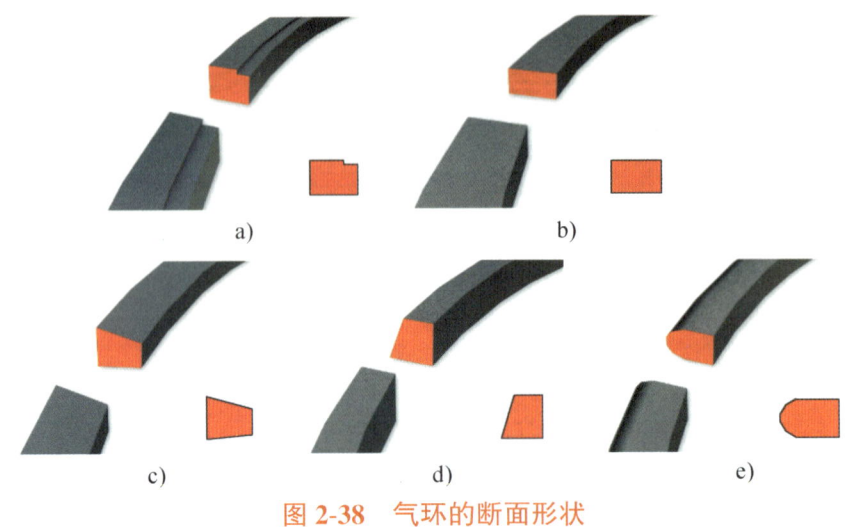

图 2-38 气环的断面形状

a）扭曲环 b）矩形环 c）梯形环 d）锥形环 e）桶面环

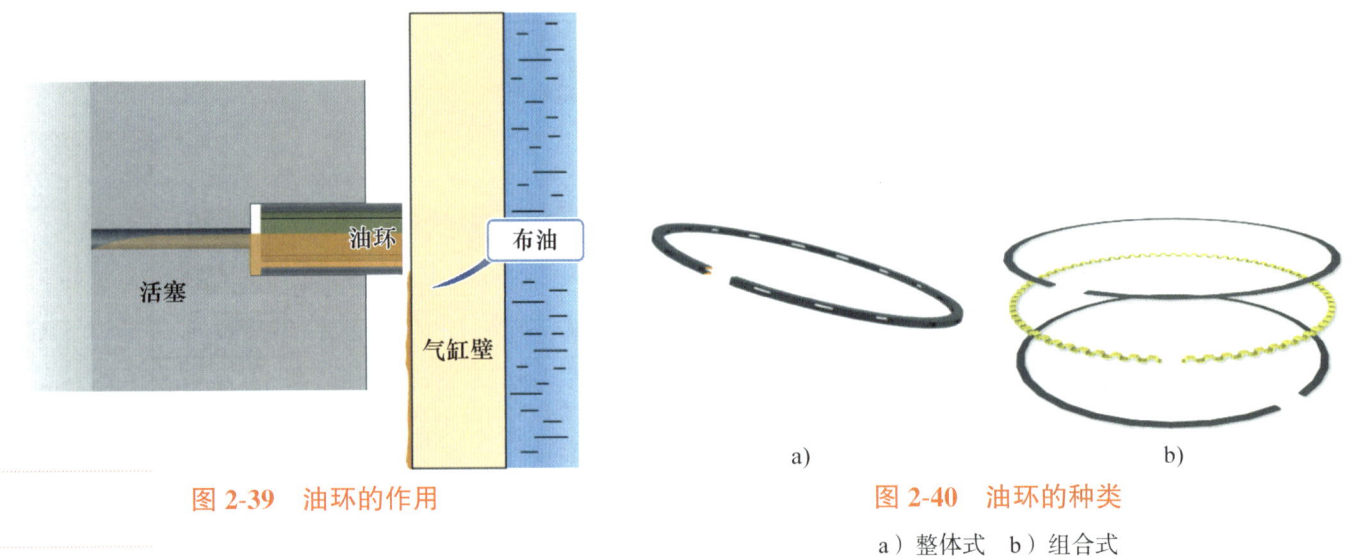

图 2-39 油环的作用

图 2-40 油环的种类

a）整体式 b）组合式

2）组合式油环一般由上、下两片刮油钢片和能产生径向、轴向弹力作用的弹性衬垫组成，刮油钢片很薄，对气缸壁的压力很大，因而刮油作用强。目前，组合式油环在高速发动机上得到了较广泛的应用。

3. 活塞环的三隙

发动机工作时，活塞和活塞环都会发生热膨胀。活塞环既要相对于气缸做往复运动，又要相对于活塞做横向移动。因此，活塞环在环槽内应留有三个间隙，即端隙、侧隙和背隙。

（1）端隙 端隙又称为开口间隙，是活塞环装入气缸内磨损量最小处的活塞环开口间隙，如图2-41所示。如果端隙过大，会使气缸漏气量增加；如果端隙过小，活塞环受热后膨胀可使活塞环两端顶住，造成气缸壁擦伤或活塞环本身断裂。为了减小气体泄漏，装环时，各道活塞环口应相互错开一定角度，以获得较长的迷宫式

的漏气路线，增加漏气阻力，减小漏气量。

（2）侧隙 侧隙又称为边隙，是活塞环高方向上与环槽之间的间隙，如图2-42所示。

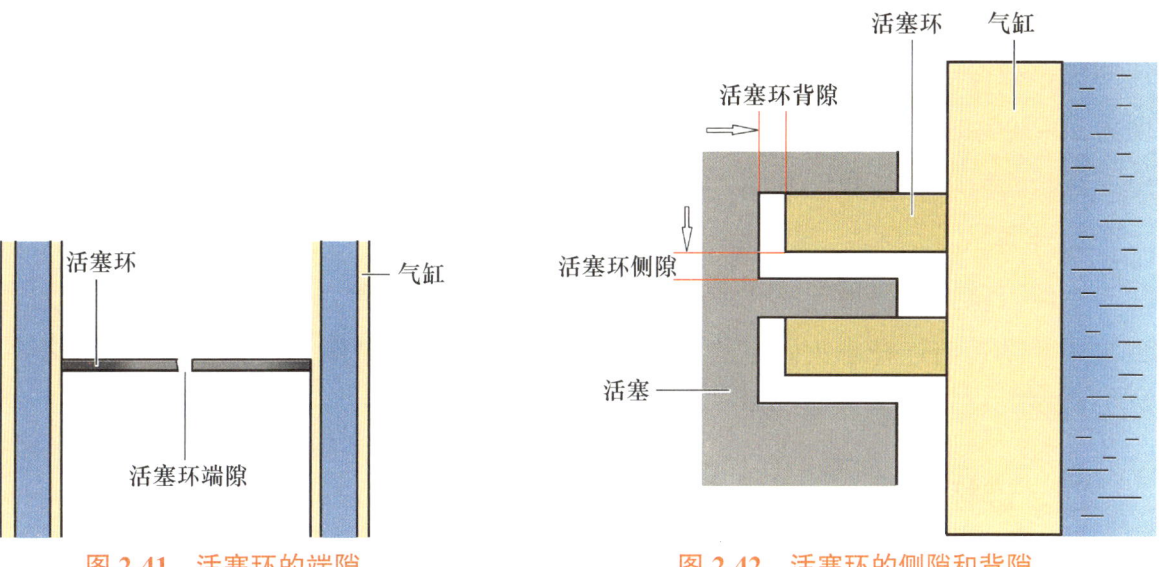

图2-41 活塞环的端隙　　　　图2-42 活塞环的侧隙和背隙

（3）背隙 背隙（见图2-42）是活塞及活塞环装入气缸后，活塞环背面与环槽底部间的间隙，油环的背隙比气环大，目的是增加存油间隙，以利于减压泄油。

三、活塞销

活塞销的作用是连接活塞与连杆小头，将活塞承受的气体作用力传给连杆。

活塞销在高温下承受很大的周期冲击载荷，润滑条件较差（一般靠飞溅润滑），因而要求有足够的刚度和强度，表面耐磨，质量尽可能小。为此，活塞销通常制成空心圆柱体，如图2-43所示。

活塞销与活塞座孔和连杆小头的连接方式有全浮式和半浮式两种形式，如图2-44所示。

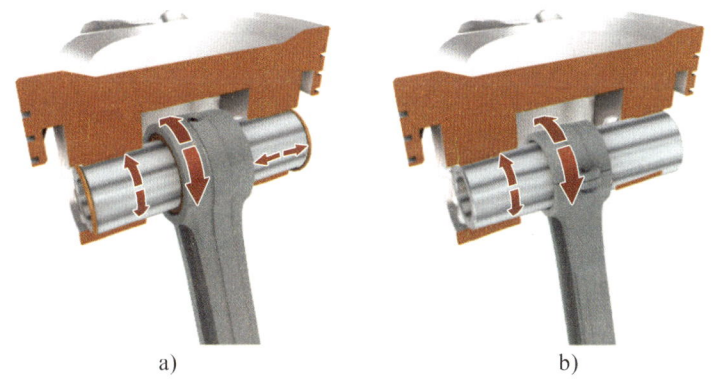

a)　　　　　　　　　b)

图2-43 活塞销　　图2-44 活塞销与活塞座孔和连杆小头的连接方式

a）全浮式　b）半浮式

1. 全浮式

在发动机正常工作温度时，活塞销能在连杆衬套和活塞销座孔中自由转动，因而增大了实际接触面积，减小了磨损并使磨损均匀，因而广泛采用。

采用铝活塞时，活塞销座的热膨胀量大于钢活塞销。为保证工作时有正常的工作间隙，在冷态时活塞销与活塞销座孔为过渡配合。装配时，应先将铝活塞放入温度为70~90℃的水中加热，然后将活塞销装入。为防止活塞销的轴向窜动而刮伤气缸壁，在活塞销座两端用卡环加以轴向定位。

2. 半浮式

半浮式就是活塞销与座孔或连杆小头两处，一处固定，一处浮动。其中，大多数采用活塞销与连杆小头固定的方式，这种连接方式的销座孔内无卡簧，连杆小端处无衬套。

四、连杆

1. 作用

连杆的作用是将活塞承受的力传递给曲轴，并使活塞的往复直线运动转变为曲轴的旋转运动，如图2-45所示。

2. 结构

连杆由连杆小头、连杆杆身、连杆大头（包括连杆盖）和连杆螺栓四部分组成，如图2-46所示。连杆小头通过活塞销与活塞相连，连杆大头通过连杆轴承与曲轴相连。

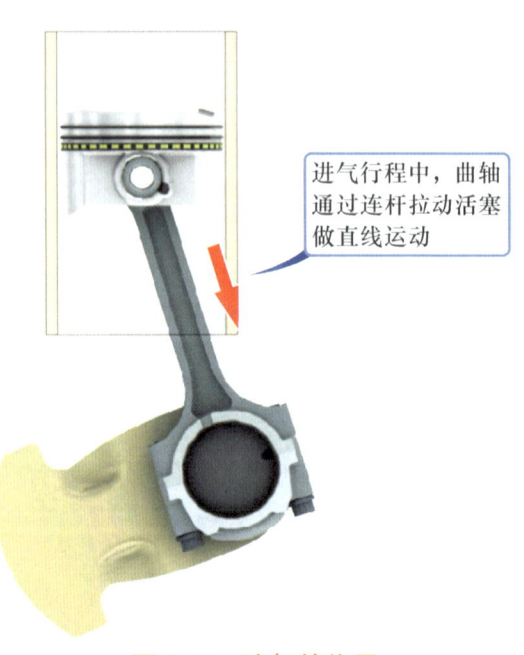

图2-45　连杆的作用

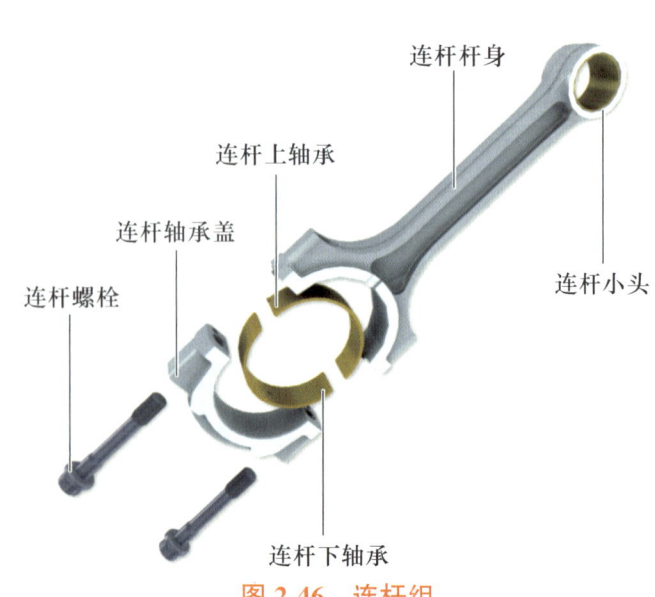

图2-46　连杆组

全浮式活塞销由于工作时连杆小头与活塞销之间有相对转动，因此在连杆小头孔中压入减磨的青铜衬套。为润滑活塞销与衬套，在连杆小头和衬套上钻有集油孔或铣出集油槽，用来收集发动机运转时被飞溅到上面的机油以便润滑。有的发动机连杆小头采用压力润滑，因此在连杆杆身内钻有连接连杆大、小头的纵向压力油道，有些连杆为了润滑气缸壁，在连杆大头一侧开有斜向的油道，如图2-47所示。

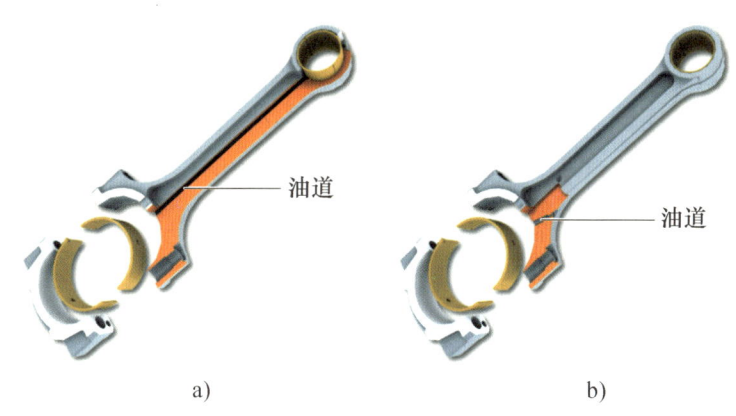

图 2-47　连杆上的油道

a）纵向式油道　b）斜开式油道

连杆工作时承受活塞销传来的气体压力、本身摆动和活塞连杆组往复运动时的惯性力，这些力的大小和方向都是周期性变化的。因此，连杆受到的是压缩、拉伸和弯曲等交变载荷，这就要求连杆在质量尽可能小的条件下有足够的刚度和强度。为满足上述要求，连杆杆身通常制成"工"字形断面，以求在强度和刚度足够的前提下减小质量。

连杆大头与曲轴的连杆轴颈相连，一般都制成分开式，被分开的部分称为连杆盖，用特制的连杆螺栓紧固在连杆大头上。连杆盖与连杆大头是组合后镗孔，为防止装配错误，在同侧刻有记号。连杆大头内孔表面要求有较低的表面粗糙度，以便与连杆轴瓦紧密贴合。连杆大头还铣有连杆轴承的定位凹槽。

连杆大头的切口形式分为平切口和斜切口两种，如图2-48所示。平切口连杆的剖切面垂直于连杆轴线。一般汽油机的连杆大头尺寸都小于气缸直径，可采用平切口。平切口连杆盖与连杆的定位，是利用连杆螺栓上的精加工圆柱台或光圆柱部分与经过精加工的螺栓孔来保证的。

柴油机的负荷较大，连杆的受力也大，连杆大头的尺寸往往超过气缸直径。为使连杆大头能通过气缸，便于拆装，一般都采用斜切口。

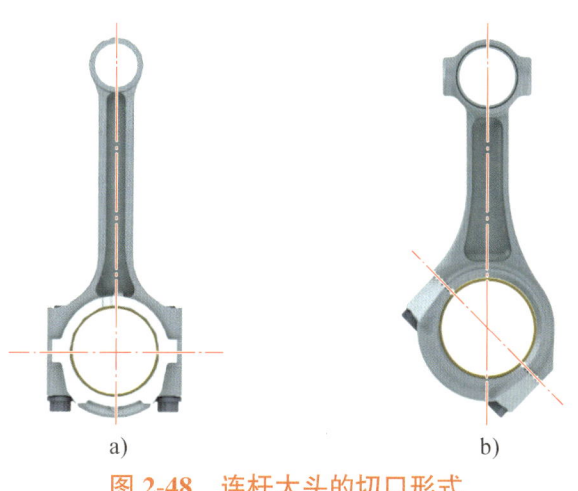

图 2-48　连杆大头的切口形式

a）平切口　b）斜切口

3. 连杆螺栓

连杆螺栓是一个要承受很大冲击性载荷的重要零部件，当其发生损坏时，将给

发动机带来极其严重的后果。因此，连杆螺栓一般采用韧性较高的优质合金钢或优质碳素钢锻制或冷墩成形。连杆螺栓必须按工厂规定的力矩，分2~3次均匀地拧紧。

五、连杆轴承

连杆轴承也称连杆轴瓦（俗称小瓦），装在连杆大头的孔内，用以保护曲轴的连杆轴颈和连杆大头，其在工作时承受较大的交变载荷、高速摩擦、低速大负荷时润滑困难等苛刻条件。为此，要求轴承具有足够的强度、良好的减磨性及良好的耐腐蚀性。发动机所用的连杆轴承是由钢背和减磨合金层组成的分开式薄壁轴承，如图2-49所示。

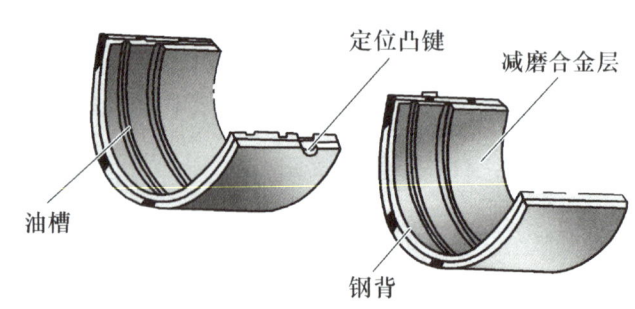

图2-49 连杆轴承

钢背由厚1~3mm低碳钢带制成，是轴承的基体。它既有足够的强度，以承受近乎冲击性的载荷，又有合适的刚度，以便与轴承孔良好贴合。在钢背的内圆面上浇铸0.3~0.7mm厚的减磨合金层，用以减少摩擦阻力、加速磨合和保持油膜。目前，常用的轴承减磨合金主要有白合金、铜铅合金和高锡铝合金。

连杆轴承背面有较低的表面粗糙度，且当轴承装入连杆大头时有一定的过盈，故能均匀地紧贴在连杆大头内壁上，具有很好的承载能力和导热能力。这样可以提高其工作可靠性并延长使用寿命。

为了防止连杆轴承在工作中发生转动或轴向移动，在两个连杆轴承的剖分面上，分别冲压出高于钢背的两个定位凸键。装配时，这两个凸键分别嵌入在连杆大头和连杆盖上的相应凹槽中，而且连杆轴承装入轴承座后，两端应略高。在连杆轴承内表面上还加工有油槽，用以储油保证可靠润滑。

检查活塞连杆组	学习任务单	班级： 姓名：

1. 活塞连杆组承受气缸中_____产生的作用力，并将此力通过活塞销传给连杆，以推动曲轴旋转。

2. 写出下图划线处零部件的名称。

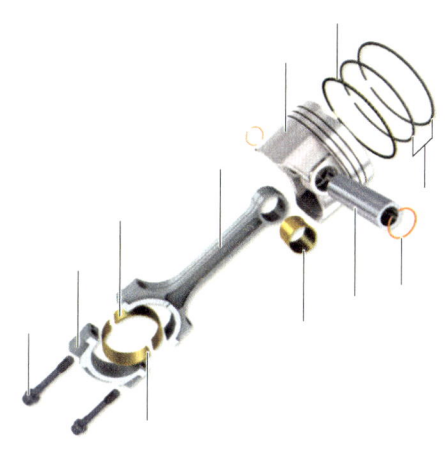

3. 活塞的作用是与气缸盖、气缸体等共同组成_____，承受气缸中气体的压力，并将此压力通过活塞销传给连杆以推动曲轴旋转。

4. 活塞可分为顶部、头部和_____部三部分，活塞顶部是燃烧室的组成部分，用来承受_____，活塞顶有_____顶、凹顶和凸顶等形式；活塞头部包含活塞环槽的部分，其主要作用是安装_____；油环槽以下的部分为活塞裙部，其作用是为活塞在气缸内做往复运动进行_____。

5. 活塞环包括气环和_____环两种。

6. 气环的主要作用是保证活塞与_____间的密封，防止气缸内的可燃混合气和高温燃气漏入曲轴箱，并将活塞顶部接受的热量传给气缸壁，再由冷却液带走，避免活塞过热，另外，还起到_____、布油的辅助作用。气环主要有_____环、锥形环、梯形环、桶面环和_____环等类型。

7. 油环的主要作用是刮除飞溅到_____上多余的机油，并在气缸壁上涂布一层均匀的油膜。

8. 发动机工作时，活塞和活塞环都会发生热膨胀，因此，活塞环在环槽内应留有三个间隙，即端隙、_____隙和背隙。_____隙又称为开口间隙，是活塞环装入气缸内磨损量最小处的活塞环开口间隙，_____隙又称为边隙，是活塞环高方向上与环槽之间的间隙。

9. 活塞销的作用是连接活塞与连杆小头，将活塞承受的气体作用力传给_____。活塞销与活塞座孔和连杆小头的连接方式有全浮式和_____式两种形式。

10. 连杆的作用是将活塞承受的力传递给曲轴，并使活塞的_____运动转变为曲轴的_____运动。

11. 连杆轴承也称连杆轴瓦（俗称_____瓦），装在连杆大头的孔内，用以保护曲轴的连杆轴颈和连杆大头。钢背的内圆面上浇铸 0.3~0.7mm 厚的_____，用以减少摩擦阻力，加速磨合和保持油膜。

任务实施

实训任务　检查活塞连杆组

实训器材：

发动机实训台架、外径千分尺、游标卡尺、活塞环卡钳、扭力扳手、常用维修工具和维修手册等。

作业准备：

1）预先拆下发动机气缸盖与油底壳等。

2）将预先拆下的零部件与工量具摆放整齐。

3）准备好备用的活塞环。

操作步骤：

一、活塞连杆组的拆卸、分解与清洁

1. 活塞连杆组的拆卸

1）摇转翻转架，使气缸体倒转。

2）使用合适的套筒和指针式扭力扳手顺时针转动曲轴，将待拆缸的活塞连杆组移动至下止点位置。

3）使用合适的套筒和指针式扭力扳手分两次交替拧松连杆轴承盖螺栓，如图 2-50 所示。

4）用手将连杆螺栓拧出，并用拧出的螺栓通过左右晃动取下连杆轴承盖，如图 2-51 所示。

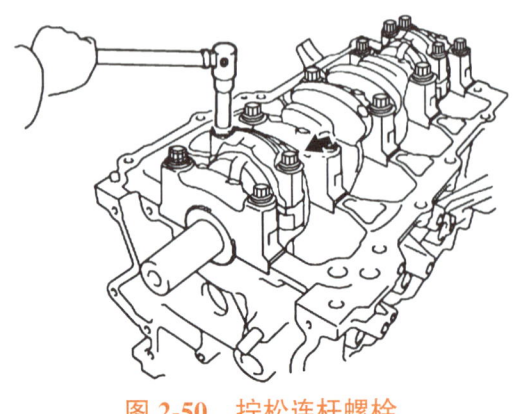　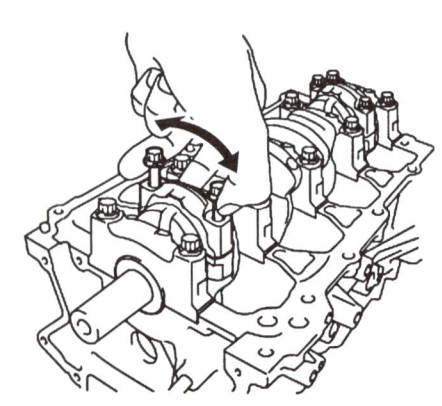

图 2-50　拧松连杆螺栓　　　　图 2-51　晃动连杆螺栓

5）使用橡胶槌将活塞连杆组从气缸体的上部推出。

6）使用记号笔将拆下的活塞连杆组按照对应气缸进行标记，同时还要在活塞头

部标记朝前标志。

2. 活塞连杆组的分解

1）使用活塞环卡钳拆下第一道气环，如图 2-52 所示。

2）再使用活塞环卡钳拆下第二道气环。

3）直接用手拆下油环，先拆两个刮片，再拆衬簧。

4）从连杆大头和连杆轴承盖上拆下连杆轴承。

5）用一字螺钉旋具或卡簧钳拆下活塞销两端的卡簧，如图 2-53 所示。

活塞连杆组的
拆卸与分解

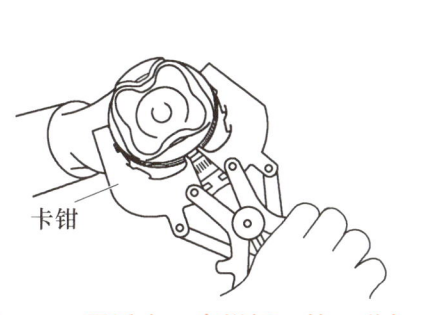

图 2-52　用活塞环卡钳拆下第一道气环

图 2-53　用一字螺钉旋具拆下卡簧

6）将专用工具放到活塞销的内孔，然后用橡胶槌轻敲专用工具，将活塞销取出。

7）将拆下并分解的活塞连杆组按缸别顺序摆放整齐，防止错乱。

3. 活塞连杆组零部件的清洁

1）使用铲刀、断环和毛刷清除活塞顶部和活塞环槽内的积炭，如图 2-54 所示。

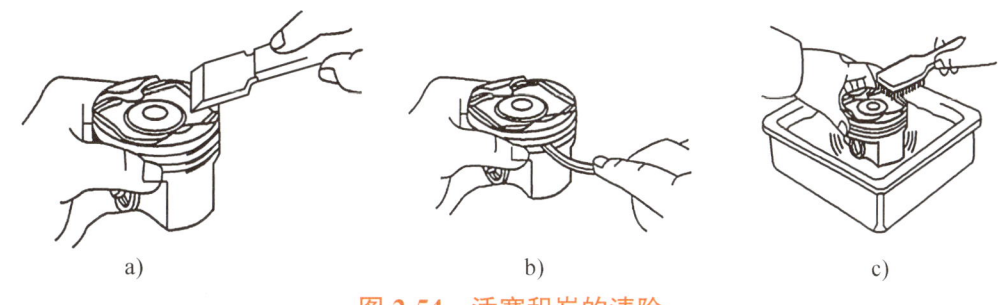

a)　　　　　　　　　　　b)　　　　　　　　　　　c)

图 2-54　活塞积炭的清除

a）用铲刀清除积炭　b）用断环清除积炭　c）用毛刷清洗积炭

2）使用清洗剂或柴油清洁活塞连杆组零部件。

3）使用压缩空气吹净活塞连杆组零部件。

二、活塞连杆组的检修

1. 目视检查零部件状况

1）目视检查连杆状况，检查是否存在弯曲、扭曲、磨损和裂纹等现象。

2）目视检查活塞状况，检查是否存在拉痕、顶部烧蚀、磨损和裂纹等现象。

3）目视检查连杆轴承状况，检查减磨合金层是否脱落，检查轴承背面是否有高温变色痕迹，定位凸键是否磨损等。

2. 活塞裙部直径的测量

1）用抹布清洁千分尺和游标卡尺。

2）检查游标卡尺是否对零。

3）使用游标卡尺和记号笔在活塞下缘离裙边约 12.6mm 处做标记（具体车型不同需要标记的位置可能不同）。

4）检查千分尺是否校零（如存在误差，在最后的测量值中应加上或减去该误差）。

5）使用千分尺对照标记位置测量活塞裙部直径（测量时注意测量部位还需与活塞销保持垂直），如图 2-55 所示。

6）清洁量具并归位。

3. 活塞环端隙的测量

1）将活塞环放入气缸筒内，然后使用活塞将活塞环推入到气缸的下部（具体位置车型不同要求不同，可参考维修手册的相关要求），如图 2-56 所示。

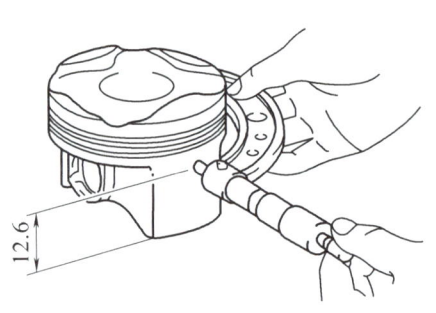

图 2-55　活塞裙部的测量

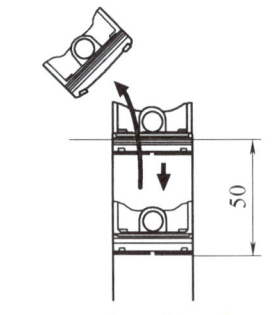

图 2-56　将活塞环放入缸筒

2）清洁塞尺。

3）使用塞尺测量活塞环的端隙，如图 2-57 所示。

4. 活塞环侧隙的测量

1）清洁塞尺。

2）将活塞环放入相应的活塞环槽内，使用塞尺测量活塞环的侧隙（测量一道环的侧隙需按圆周方向至少测量三个位置），如图 2-58 所示。

5. 连杆的检测

可用连杆校验仪检验连杆的弯曲和扭曲，步骤如下：

1）将连杆盖安装好，并按规定的拧紧力矩将连杆

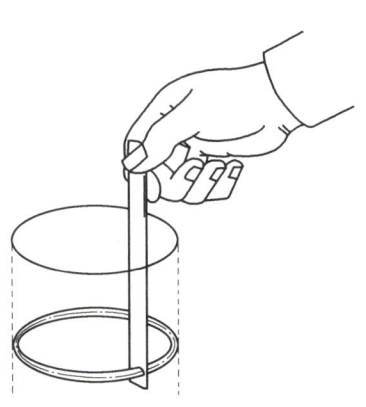

图 2-57　端隙的测量

螺栓拧紧（无须安装连杆轴承）。

2）将连杆校验仪的标准心轴装入连杆小头的衬套孔中。

3）将连杆大头套装在校验仪的支承轴上，通过调整校验仪的定位螺钉使支承轴扩张。

4）将连杆固定在校验仪的检测平面上。

5）将校验仪的三点规放到连杆小头的标准心轴上。

6）检查三点规的 3 个测点都应与校验仪的平板接触，说明连杆不变形。若上测点与平板接触，两下测点不接触且与平板的间隙一致；或两下测点与平板接触，而上测点不接触，表明连杆弯曲，如图 2-59 所示。可用塞尺测出测点与平板之间的间隙，即为连杆的弯曲度，弯曲度最大值为 0.05mm，否则更换连杆。

7）若只有一个下测点与平板接触，另一个测点与平板不接触，如图 2-60 所示，可用塞尺测出下测点与平板之间的间隙，即为连杆的扭曲度，扭曲度最大值为 0.15mm，否则更换连杆。

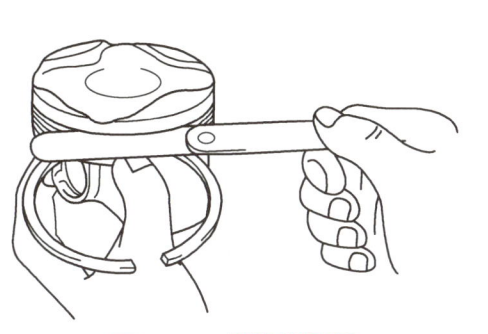

图 2-58　侧隙的测量

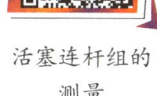

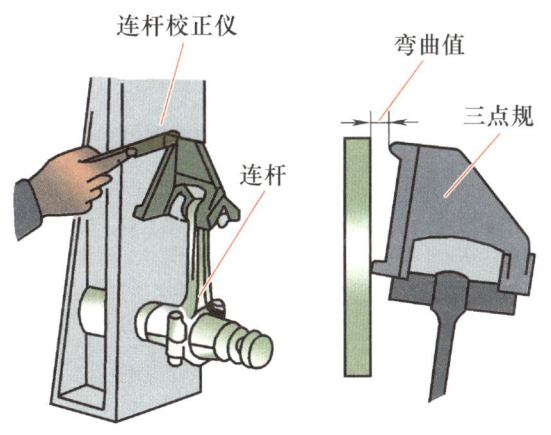

图 2-59　连杆弯曲度测量

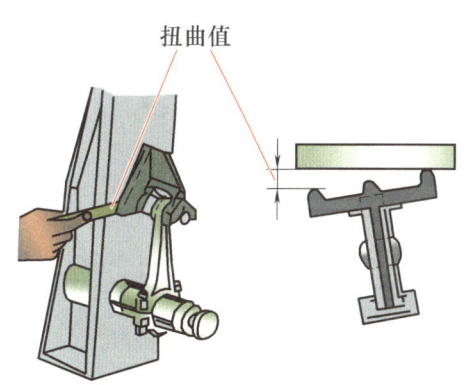

图 2-60　连杆扭曲度测量

三、活塞连杆组的安装

1. 活塞与连杆的装配

1）用螺钉旋具将新卡簧安装到活塞销孔的一端。

2）将活塞放入水中，然后将水加热到 80~90℃。

3）将活塞与连杆朝前标记对准，如图 2-61 所示，并用拇指推入活塞销。

4）用螺钉旋具将新卡簧安装到活塞销孔的另一端。

5）在活塞销上来回移动活塞，检查活塞和活塞销的安装情况，如图 2-62 所示。

2. 活塞环的安装

1）直接用手装上油环，先装衬簧，再装两个刮片。

活塞连杆组的安装

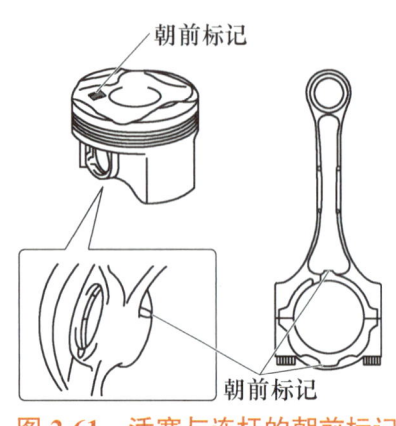

图 2-61　活塞与连杆的朝前标记

图 2-62　活塞销安装后的检查

注意事项：

活塞环上标有字的面必须朝上。

2）使用活塞环扩张器安装第二道气环，如图 2-63 所示，注意活塞环上标有字的面必须朝上，如图 2-64 所示。

3）使用活塞环卡钳安装第一道气环。

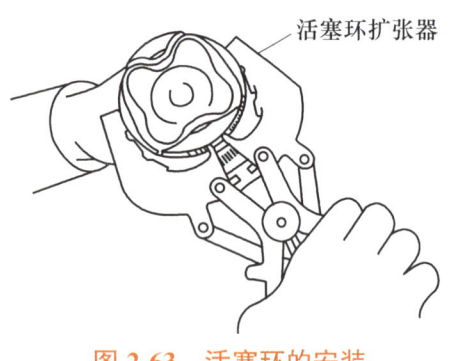

图 2-63　活塞环的安装

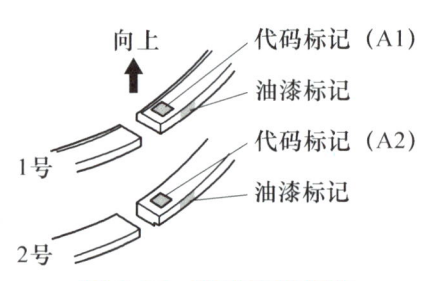

图 2-64　活塞环的标记

4）调整活塞环端口方向至规定位置（不同类型发动机活塞环端口位置可能不同），如图 2-65 所示。

3. 连杆轴承的安装

1）将新的连杆轴承安装至连杆大头与连杆轴承盖中，如图 2-66 所示。

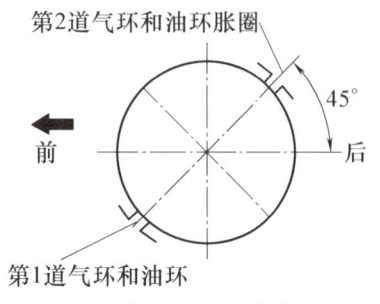

图 2-65　活塞环端口的布置要求

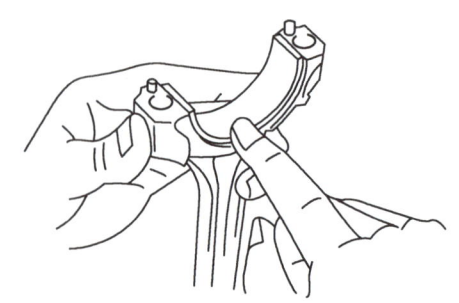

图 2-66　连杆轴承的安装

2）将少量的机油滴在连杆轴承的内表面上，并涂抹均匀。

4. 活塞连杆组的安装

1）摇转翻转架，使气缸体保持安装面竖直朝上。

2）使用机油润滑气缸内壁并涂抹均匀。

3）使用机油润滑活塞环夹箍并涂抹均匀。

4）用活塞环夹箍收紧活塞环，并拧紧至没有间隙。

5）确认即将安装的活塞连杆组的标记。

6）转动曲轴使即将安装活塞连杆组的气缸曲轴曲柄位于下止点。

7）将已被活塞夹箍抱紧的活塞连杆组放入对应的气缸，再使用橡胶槌将活塞夹箍上缘敲平；最后使用橡胶槌手柄将活塞推入气缸的底部，如图2-67所示。

8）按标记（或连杆轴承止口对止口）将连杆轴承盖装好，如图2-68所示，并先用手将连杆螺栓拧入。

9）使用合适的套筒和预置式扭力扳手交替拧紧连杆螺栓至规定力矩，如图2-69所示。

> **小贴士：**
>
> 丰田卡罗拉1ZR发动机连杆螺栓的规定力矩为20N·m。

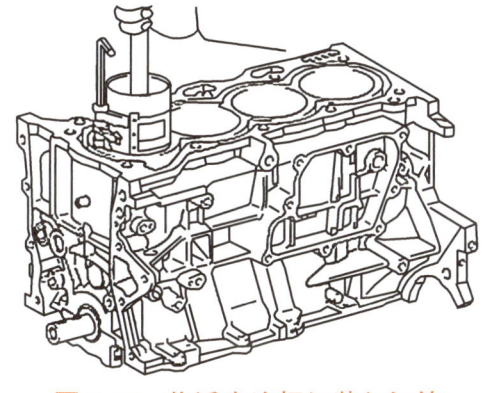

图2-67　将活塞连杆组装入缸筒

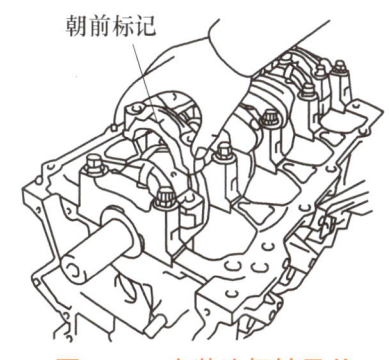

图2-68　安装连杆轴承盖

10）用油漆笔在连杆螺栓前端做标记。

11）使用合适的套筒和指针扳手将连杆螺栓再紧固90°，如图2-70所示。

12）用抹布清除标记。

13）转动曲轴，检查其能够自由转动，然后再安装另一个活塞连杆组。

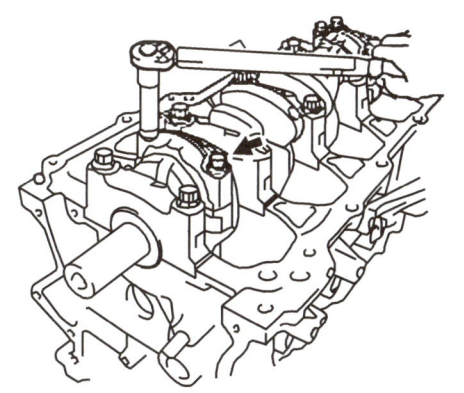

图2-69　拧紧连杆螺栓

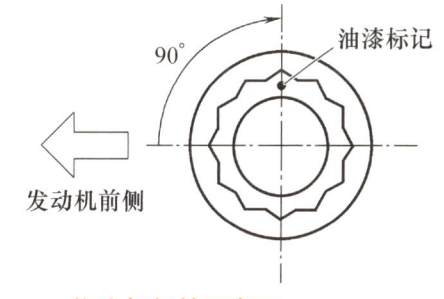

图2-70　将连杆螺栓再紧固90°

检查活塞连杆组	工作任务单	班级：
		姓名：

1. 车辆信息记录

品牌		台架型号		发动机排量	
发动机型号					

2. 活塞连杆组的清洗与初步检查　　　　（　　　　）缸

项目名称	故障记录	维修措施
活塞目视检查		调整□　维修□　更换□
连杆目视检查		调整□　维修□　更换□
连杆轴承目视检查		调整□　维修□　更换□

3. 活塞裙部直径的测量

项目名称	测量值	标准值	判定	维修措施
距离活塞裙部底端　　mm			正常□　损坏□	调整□　维修□　更换□

4. 活塞与气缸配合间隙（计算）

气缸直径	配合间隙	标准值	判定	维修措施
			正常□　损坏□	调整□　维修□　更换□

5. 活塞环的测量

项目名称	测量值	标准值	判定	维修措施
第一道环——端隙			正常□　损坏□	调整□　维修□　更换□
第一道环——侧隙			正常□　损坏□	调整□　维修□　更换□
第二道环——端隙			正常□　损坏□	调整□　维修□　更换□
第二道环——侧隙			正常□　损坏□	调整□　维修□　更换□

6. 连杆的检测

弯曲值	扭曲值	标准值	判定	维修措施
			正常□　损坏□	调整□　维修□　更换□

7. 查阅维修手册

序号	部件名称	章节及页码	规格（公制）
1	连杆螺栓的拧紧力矩	第　　章　　页	
2		第　　章　　页	
3		第　　章　　页	

检查活塞连杆组			实习日期:			
姓名:		班级:	学号:		教师签名:	
自评：□熟练　□不熟练			互评：□熟练　□不熟练	师评：□合格　□不合格		
日期:		日期:		日期:		

检查活塞连杆组【评分细则】

序号	评分项	得分条件	分值	评分要求	自评	互评	师评
1	安全/7S/态度	□ 1. 能进行工位7S操作 □ 2. 能进行设备和工具安全检查 □ 3. 能进行场地及设备安全防护操作 □ 4. 能进行工具清洁、校准、存放操作 □ 5. 能进行三不落地操作	15	未完成1项扣3分，扣分不得超过15分	□熟练 □不熟练	□熟练 □不熟练	□合格 □不合格
2	专业技能能力	作业1 □ 1. 能正确地拆下连杆螺栓 □ 2. 能正确地拆下活塞连杆组 □ 3. 能正确地分解活塞连杆组 作业2 □ 1. 能正确地检查活塞外观情况 □ 2. 能正确地检查连杆外观情况 □ 3. 能正确地检查连杆轴承 □ 4. 能正确地测量活塞直径 □ 5. 能正确地测量活塞环的端隙 □ 6. 能正确地测量活塞环的侧隙 □ 7. 能正确地测量连杆的弯曲度 □ 8. 能正确地测量连杆的扭曲度 作业3 □ 1. 能正确地安装活塞环 □ 2. 能正确地安装连杆轴承 □ 3. 能正确地在活塞连杆组部件上涂机油 □ 4. 能正确地将活塞连杆组安装到气缸内 □ 5. 能正确地安装连杆轴承盖 □ 6. 能正确地拧紧连杆螺栓	50	未完成1项扣3分，扣分不得超过50分	□熟练 □不熟练	□熟练 □不熟练	□合格 □不合格
3	工具及设备的使用能力	□ 1. 能正确地选用维修工具 □ 2. 能正确地使用维修工具 □ 3. 能正确地使用连杆校验仪 □ 4. 能正确地使用塞尺 □ 5. 能正确地使用游标卡尺 □ 6. 能正确地使用千分尺	10	未完成1项扣2分，扣分不得超过10分	□熟练 □不熟练	□熟练 □不熟练	□合格 □不合格
4	资料、信息查询能力	□ 1. 能正确地识读维修手册查询资料 □ 2. 能正确地使用用户手册查询资料 □ 3. 能正确地记录所查询资料的章节及页码 □ 4. 能正确地记录所需维修信息	10	未完成1项扣2分	□熟练 □不熟练	□熟练 □不熟练	□合格 □不合格
5	数据判断和分析能力	□ 1. 能判断活塞连杆组外观是否正常 □ 2. 能判断活塞是否正常 □ 3. 能判断气缸配合间隙是否正常 □ 4. 能判断活塞环是否正常 □ 5. 能判断连杆是否正常	10	未完成1项扣2分，扣分不得超过10分	□熟练 □不熟练	□熟练 □不熟练	□合格 □不合格
6	表单填写报告的撰写能力	□ 1. 字迹清晰 □ 2. 语句通顺 □ 3. 无错别字 □ 4. 无涂改 □ 5. 无抄袭	5	未完成1项扣1分，扣分不得超过5分	□熟练 □不熟练	□熟练 □不熟练	□合格 □不合格
总分:							

任务三

检查曲轴飞轮组

🔧 学习目标

知识目标

1）掌握曲轴飞轮组的作用及组成。

2）了解曲轴飞轮组各零部件的结构。

技能目标

1）能规范地拆装曲轴飞轮组各零部件。

2）能规范地检查与测量曲轴飞轮组各零部件。

素养目标

1）能够在工作过程中与小组其他成员合作、交流，养成团队合作意识，锻炼沟通能力。

2）养成 7S 的工作习惯。

3）养成服从管理、规范作业与精益求精的良好工作习惯。

🚗 任务描述

一位丰田卡罗拉轿车用户将车开到维修站，车主反映发动机运转时有异响，需要维修。

相关知识

曲轴飞轮组（见图 2-71）承受连杆传来的动力，转变为转矩向外输出，驱动汽车行驶。曲轴还用来驱动发动机的配气机构、水泵、发电机、空调压缩机和转向助力泵等总成。

曲轴飞轮组主要由曲轴、主轴承、止推垫片、飞轮、扭转减振器（橡胶环和摩擦盘）、曲轴带轮和正时齿轮等组成，如图 2-72所示。

图 2-71 曲轴飞轮组

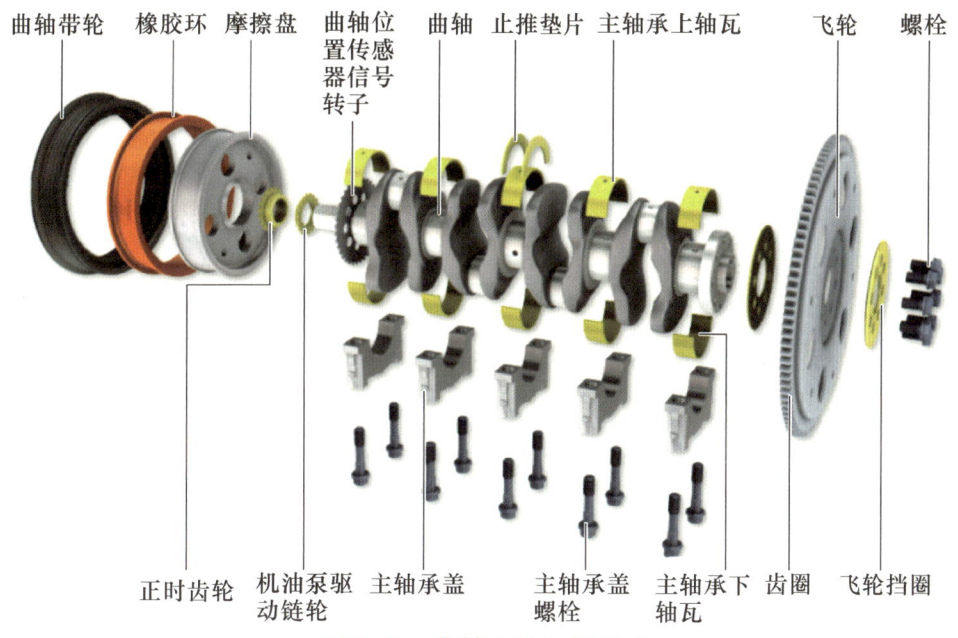

曲轴带轮　橡胶环　摩擦盘　曲轴位置传感器信号转子　曲轴　止推垫片　主轴承上轴瓦　飞轮　螺栓

正时齿轮　机油泵驱动链轮　主轴承盖　主轴承盖螺栓　主轴承下轴瓦　齿圈　飞轮挡圈

图 2-72　曲轴飞轮组的组成

一、曲轴

1. 曲轴的作用与工作条件

曲轴的作用是把活塞连杆组传来的气体压力转变为转矩并对外输出，以驱动汽车的传动系统和发动机的配气机构以及其他辅助装置，如图 2-73 所示。

曲轴在工作时，要承受周期性变化的气体压力、惯性力和离心力的共同作用，承受弯曲和扭转等交变载荷。因此，曲轴应有足够的抗弯曲、抗扭转的疲劳强度和刚度；轴颈应有足够大的承压表面和耐磨性；曲轴的质量应尽量小；对各轴颈的润滑应该充分。

直线运动　　旋转运动

图 2-73　曲轴的作用

2. 曲轴的构造

曲轴是由主轴颈、连杆轴颈、曲柄臂、平衡重、后端凸缘和润滑油道等组成的一个整体，如图 2-74 所示。

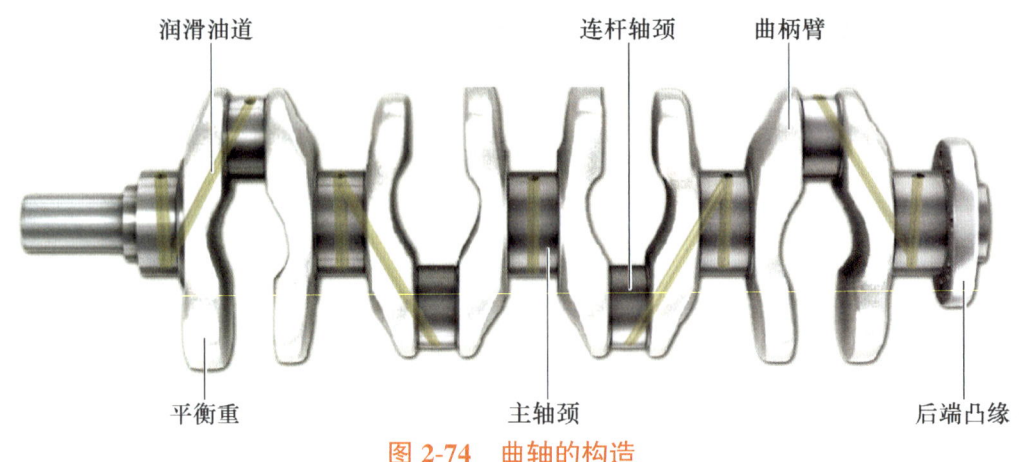

图 2-74　曲轴的构造

主轴颈是曲轴的支承部分，一般每个连杆轴颈两边都有一个主轴颈，四缸发动机有五道主轴颈。

一个连杆轴颈与它两端的曲柄臂及主轴颈构成一个曲拐，曲轴的曲拐数取决于气缸的数目。单缸发动机的曲轴只有一个曲拐，多缸直列式发动机曲轴的曲拐数与气缸数相同，V 形发动机曲轴的曲拐数等于气缸数的一半。将若干个单元曲拐按照一定的相位连接起来再加上曲轴前、后端便构成一根曲轴。

曲轴上开有贯穿主轴颈、曲柄臂和连杆轴颈的油道，以使主轴承内的机油经此贯穿油道流至连杆轴承。

平衡重用来平衡连杆大头、连杆轴颈和曲柄臂等产生的离心力及其力矩，有时还为了平衡部分往复惯性力及其力矩，使发动机运转平稳，并可减小曲轴主轴承的负荷。

3. 曲轴的布置

多缸发动机曲轴曲拐的布置与气缸数、气缸的排列形式（直列、V 形）、发动机的平衡以及各缸的工作顺序的排列密切相关，并具有一定的规律性。应尽可能使连续做功的两缸距离远些，以减少主轴承的负荷和避免相邻两缸进气门同时开启而发生抢气现象；做功间隔角应尽量均匀，以使发动机运转均匀；曲拐布置应尽可能对称、均匀，以使发动机工作平衡性好。一般发动机曲拐的布置形式如图 2-75 所示。

四冲程发动机完成一个工作循环曲轴转两圈，其转角为 720°，在曲轴转角 720° 内发动机的每一个气缸应该点火做功一次，而且点火间隔角是均匀的，因此四缸四冲程发动机的点火间隔角为 720°/4（4 为气缸数），即曲轴每转 180°（半圈），就应有一缸做功。因此，可使曲轴获得均匀的转速，工作平稳柔和。对于每一个气缸来说，其工作过程和单缸发动机的工作过程完全相同，只不过是要求它按照一定的顺序工

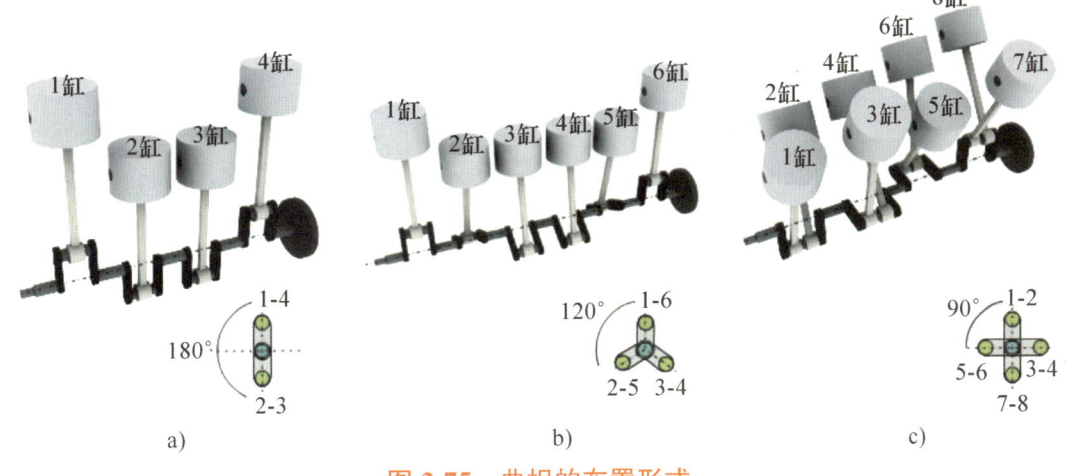

图 2-75　曲拐的布置形式

a）直列四缸发动机曲拐布置　b）直列六缸发动机曲拐布置　c）V 形八缸发动机曲拐布置

作，即为发动机的工作顺序，也叫发动机的点火顺序。可见，多缸发动机的工作顺序（点火顺序）就是各缸完成同名行程的次序。四缸发动机四个曲拐布置在同一个平面内，如图 2-76 所示。1、4 缸曲拐在上，2、3 缸曲拐在下，互相错开 180°，其点火顺序的排列只有两种可能，即为 1—3—4—2 或 1—2—4—3；但目前采用 1—3—4—2 的顺序较多，其工作顺序的发动机工作循环见表 1-1。

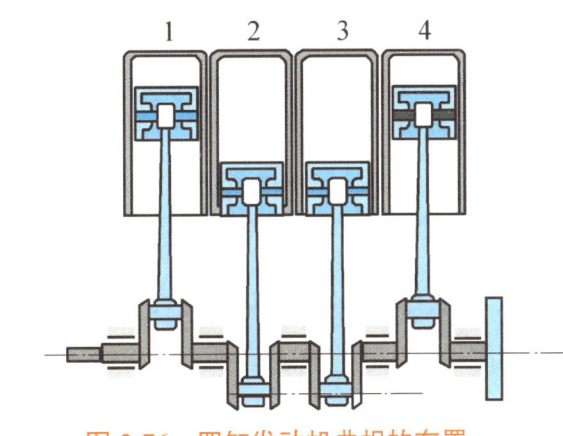

图 2-76　四缸发动机曲拐的布置

表 1-1　四缸四冲程发动机工作循环表（工作顺序 1—3—4—2）

曲轴转角 /(°)	1 缸	2 缸	3 缸	4 缸
0~180	做功	排气	压缩	进气
180~360	排气	进气	做功	压缩
360~540	进气	压缩	排气	做功
540~720	压缩	做功	进气	排气

二、曲轴轴承与止推垫片

1. 曲轴轴承

曲轴轴承也称为主轴承，俗称大瓦，如图 2-77 所示，装在缸体的主轴承孔内，其作用是保护曲轴主轴颈和

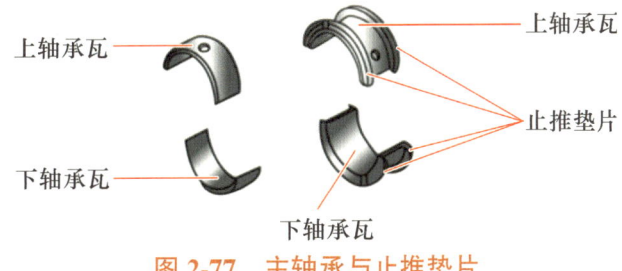

图 2-77　主轴承与止推垫片

机体的主轴承孔。上轴承瓦上有油道孔，工作时能将机体上的压力机油引入主轴颈。除比连杆轴承稍大外，其他结构与连杆轴承相同。

2. 止推垫片

止推垫片也称为止推瓦或止推轴承，一般只在中间主轴颈上安装，其作用是限制曲轴的轴向位移量（俗称轴向间隙），防止曲轴与机体摩擦。

止推垫片有整体式和分体式两种。整体式止推垫片与主轴承瓦制成一体（也叫翻边轴瓦）。分体式止推垫片做成4片，分别安装在上、下轴瓦的左右两侧。

三、飞轮

1. 作用

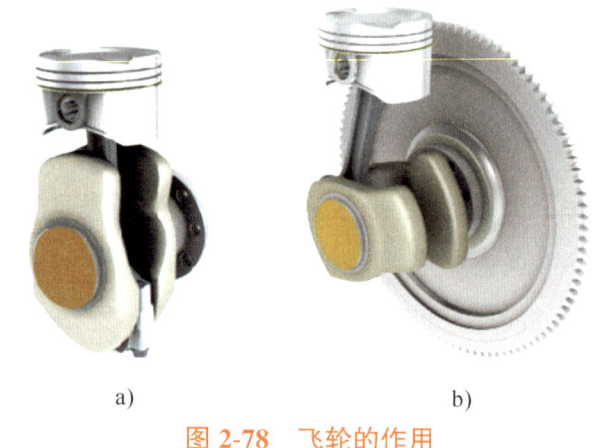

图 2-78 飞轮的作用
a）未安装飞轮　b）安装飞轮

飞轮的作用是在做功行程中将传输给曲轴的一部分动能储存起来，用以在其他行程中克服阻力，带动曲柄连杆机构越过上、下止点，保证曲轴的旋转速度和输出转矩尽可能均匀，并将发动机的动力传给离合器，如图 2-78 所示。

2. 结构

飞轮的结构如图 2-79 所示，它是一个转动惯量很大的圆盘，在外缘上，压有一个起动用的齿圈，在发动机起动时与起动机齿轮啮合，带动曲轴旋转。为保证有足够转动惯量的前提下，尽可能减小飞轮质量，应使飞轮的大部分质量都集中在轮缘上，因而轮缘通常做得宽而厚。

四、扭转减振器

1. 作用

发动机工作时，经连杆传给曲轴的作用力呈周期性变化，所以使曲轴旋转的瞬时角速度也呈周期性变化。安装在曲轴后端的飞轮，由于转动惯量很大，可以看作等速运动，这样就造成了曲轴相对飞轮转动时快时慢，使曲轴产生扭转振动。当振动频率与曲轴的自振频率成整数倍关系时，就会产生共振。

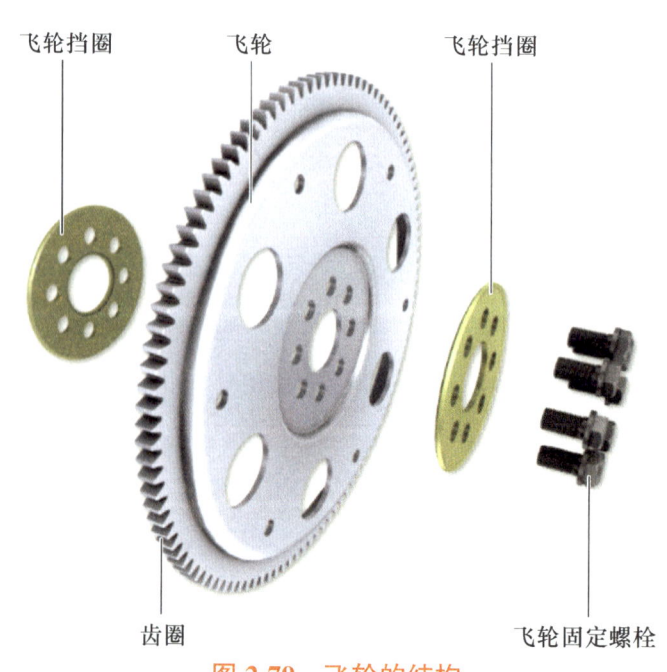

飞轮挡圈　　飞轮　　飞轮挡圈

齿圈　　　　　　　　　飞轮固定螺栓

图 2-79 飞轮的结构

为了消减曲轴的扭转振动，在发动机的前端装有扭转减振器，如图 2-80 所示。

2. 结构

常用的扭转减振器有橡胶式、摩擦式和硅油式等多种形式。

橡胶式扭转减振器主要由与曲轴相连的曲轴带轮轮毂、摩擦盘、橡胶环和曲轴带轮等组成，如图 2-81 所示。

曲轴带轮通过内层的橡胶与轮毂粘接在一起，曲轴产生扭转振动时，轮毂随曲轴一起振动，因带轮转动惯量较大，夹在带轮与轮毂摩擦盘之间的橡胶层发生变形，从而消耗曲轴扭转振动的能量，减轻了曲轴的扭转振动。

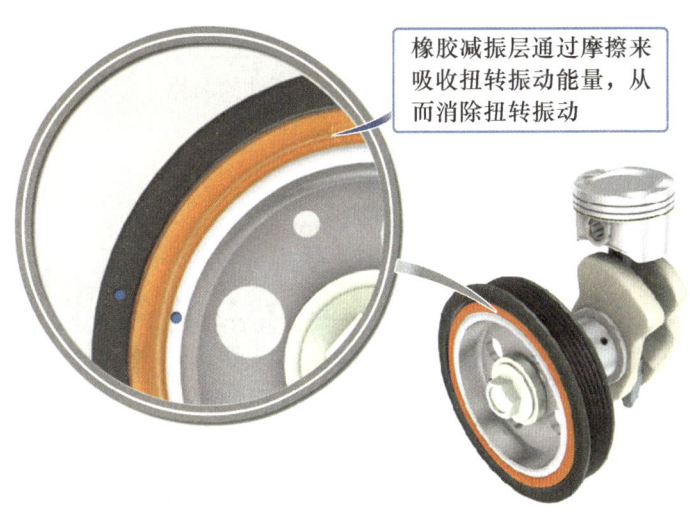

橡胶减振层通过摩擦来吸收扭转振动能量，从而消除扭转振动

图 2-80　扭转减振器的作用

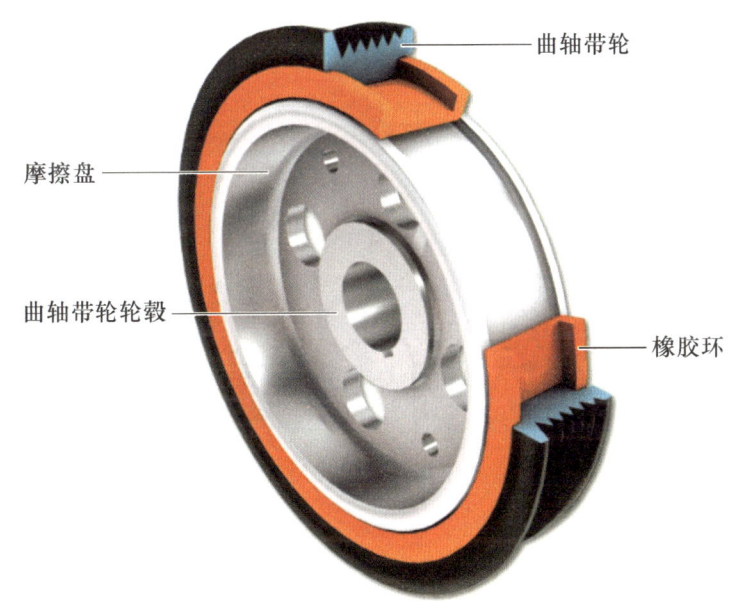

曲轴带轮

摩擦盘

曲轴带轮轮毂

橡胶环

图 2-81　扭转减振器

检查曲轴飞轮组	学习任务单	班级： 姓名：

1. 曲轴飞轮组承受＿＿＿＿＿＿传来的动力，转变为＿＿＿＿＿＿向外输出，驱动汽车行驶。

2. 写出下图划线处零部件的名称。

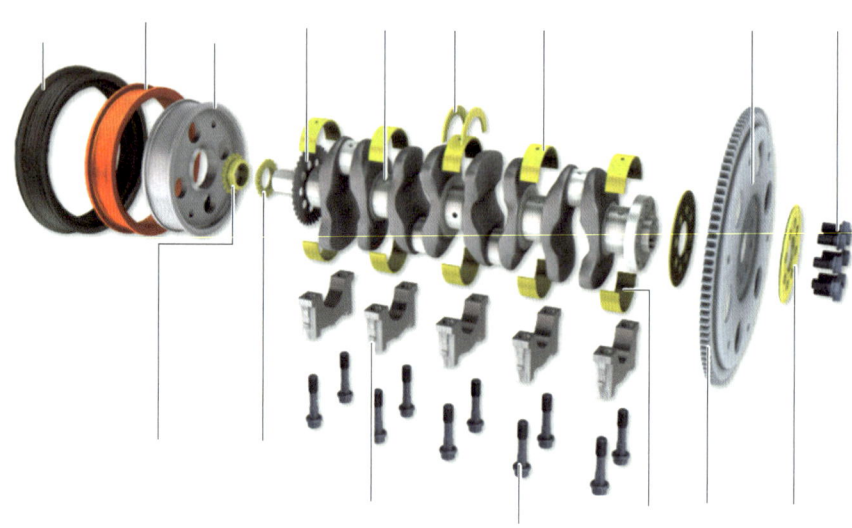

3. 写出下图划线处部位的名称。

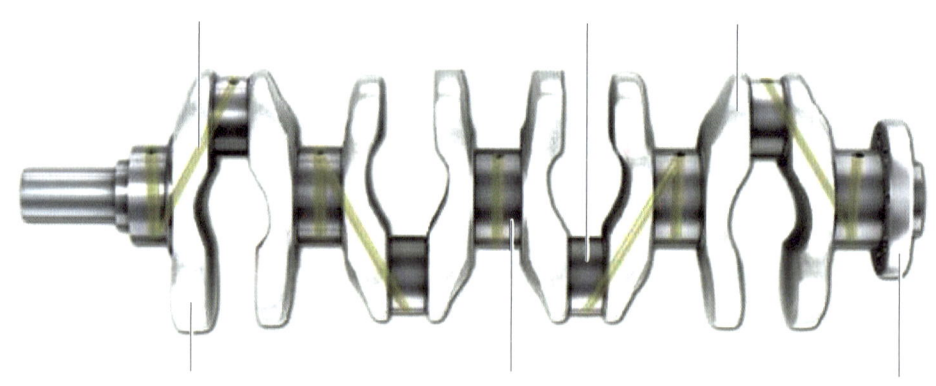

4. 四冲程发动机完成一个工作循环曲轴转两圈，其转角为720°，在曲轴转角720°内发动机的每一个气缸应该点火做功一次，而且点火间隔角是均匀的，因此四缸四冲程发动机的点火间隔角为＿＿＿＿＿＿°，点火顺序一般为＿＿＿＿＿＿。

5. 曲轴轴承也称为主轴承，俗称＿＿＿＿＿＿，其作用是保护曲轴主轴颈和机体的主轴承孔。上轴承瓦上有＿＿＿＿＿＿孔，工作时能将机体上的压力机油引入主轴颈。

6. 止推垫片也称为＿＿＿＿＿＿，一般只在中间主轴颈上安装，其作用是限制曲轴的＿＿＿＿＿＿，防止曲轴与机体摩擦。它有整体式和＿＿＿＿＿＿式两种。

7. 飞轮的作用是在做功行程中将传输给曲轴的一部分动能＿＿＿＿＿＿起来，用以在其他行程中克服阻力，带动曲柄连杆机构越过上、下止点，保证曲轴的旋转速度和输出转矩尽可能均匀，并将发动机的动力传给离合器。

8. 扭转减振器安装在＿＿＿＿＿＿，作用是＿＿＿＿＿＿。

任务实施

实训任务 检查曲轴飞轮组

实训器材：

发动机实训台架、磁力表座、百分表、外径千分尺、游标卡尺、塑料塞尺、常用维修工具和维修手册等。

作业准备：

1）将发动机预先拆下气缸盖、油底壳和活塞连杆组等。

2）将工量具与预先拆下的零部件摆放整齐。

操作步骤：

一、曲轴轴向间隙的测量

1. 磁性表座的安装

1）将磁性表座的各个接杆调整到合适位置。

2）检查百分表的指针移动是否灵活，刻度盘是否能够转动。

3）将百分表安装到磁性表座的接杆上。

4）用抹布清洁机体和曲轴上需要安装磁性表座和需要测量的位置。

5）将磁性表座可靠安装在机体前部，调整磁性表座接杆，使百分表测量杆垂直顶在曲轴的前端，同时将百分表指针预压 1~2mm，如图 2-82 所示。

2. 轴向间隙的测量

1）转动百分表的刻度盘，使指针对正"0"刻度。

2）用一字螺钉旋具撬动曲轴向前移动，观察百分表指针的偏摆值，如图 2-83 所示。

图 2-82 磁性表座的安装

图 2-83 曲轴轴向间隙的测量

3）再撬动曲轴向后移动，观察百分表指针的偏摆值；前后两次的偏摆值相加即为曲轴的轴向间隙，如果轴向间隙超标，则需成套更换止推垫片。

二、曲轴的拆卸与清洁

1. 曲轴的拆卸

1）使用合适的套筒和指针扳手将曲轴转动到曲拐与气缸体下缘相平行的位置。

2）使用合适的套筒和指针扳手分两次释放曲轴主轴承盖螺栓力矩；曲轴主轴承盖螺栓拆卸顺序如图 2-84 所示。

3）用拆下的螺栓前、后晃动主轴承盖，并依次取下 5 个主轴承盖，如图 2-85 所示。

曲轴止推间隙的测量

曲轴的拆卸

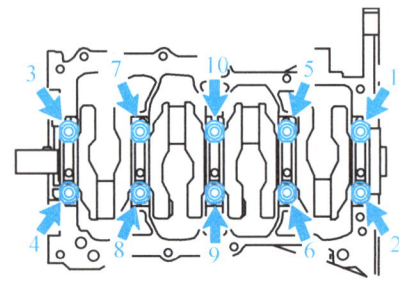

图 2-84　主轴承盖螺栓拆卸顺序

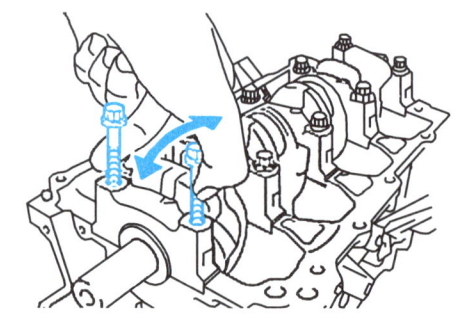

图 2-85　用螺栓前、后晃动主轴承盖

4）将曲轴从气缸体上抬下，并正立放在工作台面上。

5）从气缸体上依次取下 5 个主轴承，并按顺序摆放好，防止错乱。

2. 曲轴的清洁

1）使用清洗剂清洗曲轴主轴承盖、气缸体主轴承安装面、曲轴和主轴承等。

2）使用压缩空气吹洗曲轴的油道和机体上的油道。

三、目视检查零部件状况

1）目视检查曲轴状况，检查主轴颈和连杆轴颈是否存在磨损沟槽、烧蚀等现象。

2）目视检查飞轮状况，检查是否存在沟槽、烧蚀和裂纹等现象。

3）目视检查主轴承状况，检查减磨合金层是否脱落，检查轴承背面是否有高温变色痕迹、定位凸键是否磨损等。

四、曲轴的测量

1. 曲轴油膜间隙的检查

1）将曲轴主轴承安装到对应的主轴承座和主轴承盖上。

2）将曲轴放到机体的主轴承座上，注意轻拿轻放。

3）将塑料塞尺摆放到各主轴颈上，如图 2-86 所示。

4）检查主轴承盖的朝前标记和数字，并将主轴承盖安装到气缸体上。

5）安装主轴承盖，并拧紧到规定力矩，整个过程不能转动曲轴。

6）拆下主轴承盖。

7）用塑料塞尺测量，塑料塞尺变形最宽处，即为曲轴油膜间隙，如图2-87所示。如果间隙超标，说明曲轴或主轴承损坏，需进一步测量曲轴轴颈。

> **小贴士：**
> 丰田卡罗拉1ZR发动机油膜间隙最大值为0.050mm。

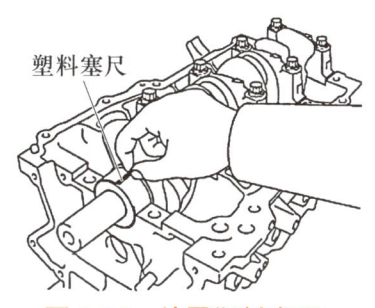

图2-86　放置塑料塞尺

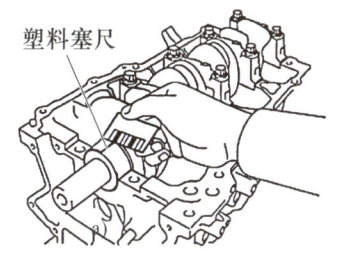

图2-87　测量塑料塞尺变形量

2. 曲轴主轴颈的测量

1）清洁外径千分尺并校零。

2）测量曲轴主轴颈直径，测量位置如图2-88所示，按曲轴前后共测量4个数值。

> **小贴士：**
> 丰田卡罗拉1ZR发动机主轴颈直径为47.988~48.000mm。

3）测量曲轴连杆轴颈直径，测量位置如图2-89所示，按曲轴前后共测量4个数值。

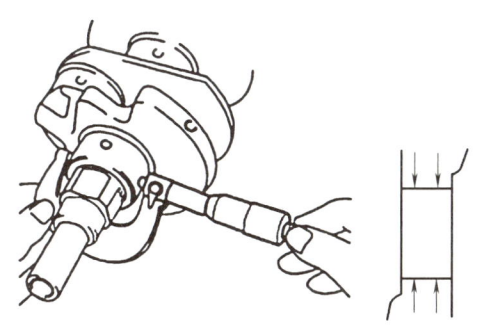

图2-88　测量曲轴主轴颈直径

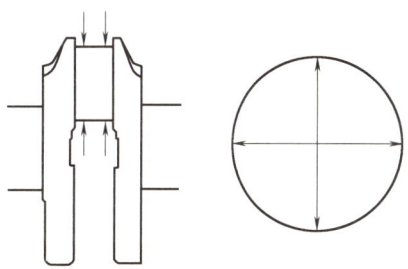

图2-89　测量曲轴连杆轴颈直径

曲轴弯曲度的测量

3. 曲轴跳动量（弯曲度）的检查

1）将曲轴的第1道和第5道主轴颈放到两个V形铁上。

2）在第3道主轴颈上安装磁性表座和百分表，使百分表测量杆与主轴颈垂直，并预压百分表指针1~2mm。

3）缓慢转动曲轴并察看百分表的偏摆值，即为曲轴的径向跳动量，如图2-90所

> **小贴士：**
> 丰田卡罗拉1ZR发动机主轴颈直径为43.991~44.000mm。

示。如曲轴的径向跳动量超过最大值，需要更换曲轴。

五、曲轴的安装

1）将曲轴主轴承安装至气缸体与曲轴轴承盖中，如图 2-91 所示。

2）使用机油润滑曲轴主轴承内表面，并涂抹均匀。

曲轴的安装

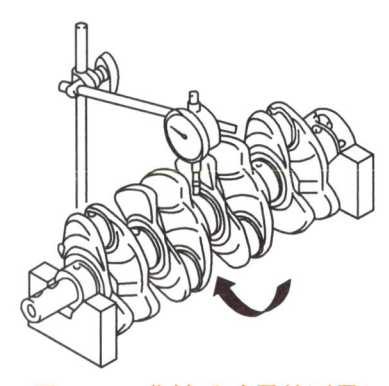

图 2-90　曲轴跳动量的测量

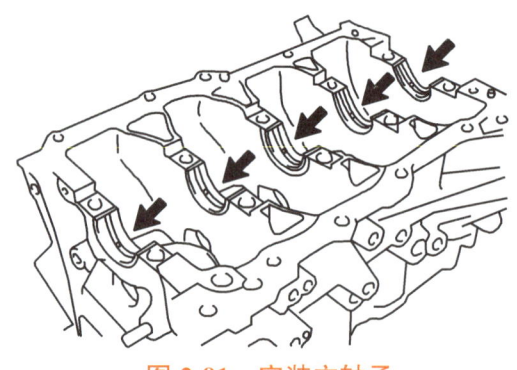

图 2-91　安装主轴承

3）将曲轴放入气缸体中，并在主轴颈上涂抹机油。

4）安装止推垫片，注意有沟槽的面朝向曲轴。

5）按照曲轴主轴承盖上的朝前和序号标记，将曲轴主轴承盖安装至气缸体上，并将曲轴主轴承盖螺栓手动旋入两圈以上，如图 2-92 所示。

6）使用橡胶槌将曲轴主轴承盖敲平，如图 2-93 所示。

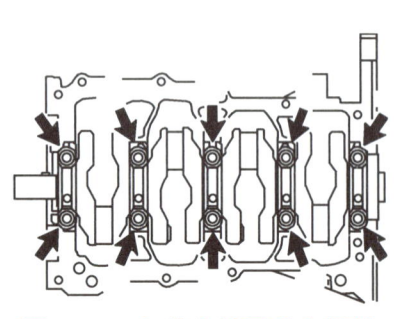

图 2-92　安装主轴承盖和螺栓

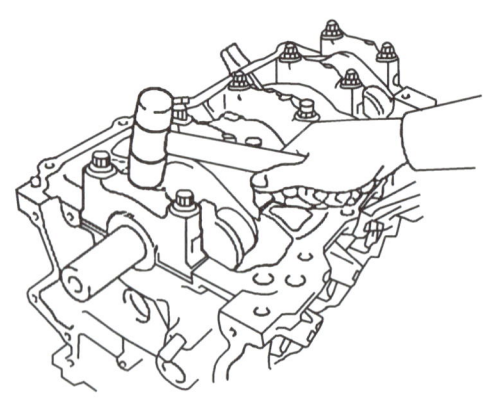

图 2-93　用橡胶槌敲平主轴承盖

7）使用合适的套筒和弓形摇把，按照顺序预紧曲轴主轴承盖螺栓，拧紧顺序如图 2-94 所示。

8）使用合适的套筒和预置式扭力扳手交替拧紧主轴承盖螺栓至规定力矩。

9）用油漆笔在主轴承盖螺栓前端做标记。

10）使用合适的套筒和指针扳手将主轴承盖螺栓再紧固90°，如图2-95所示。

11）用抹布清除标记。

12）转动曲轴，检查其能够自由转动。

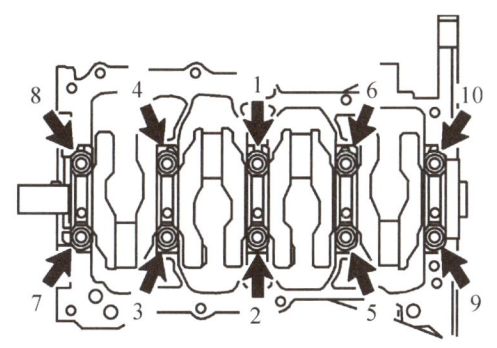

图2-94　主轴承盖螺栓拧紧顺序

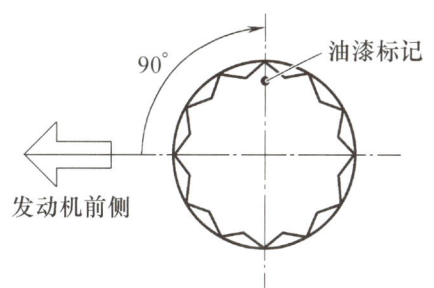

图2-95　再将螺栓紧固90°

检查曲轴飞轮组	工作任务单	班级：
		姓名：

1. 车辆信息记录

品牌		台架型号		发动机排量	
发动机型号					

2. 曲轴飞轮组的清洗与检查

项目名称	故障记录	维修措施
曲轴目视检查		调整□　维修□　更换□
飞轮目视检查		调整□　维修□　更换□
主轴承目视检查		调整□　维修□　更换□

3. 曲轴轴向间隙的测量

项目名称	测量值	标准值	判定	维修措施
曲轴轴向间隙			正常□　损坏□	调整□　维修□　更换□

4. 曲轴油膜间隙及主轴颈的测量

项目名称	第一道主轴承	第二道主轴承	第三道主轴承	第四道主轴承	第五道主轴承
油膜间隙测量					
油膜间隙标准值					
主轴颈直径					
主轴颈标准值					
结果判定及维修措施	判定：正常□　损坏□　　维修措施：调整□　维修□　更换□				

5. 测量连杆轴颈

项目名称	1缸连杆轴颈	2缸连杆轴颈	3缸连杆轴颈	4缸连杆轴颈
连杆轴颈直径				
标准值				
结果判定及维修措施	判定：正常□　损坏□　　维修措施：调整□　维修□　更换□			

6. 测量曲轴跳动量

项目名称	跳动值	标准值	判定	维修措施
曲轴径向圆跳动量			正常□　损坏□	调整□　维修□　更换□

7. 查阅维修手册

序号	部件名称	章节及页码	规格（公制）
1	主轴承盖螺栓拧紧力矩	第　章　　页	
2	飞轮螺栓拧紧力矩	第　章　　页	
3		第　章　　页	

检查曲轴飞轮组			实习日期：		
姓名：		班级：	学号：		教师签名：
自评：□熟练　□不熟练		互评：□熟练　□不熟练	师评：□合格　□不合格		
日期：		日期：	日期：		

检查曲轴飞轮组【评分细则】

序号	评分项	得分条件	分值	评分要求	自评	互评	师评
1	安全/7S/态度	□ 1. 能进行工位 7S 操作 □ 2. 能进行设备和工具安全检查 □ 3. 能进行场地及设备安全防护操作 □ 4. 能进行工具清洁、校准、存放操作 □ 5. 能进行三不落地操作	15	未完成1项扣3分，扣分不得超过15分	□熟练 □不熟练	□熟练 □不熟练	□合格 □不合格
2	专业技能能力	作业 1 □ 1. 能正确地测量曲轴轴向间隙 □ 2. 能按正确顺序拧松主轴承盖螺栓 □ 3. 能正确地拆下曲轴飞轮组 作业 2 □ 1. 能正确地清洁曲轴飞轮组各零部件 □ 2. 能正确地目视检查曲轴飞轮组各零部件 □ 3. 能正确地测量主轴承油膜间隙 □ 4. 能正确地测量主轴颈直径 □ 5. 能正确地测量连杆轴颈直径 □ 6. 能正确地测量曲轴弯曲度 作业 3 □ 1. 能正确地安装主轴承 □ 2. 能正确地涂抹机油 □ 3. 能正确地安装曲轴 □ 4. 能正确地安装主轴承盖 □ 5. 能正确地安装止推轴承 □ 6. 能按正确顺序拧紧主轴承盖螺栓 □ 7. 能按正确顺序拧紧飞轮螺栓	50	未完成1项扣3分，扣分不得超过50分	□熟练 □不熟练	□熟练 □不熟练	□合格 □不合格
3	工具及设备的使用能力	□ 1. 能正确地选用维修工具 □ 2. 能正确地使用维修工具 □ 3. 能正确地使用磁性表座 □ 4. 能正确地使用百分表 □ 5. 能正确地使用塑料塞尺 □ 6. 能正确地使用千分尺	10	未完成1项扣2分，扣分不得超过10分	□熟练 □不熟练	□熟练 □不熟练	□合格 □不合格
4	资料、信息查询能力	□ 1. 能正确地识读维修手册查询资料 □ 2. 能正确地使用用户手册查询资料 □ 3. 能正确地记录所查询资料的章节及页码 □ 4. 能正确地记录所需维修信息	10	未完成1项扣2分	□熟练 □不熟练	□熟练 □不熟练	□合格 □不合格
5	数据判断和分析能力	□ 1. 能判断曲轴飞轮组外观是否正常 □ 2. 能判断曲轴轴向间隙是否正常 □ 3. 能判断曲轴油膜间隙是否正常 □ 4. 能判断曲轴主轴颈直径是否正常 □ 5. 能判断连杆轴颈是否正常 □ 6. 能判断曲轴径向圆跳动量是否正常	10	未完成1项扣2分	□熟练 □不熟练	□熟练 □不熟练	□合格 □不合格
6	表单填写报告的撰写能力	□ 1. 字迹清晰 □ 2. 语句通顺 □ 3. 无错别字 □ 4. 无涂改 □ 5. 无抄袭	5	未完成1项扣1分，扣分不得超过5分	□熟练 □不熟练	□熟练 □不熟练	□合格 □不合格
总分：							

项目三 / Project 3

配气机构构造与维修

任务一

检查气门组

🔧 学习目标

知识目标

1）掌握气门组的作用及组成。

2）了解气门组各零部件的结构与类型。

技能目标

1）能规范地拆装气门组各零部件。

2）能规范地检查与测量气门组各零部件。

素养目标

1）能够在工作过程中与小组其他成员合作、交流，养成团队合作意识，锻炼沟通能力。

2）养成 7S 的工作习惯。

3）养成服从管理、规范作业与精益求精的良好工作习惯。

🚗 任务描述

有一位丰田卡罗拉轿车用户将车开到服务站，车主反映该车累计行驶了 30 多万 km，但最近明显感觉车辆行驶无力，油耗增加，需要维修。

相关知识

一、配气机构的作用

配气机构是控制发动机进气和排气的装置，其作用是按照发动机的工作循环和点火次序的要求，定时开启和关闭各缸的进、排气门，以便在进气行程使尽可能多的可燃混合气进入气缸；在排气行程将废气快速地排出气缸，如图 3-1 所示。配气机构是发动机的两大核心机构之一，其结构和性能的优劣直接影响发动机的总体性能。

二、配气机构的组成

配气机构由气门传动组和气门组组成，如图 3-2 所示。发动机工作时，曲轴通过气门传动组驱动气门组中气门的打开和关闭，使发动机完成进气、压缩、做功和排气过程。

配气机构功用

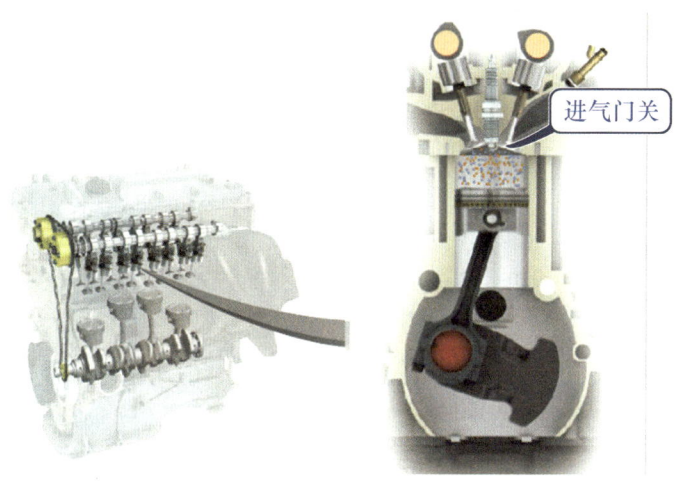

图 3-1　配气机构的作用

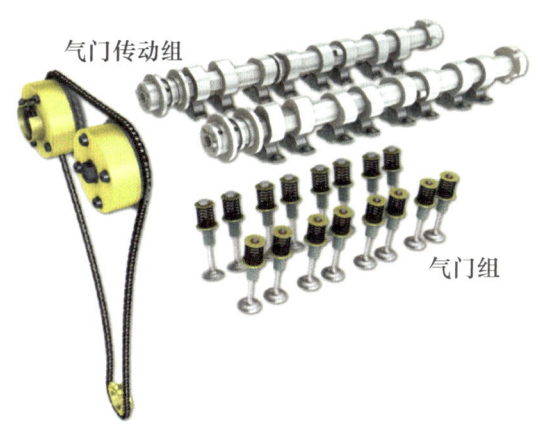

图 3-2　配气机构的组成

三、配气机构的类型

1. 按每个气缸的气门个数分类

按每个气缸的气门个数分类，配气机构可分为二气门式、四气门式和五气门式，如图 3-3 所示。轿车发动机一般采用四气门式或五气门式。

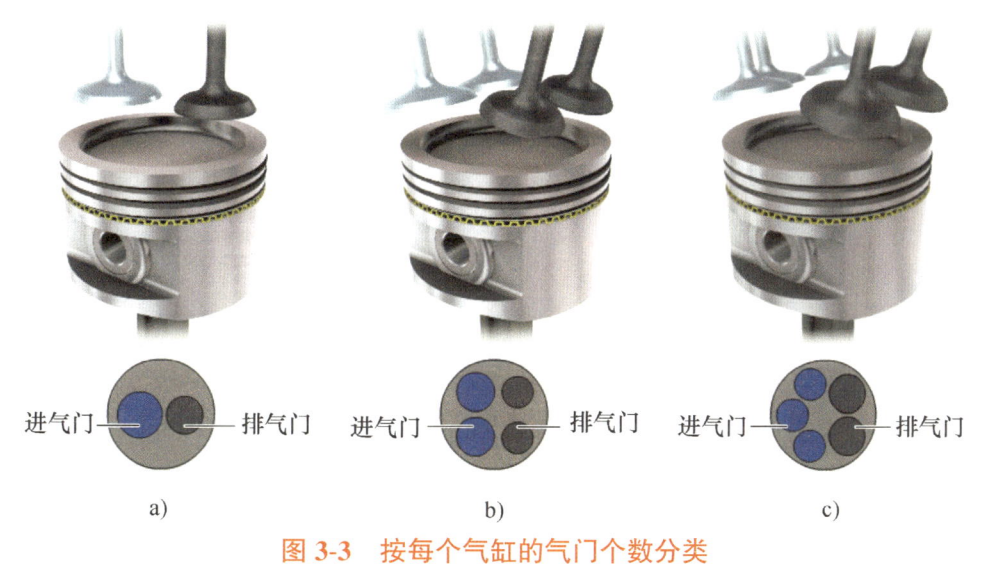

图 3-3　按每个气缸的气门个数分类
a）二气门式　b）四气门式　c）五气门式

2. 按气门的布置位置分类

按气门的布置位置分类，配气机构可分为气门侧置式和气门顶置式，如图 3-4 所示。轿车发动机基本上采用气门顶置式。

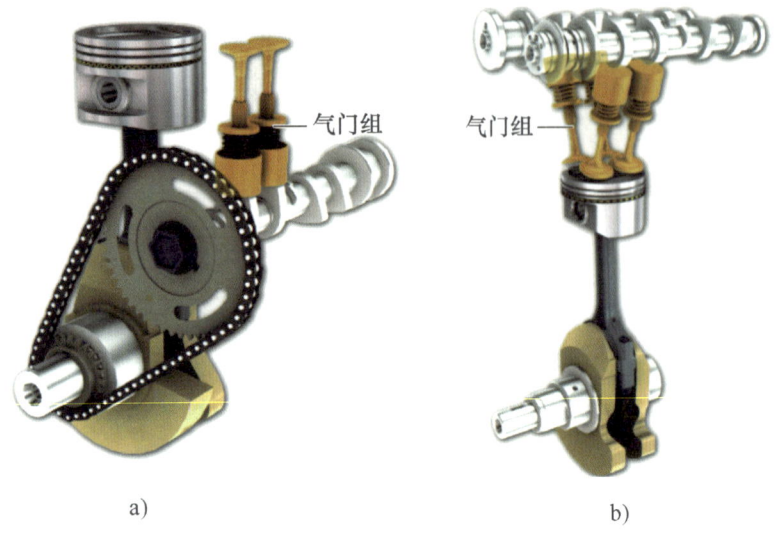

图 3-4　按气门的布置位置分类

a）气门侧置式　b）气门顶置式

四、气门组

气门组的主要作用是在发动机工作时，受气门传动组的控制，定时地开启或关闭进、排气门，让新鲜的可燃混合气进入气缸，废气及时地从气缸中排出。通过气门传动组中凸轮轴的转动压缩弹簧来打开气门，再通过气门弹簧的弹力回位来关闭气门。

气门组主要由气门、气门座、气门导管、气门弹簧、气门弹簧座、气门锁片和气门油封等零部件组成，如图 3-5 所示。

1. 气门

气门的作用是用来密封进、排气道，如图 3-6 所示。

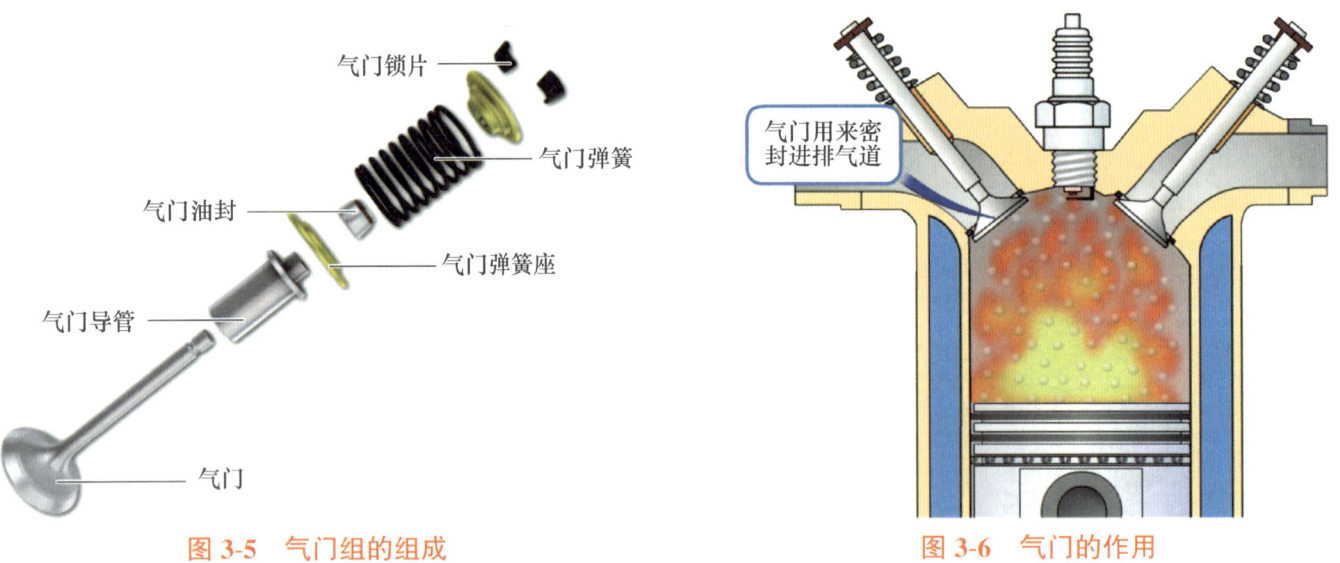

图 3-5　气门组的组成

气门用来密封进排气道

图 3-6　气门的作用

气门分为进气门和排气门，构造基本相同，其主要由气门头部、气门杆和气门尾部三部分组成，其中气门头部包含密封锥面，气门尾部包含锁片环槽，如图 3-7 所示。

气门头部形状有平顶型、凹面型和球面型，如图 3-8 所示。平顶结构的气门具有结构简单、制造方便、受热面积小的优点，多数发动机的进气门和排气门均采用此形状的气门。

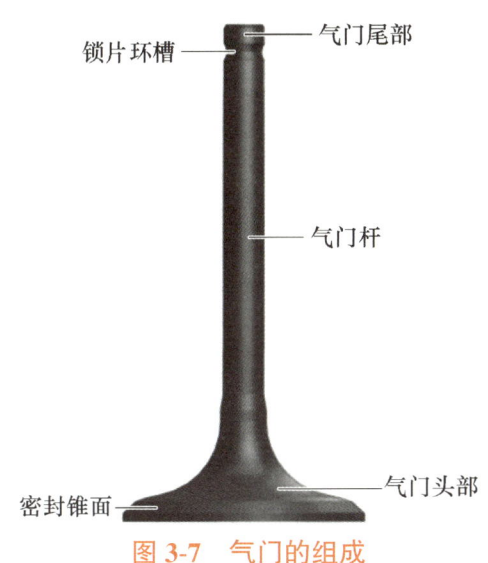

图 3-7　气门的组成

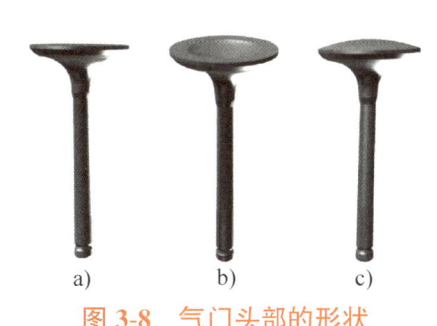

图 3-8　气门头部的形状

a）平顶型　b）凹面型　c）球面型

气门头部与气门座接触的工作面称气门密封锥面，该密封锥面与气门顶平面的夹角称为气门锥角，如图 3-9 所示。气门锥角一般为 45°，有些发动机的进气门锥角为 30°。进气门与排气门的头部直径一般不等，进气门头部直径较大，目的是为了多进气。

气门杆部为圆柱形，在靠近气门尾部处加工有环形槽，以便用气门锁片固定气门弹簧座。

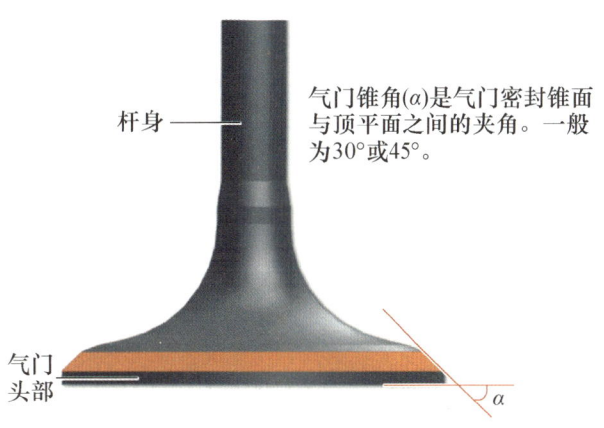

气门锥角(α)是气门密封锥面与顶平面之间的夹角。一般为30°或45°。

图 3-9　气门锥角

2. 气门座

气门座与气门头部共同对气缸起密封作用，并接收气门传来的热量，如图 3-10 所示。气门座一般是用合金铸铁等材料单独制作成气门座圈，用冷缩法镶入气缸盖中。

为了保证气门与气门座可靠密封，气门座上加工有与气门相适应的锥面，气门座的锥面包括三部分：45°（或 30°）锥面是与气门密封锥面配合的

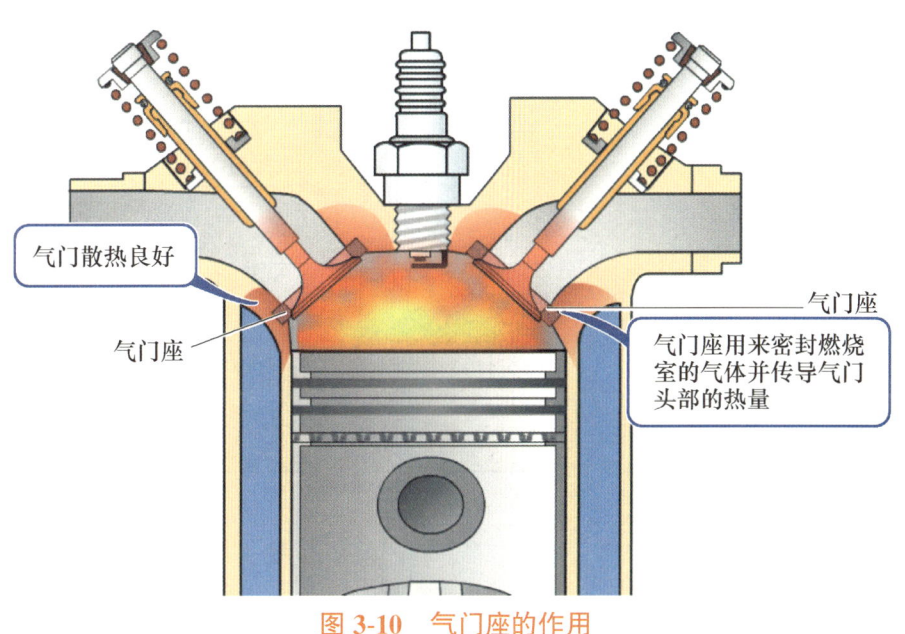

气门散热良好

气门座

气门座

气门座用来密封燃烧室的气体并传导气门头部的热量

图 3-10　气门座的作用

工作面，宽度为1~3mm，15°锥面和75°锥面是用来修正工作面上、下位置和宽度的，如图3-11所示。

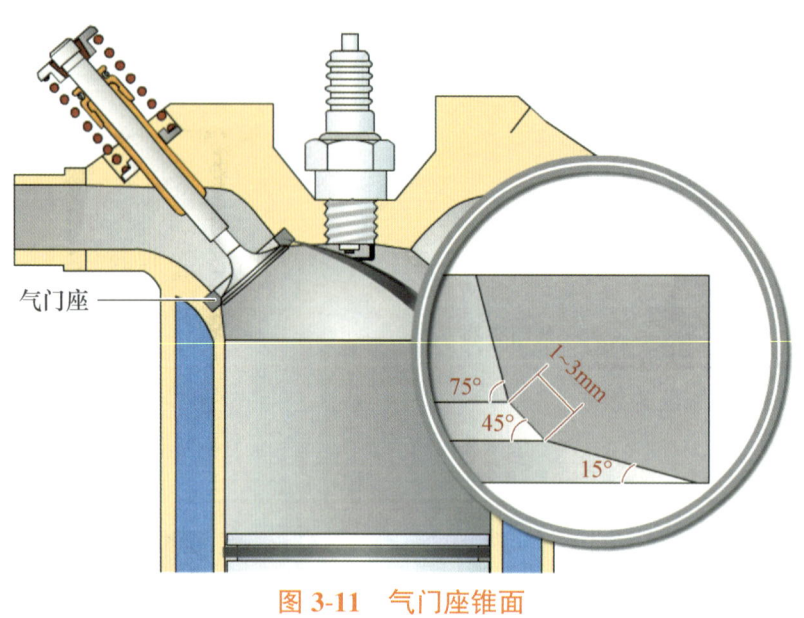

气门座

图 3-11　气门座锥面

3. 气门导管

气门导管的作用是起导向作用，保证气门做直线往复运动，使气门与气门座正确贴合，如图3-12所示。气门导管还起导热作用，将气门杆的热量传给气缸盖。

为了防止气门导管在使用过程中松脱，将内外圆柱面经加工后压入气缸盖的气门导管孔中，然后再精铰内孔。气门杆与气门导管之间一般留有0.05~0.12mm的间隙，使气门杆能在导管中自由运动。

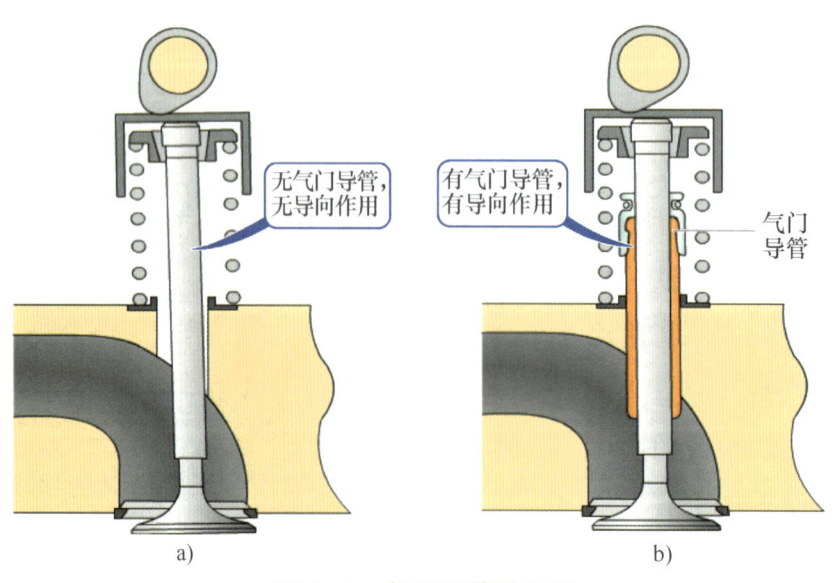

无气门导管，无导向作用

有气门导管，有导向作用

气门导管

图 3-12　气门导管的作用

a）无气门导管　b）有气门导管

4. 气门弹簧

气门弹簧的作用是关闭气门，靠弹簧张力使气门紧紧压在气门座上，克服气门和气门传动组产生的惯性力，防止气门的跳动，保证气门的密封性，如图3-13所示。

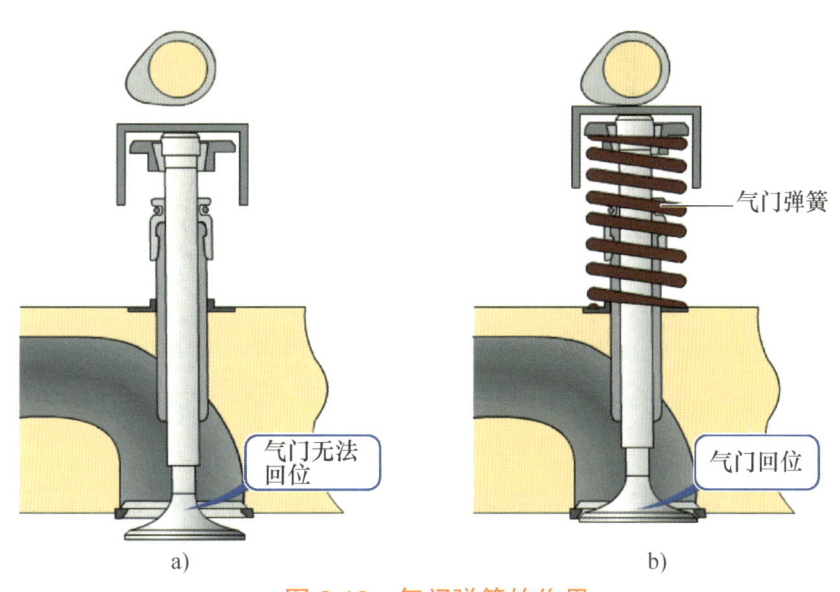

图 3-13　气门弹簧的作用

a）无气门弹簧　b）有气门弹簧

气门弹簧一般采用圆柱形螺旋弹簧，如图3-14所示，为了防止弹簧发生共振，可采用变螺距圆柱形弹簧。高速发动机多采用同心安装的内外两根气门弹簧，这样既提高了气门弹簧工作的可靠性，又能有效地防止共振的发生。安装时，内外弹簧的螺旋方向应相反，以防止折断的弹簧圈卡入另一个弹簧圈内。

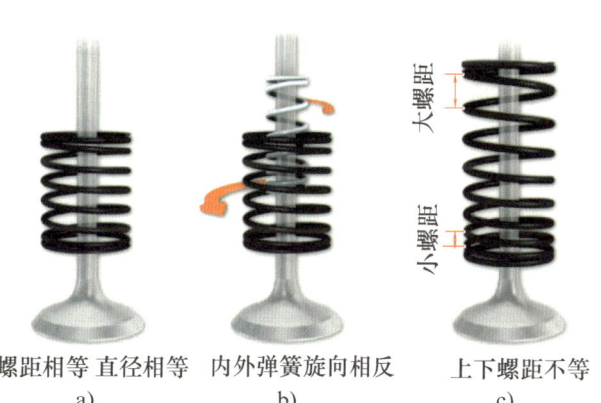

图 3-14　气门弹簧的种类

a）圆柱形螺旋弹簧　b）双弹簧　c）变螺距圆柱形弹簧

5. 气门弹簧座与气门锁片

为了将气门和气门弹簧可靠连接，防止气门脱落掉入气缸，一般采用锁片固定，如图3-15所示。

带气门锁片固定方式的气门杆上有环形槽，外圆为锥形。内孔有环形凸台的气门锁片分成两半，如图3-16所示。气门组装配到气缸盖上后，气门锁片内孔环形凸台卡在气门杆上的环槽内，在气门弹簧的作用下，气门锁片外圆锥面与气门弹簧座锥形内孔配合，将气门弹簧座与气门固定。

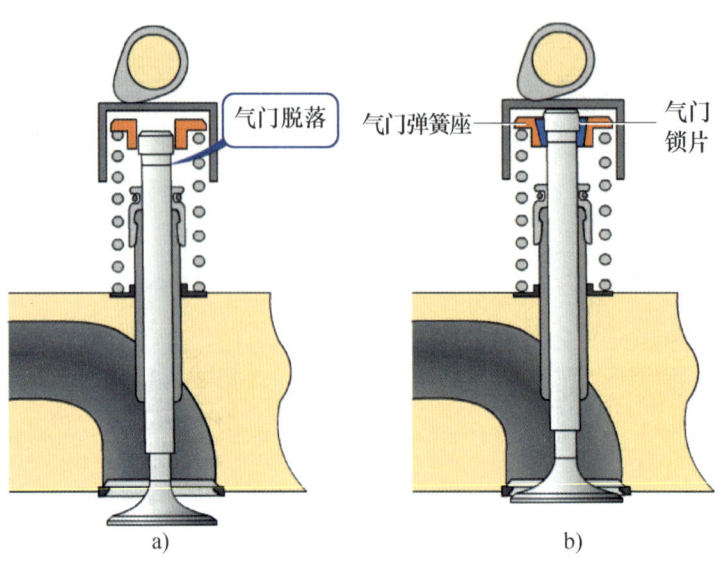

图 3-15 气门锁片的作用

a）无气门锁片 b）有气门锁片

6. 气门油封

气门杆和气门导管之间有一定的间隙，配气机构工作时飞溅的机油就会顺着间隙流到气门杆和气门导管之间，从而进入气缸，造成发动机机油消耗增加，因此要在气门导管上安装气门油封，以控制机油的泄漏。

气门油封是一种骨架式耐高温橡胶油封，其构造如图 3-17 所示。气门油封一般固定在气门导管顶端，与气门导管紧密配合，油封上方的唇口与气门杆活动配合，唇口处外圆装有一个圆形锁紧弹簧，以保证与气门杆之间的密封。

图 3-16 气门锁片

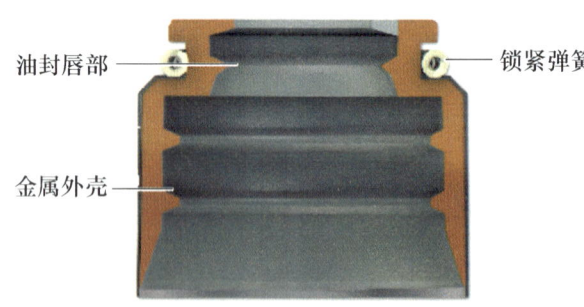

图 3-17 气门油封的结构

检查气门组	学习任务单	班级：
		姓名：

1. 配气机构是控制发动机_____的装置，其作用是按照发动机的工作循环和点火次序的要求，定时开启和_____各缸的进、排气门，以便在进气行程使尽可能多的可燃混合气进入气缸；在排气行程将废气快速排出气缸。它由气门传动组和_____组成。

2. 配气机构按每个气缸的气门个数分类，可分为二气门式、_____式和_____式。

3. 配气机构按气门的布置位置分类，可分为气门侧置式和_____式，轿车发动机基本上采用_____式。

4. 气门组的主要作用是在发动机工作时，受气门传动组的控制，定时地开启或关闭进、排气门，让新鲜的_____进入气缸，废气及时地从气缸中排出。通过气门传动组中凸轮轴的转动压缩弹簧来打开气门，再通过_____的弹力回位来关闭气门。

5. 写出下图划线处零部件的名称。

6. 气门的作用是用来密封进、排气道，分为_____气门和_____气门，构造基本相同，通常_____气门头部直径较大，_____气门头部直径稍小。

7. 写出下图划线处部位的名称。

8. 气门头部与气门座接触的工作面称_____，该面与气门顶平面的夹角称为气门锥角，气门锥角一般为_____°。

9. 气门座与气门头部共同对气缸起_____作用，并接收气门传来的热量。

10. 气门导管的作用是起_____作用，保证气门做直线往复运动。气门导管还起导热作用，将气门杆的热量传给气缸盖。

11. 气门弹簧的作用是_____，防止气门的跳动，保证气门的密封性，为了防止共振的发生，可采用_____类型的气门弹簧。

任务实施

实训任务 检查气门组

实训器材：

发动机实训台架、气门拆装专用工具、气门研磨机、游标卡尺、外径千分尺、常用维修工具和维修手册等。

作业准备：

1）预先拆下气缸盖总成。

2）将工量具与预先拆下的零部件摆放整齐。

气门的拆卸

操作步骤：

一、气门组的拆卸与清洁

1. 气门组的拆卸

1）首先从气缸体上拆下气缸盖总成。

2）准备两个木块放到工作台上，再将拆下的气缸盖放到工作台的木块上。

3）用标记工具在各个气门顶部做好对应气缸的标记，防止拆卸后混乱。

4）用气门弹簧拆装钳压下气门弹簧，如图 3-18 所示。

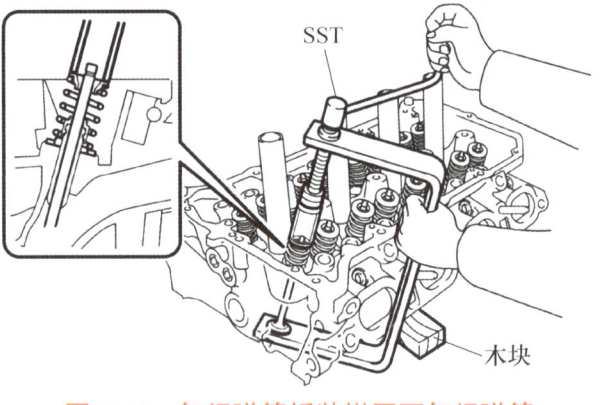

图 3-18 气门弹簧拆装钳压下气门弹簧

5）使用尖嘴钳夹出气门锁片。

6）取下气门弹簧拆装钳。

7）取出气门弹簧座。

8）取出气门弹簧。

9）从气缸盖下部取出气门，并按顺序摆放好。

10）用尖嘴钳夹下气门油封，如图 3-19 所示。

2. 气门组的清洁

1）使用铲刀或钢丝刷清除气门头部的积炭，如图 3-20 所示。

2）使用清洗剂或柴油清洁气门组零部件。

3）使用压缩空气吹净气缸盖上的润滑油道和气门导管内孔等。

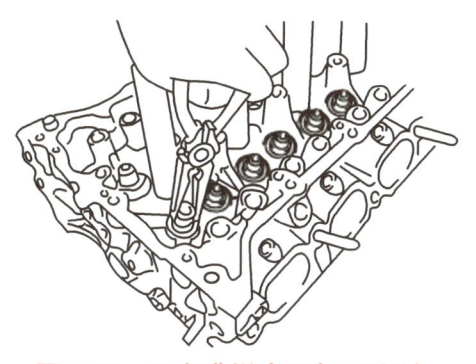

图 3-19　用尖嘴钳夹下气门油封

图 3-20　清除气门头部积炭

二、气门组的检修

1. 目视检查零部件状况

1）目视检查气门状况，检查气门杆是否存在弯曲、气门头部磨损起槽、烧蚀和气门尾部磨损等现象。

2）目视检查气门座状况，检查是否存在松脱、严重磨损等现象。

3）目视检查气门弹簧状况，检查是否有断裂等现象。

2. 气门的测量

1）用抹布清洁游标卡尺并校零。

2）测量气门的总长度，如图 3-21 所示，当低于规定值时，应更换气门。

气门的检修

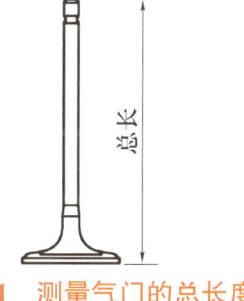

总长

图 3-21　测量气门的总长度

> **小贴士：**
>
> 丰田卡罗拉 1ZR 发动机气门的标准总长度为 109.34mm，最小总长度为 108.84mm。

3）用游标卡尺测量气门头部边缘厚度，如图 3-22 所示，当低于规定值或接近规定值时，应更换气门。

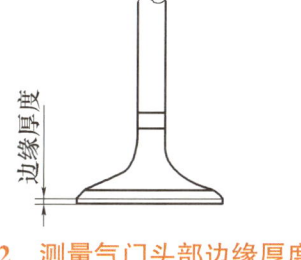

边缘厚度

图 3-22　测量气门头部边缘厚度

> **小贴士：**
>
> 丰田卡罗拉 1ZR 发动机标准气门头部边缘厚度为 1.0mm，最小气门头部边缘厚度为 0.5mm。

4）用抹布清洁千分尺并校零。

5）测量气门杆的直径，如图 3-23 所示，共需要测量上、中、下的各两处位置，如测量值不在规定范围内，应检查气门杆与气门导管的配合间隙是否过大，如间隙过大，应更换气门和气门导管。

小贴士：

丰田卡罗拉 1ZR 发动机气门杆的直径为 5.470~5.485mm。

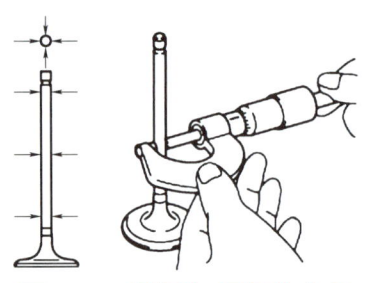

图 3-23　测量气门杆的直径

3. 气门弹簧的测量

1）用抹布清洁游标卡尺并校零。

2）用游标卡尺测量气门弹簧的长度，如图 3-24 所示，如测量值不在规定范围内，应更换气门弹簧。

小贴士：

丰田卡罗拉 1ZR 发动机气门弹簧的长度为 53.36mm。

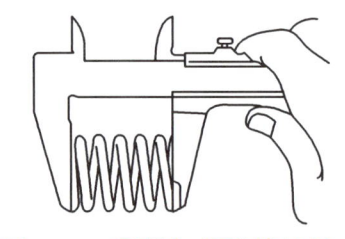

图 3-24　测量气门弹簧的长度

3）将气门弹簧放置在水平的工作台面上，将钢角尺放在气门弹簧的一侧，用塞尺测量钢角尺与气门弹簧上部的间隙（偏移量），如图 3-25 所示，如测量值不在规定范围内，应更换气门弹簧。

小贴士：

丰田卡罗拉 1ZR 发动机气门弹簧的最大偏移量为 1.0mm。

偏移量

图 3-25　测量气门的偏移量

4. 气门与气门座密封性的检查

（1）渗油法检查　将气缸盖倒放在垫有木块的工作台面上，并装上对应气缸的气门和火花塞。向燃烧室注入煤油或汽油，从进气口和排气口处观察 5min 内气门与气门座圈接触处应无渗漏现象，否则需要研磨气门。

（2）拍击法　将气门与相配气门座轻轻敲击几次并查看接触带，如有明亮的连

续光环，即为合格，否则需要研磨气门。

5. 气门的手工研磨

如果气门与气门座圈配合不严密、更换新的气门或气门座圈，都需要对气门进行研磨，其步骤如下：

1）检查气门顶部标记与气缸是否对应。

2）在气门头部的密封锥面上涂以薄层粗研磨砂，气门杆上涂以清洁机油，并插入气门导管内。

3）用橡皮捻子吸住气门，以 2~3 次 /s 的频率提起捻子旋转向下并拍击气门与气门座，以保证均匀研磨。

4）粗研磨完毕后，清洗各部件。

5）再在气门头部的密封锥面上涂以薄层细研磨砂研磨，直至工作面上出现一条灰色无光的环带为止。

6）洗净研磨砂，涂以机油，继续研磨数分钟。

7）所有气门研磨完毕后，再进行气门与气门座的密封性检查。

6. 气动研磨机研磨

1）检查气门顶部标记与气缸是否对应。

2）在气门头部的密封锥面上涂以薄层粗研磨砂，气门杆上涂以清洁机油，并插入气门导管内。

3）连接好气动研磨机气管。

4）用研磨机端头的橡胶捻子吸住气门，再开动研磨机进行研磨，如图 3-26 所示。

5）粗研磨完毕后，清洗各部件。

6）再在气门头部的密封锥面上涂以薄层细研磨砂研磨，直至合格为止。

图 3-26　气动研磨机研磨气门

三、气门组的安装

1. 气门油封的安装

1）检查新的气门油封是否一致，如图 3-27 所示。

2）在气门油封上涂一层新的机油。

3）将气门油封放在气门导管上，用气门油封专用工具将气门油封压套在气门导管顶端，并确保安装到位，如图 3-28 所示。

2. 气门组其他零部件的安装

1）在气门的尾部和气门杆上涂少量的机油，再

> **小贴士：**
>
> 部分车型进气门油封和排气门油封是不同的，如丰田卡罗拉 1ZR 发动机，进气门油封为灰色，排气门油封为黑色。

装入对应气缸的气门导管内。

2）按以上步骤将所有气缸的进气门和排气门安装到位。

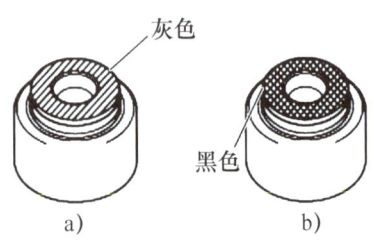

图 3-27 气门油封

a）进气侧 b）排气侧

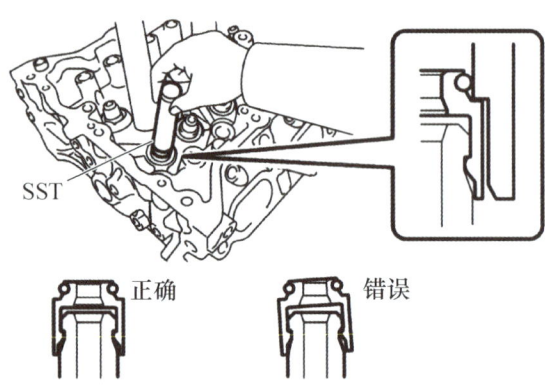

图 3-28 气门油封的安装

3）安装气门弹簧下座。

4）安装气门弹簧（注意安装方向）。

5）安装气门弹簧上座。

6）使用气门弹簧拆装钳压下气门弹簧。

7）将两片气门锁片放到气门尾部的锁片环槽上，并慢慢放松拆装钳。

8）待气门锁片完全落到气门尾部的锁片环槽内后，取下气门弹簧拆装钳。

9）使用橡胶槌敲击气门杆尾部，确保气门锁片安装牢固，如图 3-29 所示。

10）清洁气门组及气缸盖表面。

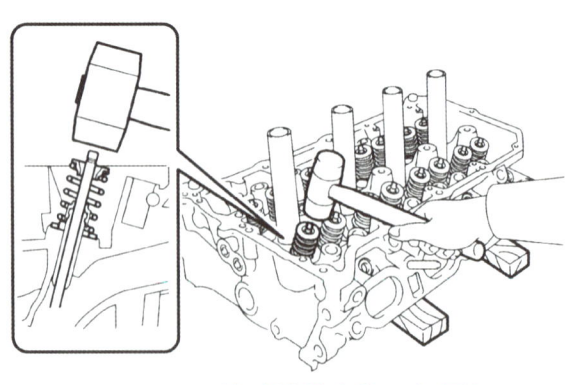

图 3-29 用橡胶槌敲击气门杆尾部

检查气门组	工作任务单	班级：
		姓名：

1. 车辆信息记录

品牌		台架型号		发动机排量	
发动机型号					

2. 气门组的清洗与初步检查　　　　（　　　　）缸（　　　　）组

目视检查零部件名称	故障记录	维修措施
气门		调整□　维修□　更换□
气门弹簧		调整□　维修□　更换□
气门座		调整□　维修□　更换□
气门导管		调整□　维修□　更换□

3. 气门的测量

项目名称	进气门	排气门
长度测量值		
长度标准值		
头部边缘厚度测量值		
头部边缘厚度标准值		
气门杆 A 截面直径		
气门杆 B 截面直径		
气门杆 C 截面直径		
气门杆直径标准值		
判定	正常□　损坏□	正常□　损坏□
维修措施	调整□　维修□　更换□	调整□　维修□　更换□

4. 气门弹簧的测量

项目名称	长度测量	标准值	偏移量测量	标准值	判定	维修措施
进气侧					正常□　损坏□	调整□　维修□　更换□
排气侧					正常□　损坏□	调整□　维修□　更换□

5. 查阅维修手册

序号	部件名称	章节及页码	规格（公制）
1		第　　章　　页	
2		第　　章　　页	
3		第　　章　　页	

检查气门组		实习日期：		
姓名：	班级：	学号：		教师签名：
自评：□熟练 □不熟练	互评：□熟练 □不熟练	师评：□合格 □不合格		
日期：	日期：	日期：		

检查气门组【评分细则】

序号	评分项	得分条件	分值	评分要求	自评	互评	师评
1	安全/7S/态度	□ 1. 能进行工位7S操作 □ 2. 能进行设备和工具安全检查 □ 3. 能进行场地及设备安全防护操作 □ 4. 能进行工具清洁、校准、存放操作 □ 5. 能进行三不落地操作	15	未完成1项扣3分，扣分不得超过15分	□熟练 □不熟练	□熟练 □不熟练	□合格 □不合格
2	专业技能能力	作业1 □ 1. 能正确地拆卸进气门 □ 2. 能正确地拆卸排气门 □ 3. 能正确地清洁气门组各零部件 作业2 □ 1. 能正确地目视检查气门组各零部件 □ 2. 能正确地测量进、排气门的长度 □ 3. 能正确地测量进、排气门头部边缘厚度 □ 4. 能正确地测量进、排气门杆的直径 □ 5. 能正确地测量气门弹簧的长度 □ 6. 能正确地测量气门弹簧的偏移量 作业3 □ 1. 能正确地检查气门的密封性 □ 2. 能正确地研磨气门与气门座 作业4 □ 1. 能正确地安装进、排气门油封 □ 2. 能正确地安装气门弹簧 □ 3. 能正确地安装进、排气门 □ 4. 能正确地安装气门锁片	50	未完成1项扣3分	□熟练 □不熟练	□熟练 □不熟练	□合格 □不合格
3	工具及设备的使用能力	□ 1. 能正确地选用维修工具 □ 2. 能正确地使用维修工具 □ 3. 能正确地使用游标卡尺 □ 4. 能正确地使用千分尺 □ 5. 能正确地使用钢角尺	10	未完成1项扣2分，扣分不得超过10分	□熟练 □不熟练	□熟练 □不熟练	□合格 □不合格
4	资料、信息查询能力	□ 1. 能正确地识读维修手册查询资料 □ 2. 能正确地使用用户手册查询资料 □ 3. 能正确地记录所查询资料的章节及页码 □ 4. 能正确地记录所需维修信息	10	未完成1项扣2分	□熟练 □不熟练	□熟练 □不熟练	□合格 □不合格
5	数据判断和分析能力	□ 1. 能判断气门杆是否正常 □ 2. 能判断气门弹簧是否正常 □ 3. 能判断气门座是否正常 □ 4. 能判断气门导管是否正常	10	未完成1项扣2分	□熟练 □不熟练	□熟练 □不熟练	□合格 □不合格
6	表单填写报告的撰写能力	□ 1. 字迹清晰 □ 2. 语句通顺 □ 3. 无错别字 □ 4. 无涂改 □ 5. 无抄袭	5	未完成1项扣1分，扣分不得超过5分	□熟练 □不熟练	□熟练 □不熟练	□合格 □不合格

总分：

任务二

检查气门传动组

学习目标

知识目标

1）掌握气门传动组的作用及组成。

2）了解气门传动组各零部件的结构与类型。

技能目标

1）具有规范地拆装气门传动组各零部件的能力。

2）具有规范地检查与测量气门传动组各零部件的能力。

素养目标

1）能够在工作过程中与小组其他成员合作、交流，养成团队合作意识，锻炼沟通能力。

2）养成 7S 的工作习惯。

3）养成服从管理、规范作业与精益求精的良好工作习惯。

任务描述

一位丰田卡罗拉轿车用户将车开到维修站，车主反映发动机冷起动时发出有节奏、连续清脆的"嗒嗒"金属敲击声，中速时明显，高速时响声杂乱，当发动机热机一段时间后，异响声减小，需要维修。

相关知识

一、气门传动组的作用

气门传动组的作用是在曲轴的驱动下使进、排气门按规定的时刻进行开闭，并保证气门有足够的开度，如图 3-30 所示。

二、气门传动组的组成

由于气门驱动形式和凸轮轴位置的不同，气门传动组的零部件组成差别很大，

85

其主要包括曲轴正时齿轮、正时带（或正时链条）、凸轮轴正时齿轮、凸轮轴和挺柱等，如图3-31所示。

图3-30　气门传动组的作用

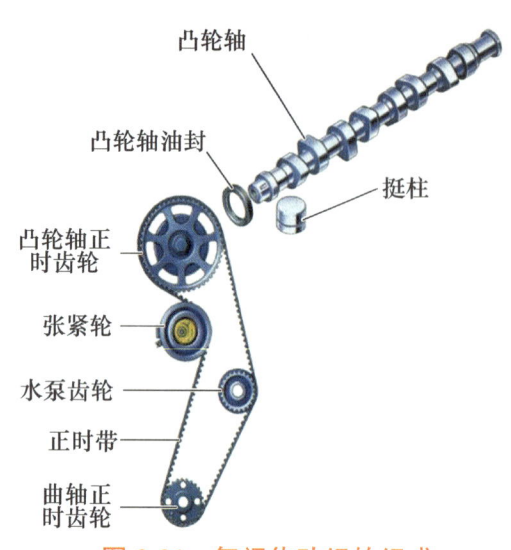

凸轮轴
凸轮轴油封
凸轮轴正时齿轮
张紧轮
水泵齿轮
正时带
曲轴正时齿轮
挺柱

图3-31　气门传动组的组成

三、气门传动组的类型

发动机配气机构中气门传动组的类型多种多样，其主要区别在于气门布置形式和数量、凸轮轴布置形式和驱动方式等。

（1）**按曲轴和凸轮轴的传动方式分类**　气门传动组可分为正时带传动、链条传动和齿轮传动三种类型，如图3-32所示。轿车发动机一般采用正时带传动或链条传动。

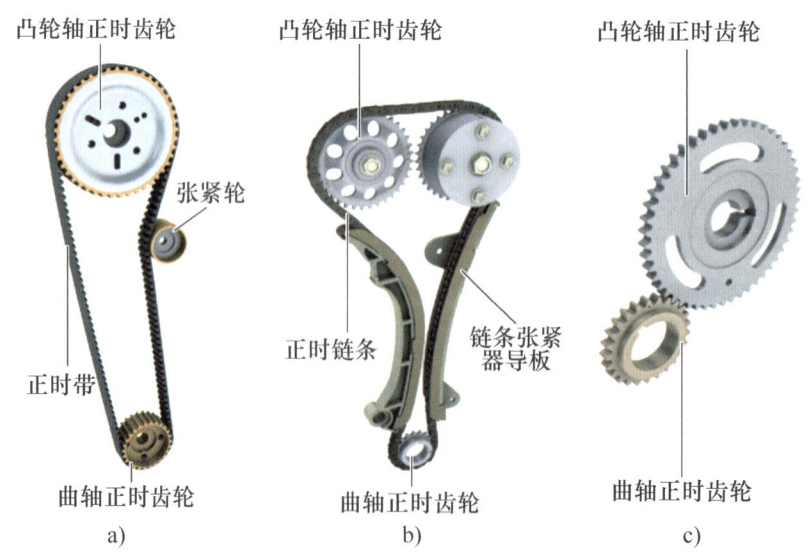

凸轮轴正时齿轮　　凸轮轴正时齿轮　　凸轮轴正时齿轮
张紧轮
正时带　　正时链条　　链条张紧器导板
曲轴正时齿轮　　曲轴正时齿轮　　曲轴正时齿轮
a)　　　　　　b)　　　　　　c)

图3-32　按曲轴和凸轮轴的传动方式分类
a）正时带传动　b）链条传动　c）齿轮传动

（2）按凸轮轴的位置分类　气门传动组可分为凸轮轴上置式（也称为顶置式）、凸轮轴中置式和凸轮轴下置式三种，如图3-33所示。轿车发动机一般采用凸轮轴上置式。

1）凸轮轴上置式（顶置式）气门传动组：凸轮轴布置在气缸盖上。凸轮轴直接通过摇臂来驱动气门，没有推杆，使往复运动的质量大为减小，对凸轮轴和气门弹簧的要求也最低，因此它适合于高转速发动机。

2）凸轮轴中置式气门传动组：凸轮轴位于气缸体的中部。该形式的配气机构因曲轴与凸轮轴的中心线距离较远，一般要在中间加入一个中间齿轮（惰轮）。

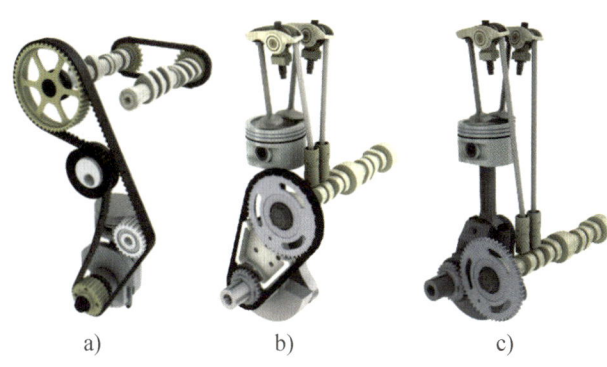

图 3-33　按凸轮轴的位置分类

a）凸轮轴上置式　b）凸轮轴中置式　c）凸轮轴下置式

3）凸轮轴下置式气门传动组：凸轮轴装在曲轴箱内，直接由凸轮轴正时齿轮与曲轴正时齿轮相啮合，由曲轴带动。

（3）顶置式气门传动组按凸轮轴的数量进行分类　气门传动组可分为单顶置凸轮轴式和双顶置凸轮轴式两种，如图3-34所示。

1）单顶置凸轮轴式气门传动组，英文简称为SOHC，是通过一根凸轮轴驱使进、排气门动作，其特征为气门和凸轮轴都设置在气缸盖上。凸轮轴由正时链条或正时带驱动，不需要推杆，摇臂和摇臂轴可有可无。

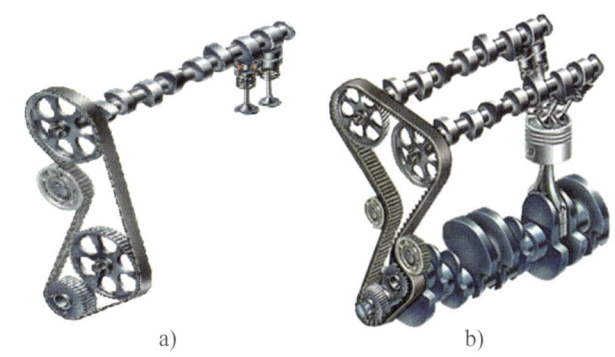

图 3-34　按凸轮轴的数量进行分类

a）单顶置凸轮轴式（SOHC）b）双顶置凸轮轴式（DOHC）

2）双顶置凸轮轴式气门传动组，英文简称为DOHC，有两个凸轮轴，其进、排气门分别由各自的凸轮轴控制（气门排成两列），凸轮轴可以直接驱动气门，也可以通过摇臂间接驱动气门，具有摇臂长度短、质量轻，以及驱动气门的相关部件易于适应高转速等优点。另外，由于进、排气门凸轮轴是彼此相互独立的，所以增大了气门配置的自由度，火花塞可以设置在两根凸轮轴之间，即燃烧室的正中央，因此在轿车中得到广泛应用。

四、正时带式气门传动组各部件的结构

正时带式气门传动组如图3-35所示，它分为SOHC和DOHC发动机，它通过一条正时带（同步带）将曲轴上的正时齿轮和凸轮轴正时齿轮连接起来，由于曲轴正时齿轮上的齿数是凸轮轴正时齿轮上齿数的一半，因此可以保证曲轴旋转2圈，凸轮轴旋转1圈。

1. 正时带

正时带内侧有橡胶齿牙，如图3-36所示。它一般用氯丁橡胶制成，中间夹有玻璃纤维和尼龙织物，以增加强度。由于正时带传动与链传动相比，传动平稳噪声小，不需要润滑、结构简单、传动可靠且制造成本低，因此，在中高速发动机上广泛应用。

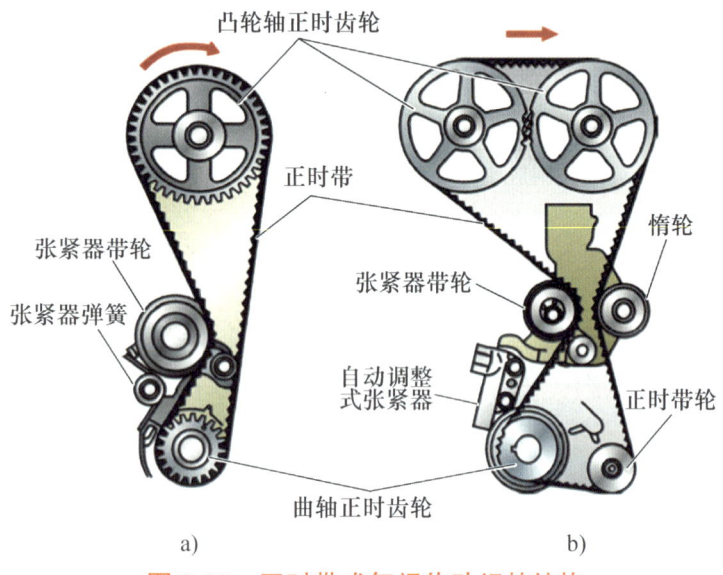

图3-35　正时带式气门传动组的结构

a）SOHC发动机　b）DOHC发动机

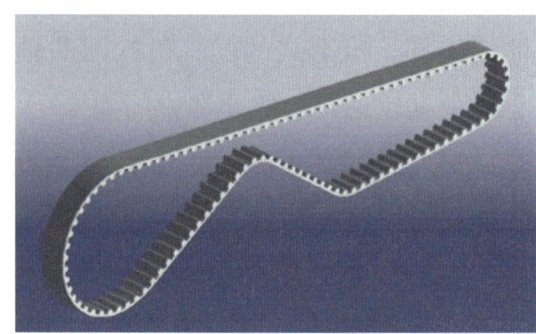

图3-36　正时带

2. 凸轮轴

（1）作用　凸轮轴的作用是根据发动机工作循环要求，使各缸进、排气门按照配气相位规定的时间开启和关闭，如图3-37所示。

（2）结构　对于DOHC的发动机，有进气凸轮轴和排气凸轮轴，它主要由各缸凸轮、凸轮轴轴颈等组成，如图3-38所示。

凸轮轴功能

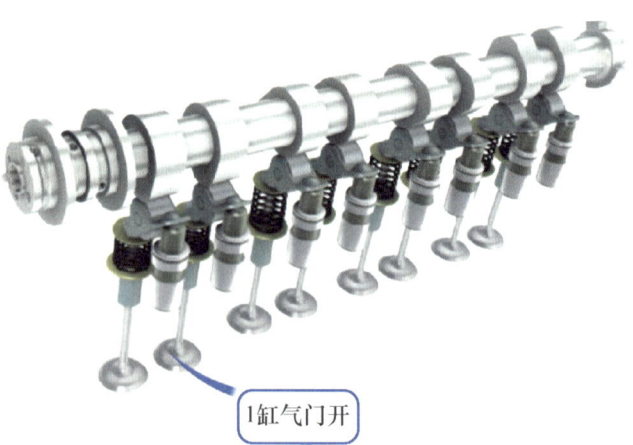

图3-37　凸轮轴的作用

进、排气门开启和关闭时刻、持续时间以及开闭的速度等都是由进、排气凸轮控制的。因此，凸轮的轮廓曲线形状对发动机的工作影响极大，该曲线不仅影响配气相位，也影响气门的升程和气门的升降规律。

凸轮轮廓形状如图3-39所示，当凸轮轴顺时针旋转时，在基圆部位气门完全关闭，然后气门开始打开，到凸顶位置气门开度最大，又到气门完全关闭，即完成一次进气或排气过程。

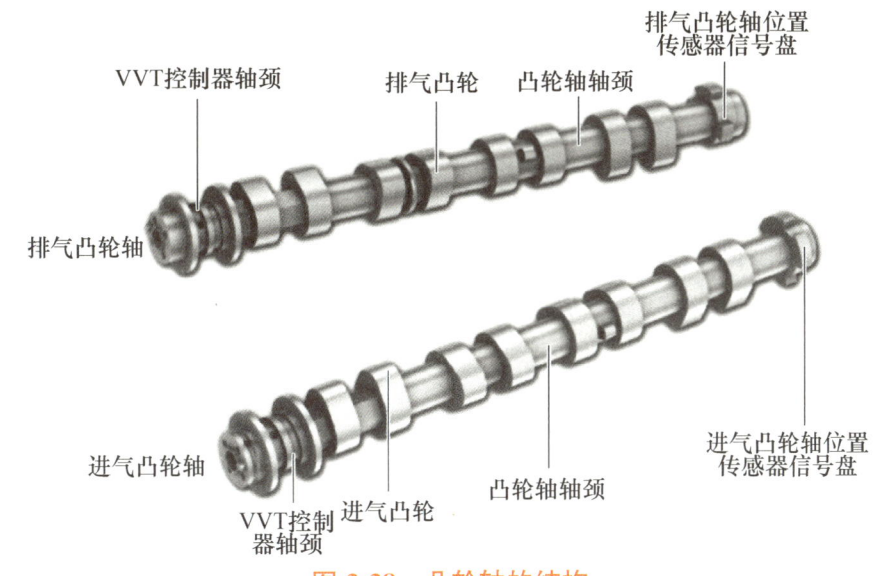

图 3-38　凸轮轴的结构

（3）凸轮轴的轴向定位　为了防止凸轮轴在工作时轴向窜动，凸轮轴必须有定位装置，一般凸轮轴第一轴颈轴承为推力轴承，如图 3-40 所示，即控制凸轮轴的第一轴颈上的两端凸肩与凸轮轴轴承座之间的间隙 Δ，以限制凸轮轴的轴向移动。

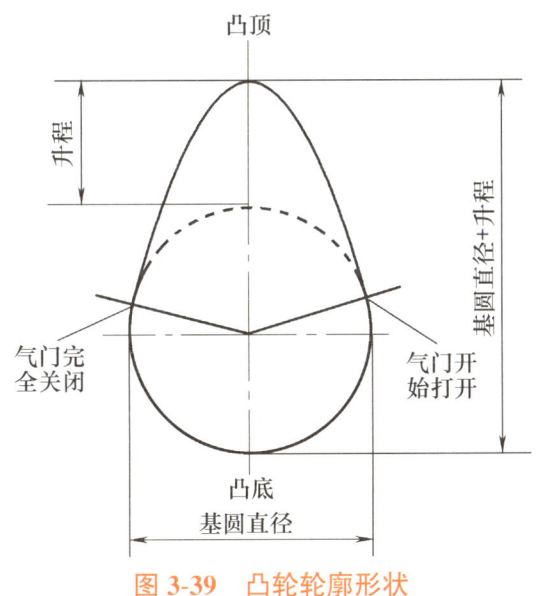

图 3-39　凸轮轮廓形状

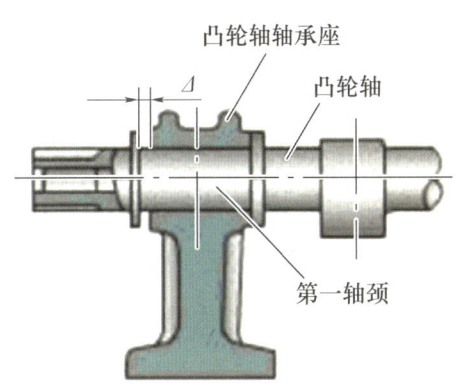

图 3-40　凸轮轴的轴向定位

（4）凸轮轴的正时定位　由于气门的开、闭与活塞的位置有严格的对应关系，因此在凸轮轴正时齿轮上和曲轴的正时齿轮上都有正时标记，在装配曲轴和凸轮轴时，必须先将齿轮正时标记与壳体上的标记对准，然后再安装正时带，如图 3-41 所示，以保证正确的配气相位

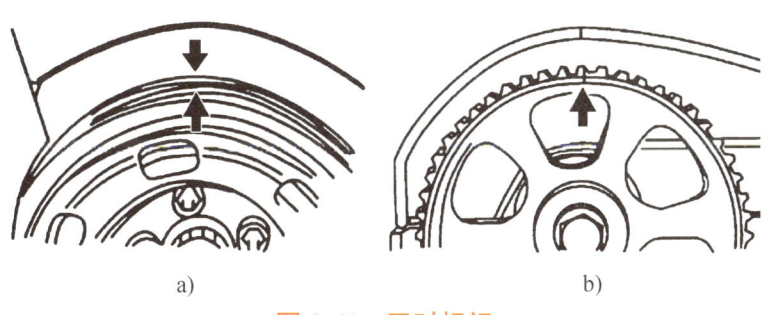

图 3-41　正时标记

a）曲轴正时齿轮上的正时标记对齐　b）凸轮轴正时齿轮标记对齐

和点火时刻。

3. 气门挺柱

（1）作用　挺柱的作用是将凸轮的推力传递给推杆或气门杆，并承受凸轮轴旋转时所施加的侧向力。挺柱可分为普通机械式挺柱和液压式挺柱两种，如图3-42所示。

（2）普通机械式挺柱　部分经济型轿车发动机配气机构采用普通机械式挺柱，它有筒式（外形与液压式挺柱基本相同）和滚轮式两种结构形式。

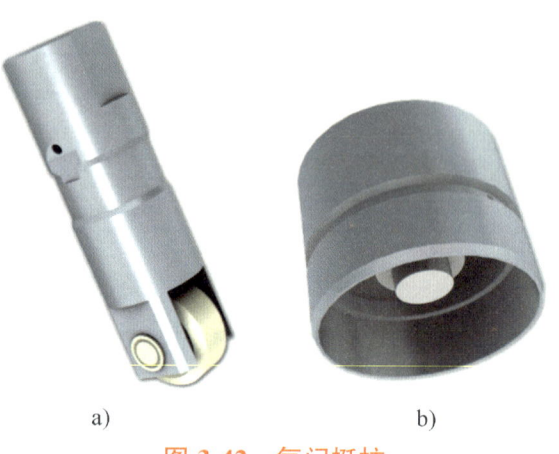

图 3-42　气门挺柱

a）普通机械式挺柱　b）液压式挺柱

由于气门组和气门传动组的各部件在受热后会发生膨胀，为了防止各部件在受热膨胀后始终将气门打开。因此，发动机冷态时应在普通机械式挺柱与凸轮轴凸轮之间预留一定的间隙，该间隙称为气门间隙，如图3-43所示。维修时该间隙能够进行调整。一般进气门气门间隙为0.2~0.25mm；排气门气门间隙为0.22~0.25mm。该间隙如果过大，就会造成发动机工作时异响；过小，就会造成气门关闭不严，发动机功率不足。

（3）液压挺柱的结构　在中、高级轿车的发动机上普遍采用液压挺柱（见图3-44），液压挺柱的长度能自动调整，故不需要预留气门间隙，也没有气门间隙的调整装置。液压挺柱由挺柱体、液压缸、柱塞、单

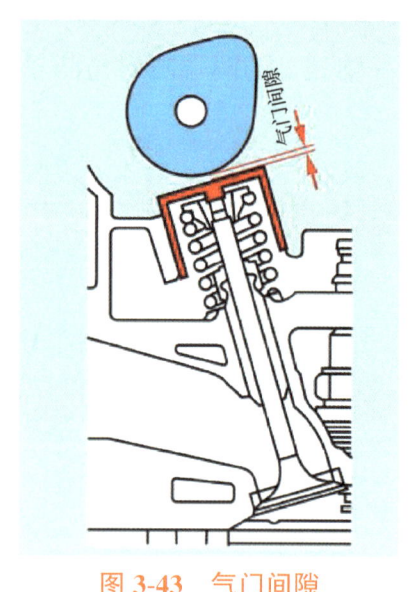

图 3-43　气门间隙

向球阀和柱塞弹簧等部件组成。挺柱体的外圆柱面上有一环形油槽，油槽内有一进油口与低压油腔相通，背面上有键型槽将低压油腔与柱塞的上部相通。高压油腔底部装有一个补偿弹簧，把球阀压靠在阀座上。当球阀关闭柱塞的中间孔时，可分为两个油腔，即上部的低压油腔和下部的高压油腔；当球阀开启后，则成为一个通腔。

液压挺柱与凸轮的接触面为平面，为了使其在工作中旋转以减小摩擦，液压挺柱中心线与凸轮的对称中心线错位1.5mm，使挺柱在工作过程中能绕其轴线微微转动。

当凸轮基圆与挺柱接触时，补偿弹簧使挺柱顶面和凸轮轮廓线保持紧密接触，

液压缸下端面与气门杆尾部紧密接触，因此没有气门间隙。挺柱体上的环形油槽与缸盖上的斜油孔对齐，来自气缸盖油道的机油经进油孔流入挺柱体内的低压油腔，并经挺柱背面上的键槽进入柱塞上方的低压油腔，也可推动球阀进入高压油腔（见图 3-45a）。

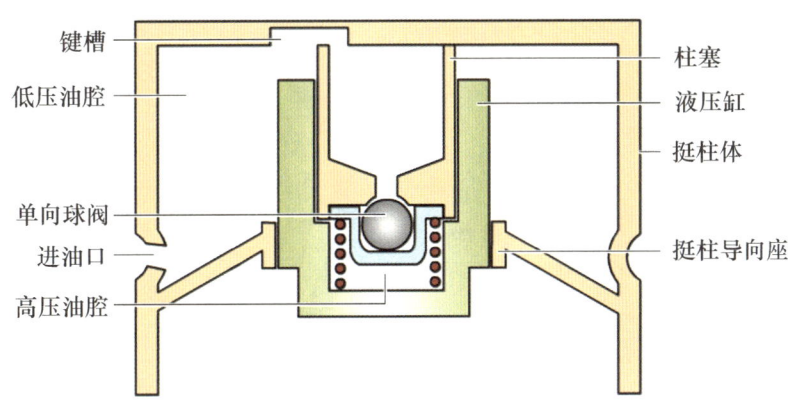

图 3-44　液压挺柱的结构

当凸轮按图 3-45b 所示方向转过基圆使凸起部分与挺柱接触时，挺柱体和柱塞向下移动，高压油腔中的机油被压缩，油压升高，加上补偿弹簧的作用，使球阀紧压在柱塞下端阀座上，这时高压油腔与低压油腔被分隔开。由于液体的不可压缩性，整个挺柱如同一个刚体一样下移打开气门。

在气门受热膨胀时，高压油腔中的油液可经过液压缸与柱塞间的缝隙挤入低压油腔，使挺柱自动"缩短"，保证气门关

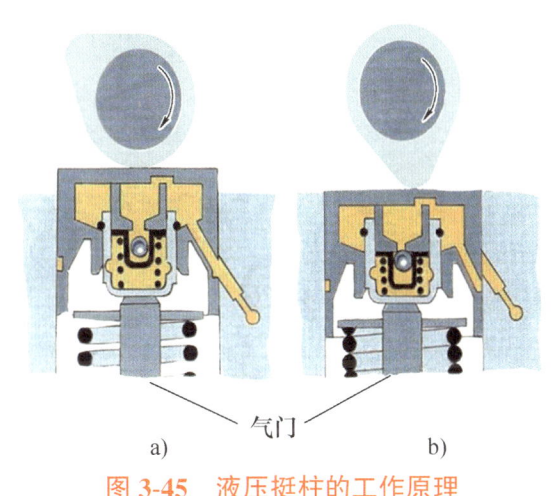

图 3-45　液压挺柱的工作原理
a）气门关闭　b）气门开启

闭紧密。当气门冷却收缩时，补偿弹簧将液压缸向下推动，而使柱塞与挺柱体向上移动，高压油腔压力下降，球阀打开，低压油腔油液进入高压油腔，挺柱自动"伸长"，保证配气机构无间隙。故使用液压挺柱时，可以不预留气门间隙，也不需要调整气门间隙。

液压挺柱结构复杂，加工精度要求高，磨损后会因泄油过多、补油不足，而出现气门间隙，造成发动机工作时出现异响，此时无法调整与维修，只能更换。

五、配气相位

用曲轴转角表示的进、排气门实际开闭时刻和开启持续时间，称为配气相位。

通常用相对于上、下止点曲拐位置的曲轴转角的环形图来表示，这种图形称为配气相位图，如图 3-46 所示。

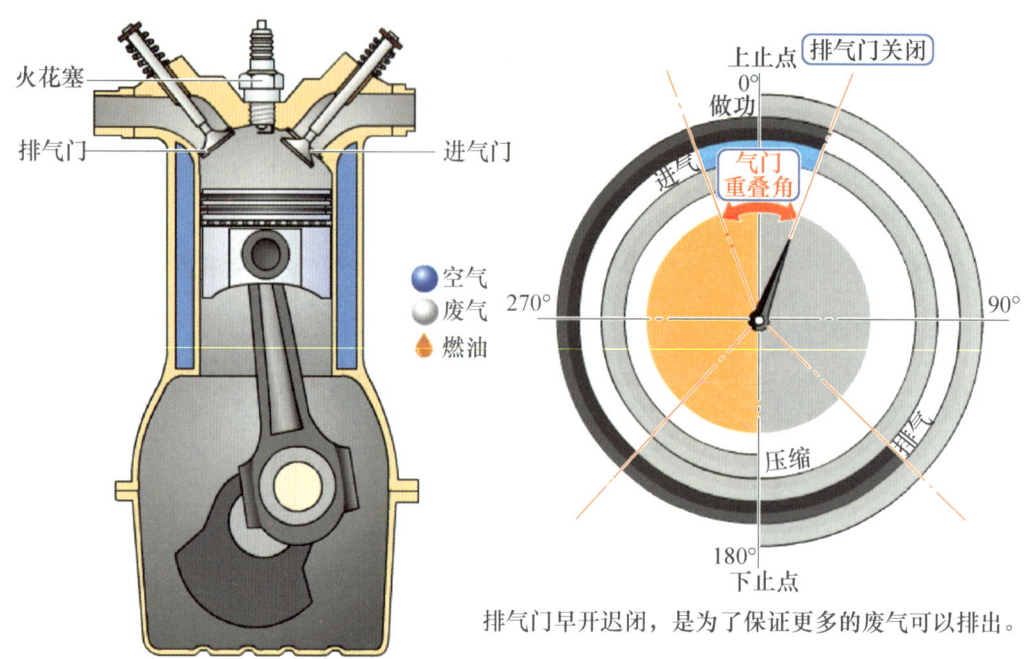

排气门早开迟闭，是为了保证更多的废气可以排出。

图 3-46　配气相位图

　　理论上，当活塞位于上止点时，进气门开启，下止点时关闭；排气门则当活塞位于下止点时开启，上止点时关闭。进气时间和排气时间各占 180° 曲轴转角。但实际上发动机转速很高，活塞每一行程历时相当短，短的时间势必会造成进气不足和排气不净，从而使发动机功率下降。因此，发动机都采取延长进、排气时间的方法来使进气更多、排气更彻底。

1. 进气门早开和晚关

　　在排气行程接近终了，活塞到达上止点之前，进气门便开始开启，直到活塞越过下止点以后，进气门才关闭。

　　（1）进气门提前开启的目的　为了保证进气行程开始时进气门已开大，减小了进气阻力，新鲜气体能顺利地充入气缸。

　　（2）进气门迟后关闭的目的　由于活塞到达下止点时，气缸内压力仍低于大气压力，且气流还有相当大的惯性，可以利用气流惯性和压力差继续进气。

2. 排气门早开和晚关

　　在做功行程接近终了，活塞到达下止点之前，排气门便开始开启。直到活塞越过上止点后，排气门才关闭。

　　（1）排气门提前开启的目的　当做功行程活塞接近下止点时，气缸内的气体压力对做功的作用已经不大，但仍比大气压力高，可利用此压力使气缸内的废气迅速

地自由排出。

（2）排气门迟后关闭的目的　由于活塞到达上止点时，气缸内的残余废气压力高于大气压力，加之排气时气流有一定的惯性，仍可以利用气流惯性和压力差把废气排放得更干净。

3. 气门叠开

由于进气门在上止点前即开启，而排气门在上止点后才关闭，这就出现了在一段时间内，进、排气门同时开启的现象，这种现象称为气门叠开。由于新鲜气流和废气流的流动惯性都比较大，在短时间内是不会改变流向的，因此只要气门叠开角选择适当，就不会有废气倒流入进气管和新鲜气体随同废气排出的可能性。

六、可变气门正时技术（VVT-i）

1. 作用

在传统的发动机上，进气门和排气门的开闭时刻是固定不变的，气门叠开角也是固定不变的，是根据试验而取得的最佳配气相位，在发动机运转过程中是不能改变的。然而发动机转速和负荷不同时，其进气量、排气量、进排气流的流速、进气及排气行程的持续时间、气缸内燃烧过程等都不一样，对配气相位和气门升程的要求也不同。例如，转速高时，进气气流流速高、惯性能量大，所以希望进气门早些打开、晚些关闭，以便充分利用进气气流的惯性，使新鲜气体尽量多一些充入气缸；反之，在发动机转速较低时，进气流速低、惯性能量也小，如果进气门迟闭角过大，会使已进入气缸的新鲜气体被压缩行程中上行的活塞挤出气缸；同样，如果进气门过早开启，由于此时活塞正上行排气，很容易把废气挤到进气管中，使进气中的残余废气增多，新鲜气体反而少了，会使发动机工作不稳定。因此，没有任何一种固定的配气相位设置能让发动机在高低转速时都能获得令人满意的性能。可变气门正时技术就是通过技术手段，使发动机的配气相位能随发动机转速和负荷的变化而变化，始终保持最佳的状况，从而保证发动机在任意转速和负荷情况下都有良好的燃料经济性、动力性和运转稳定性，减少排放污染。

VVT-i 是丰田汽车公司的智能可变气门正时系统的英文缩写。丰田 VVT-i 发动机的 ECU 在各种行驶工况下自动搜寻一个对应发动机转速、进气量、节气门位置和冷却液温度的最佳气门正时，并控制凸轮轴正时机油油压控制阀，通过控制阀调节的压力机油来调整凸轮轴转角，如图 3-47 所示。

2. 结构

VVT-i 主要是在进气和排气凸轮轴前端的正时链轮内安装了一个可变正时齿轮控制器，如图 3-48 所示。它利用发动机润滑系统的机油压力，可使凸轮轴与其前方

的正时链轮之间的相对角度发生连续的变化。可变正时凸轮控制器的壳体与正时链轮结合为一体，壳体中有一呈十字形的叶片式转子与凸轮轴连接，转子的每个叶片与壳体的内腔之间形成两个封闭的油压室，由电磁阀控制的发动机润滑系统的压力机油通过凸轮轴上的油道进入或流出油压室，从而改变转子与壳体之间的相对角度，使该凸轮轴所决定的配气相位发生变化。

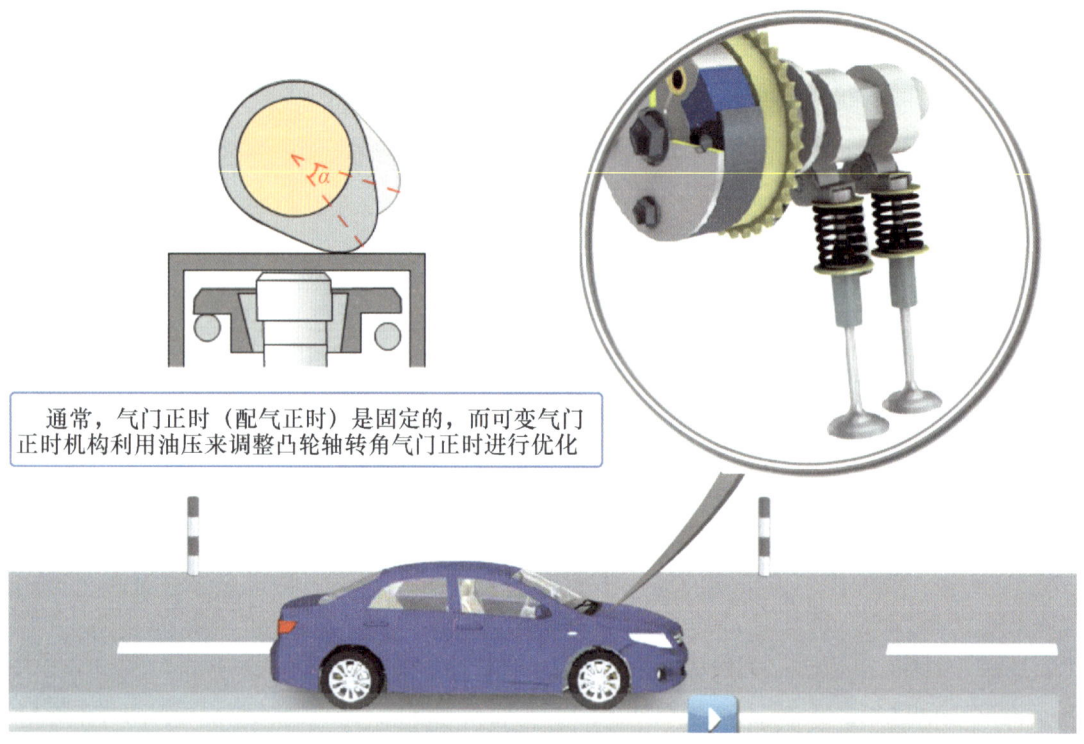

通常，气门正时（配气正时）是固定的，而可变气门正时机构利用油压来调整凸轮轴转角气门正时进行优化

图 3-47　可变气门正时系统的作用

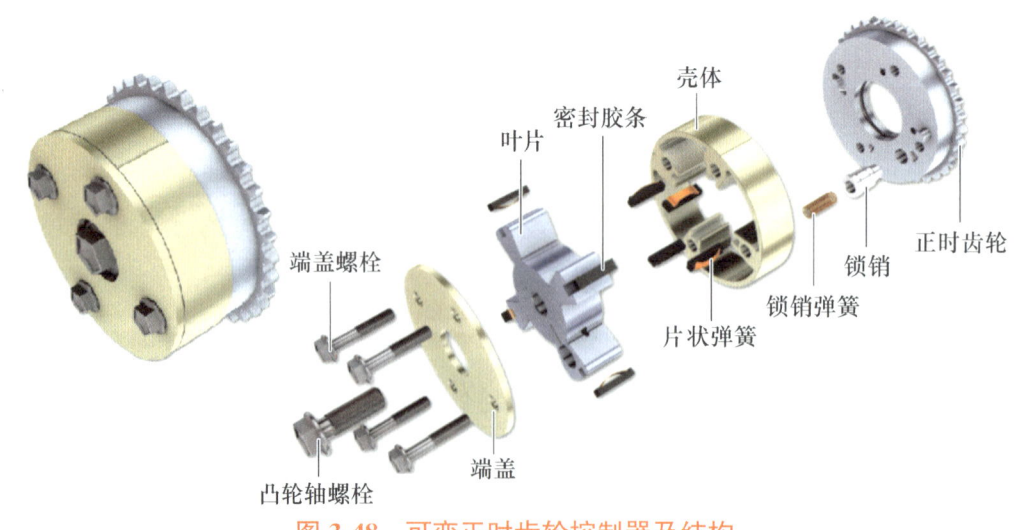

图 3-48　可变正时齿轮控制器及结构

3. 工作原理

VVT-i 的工作原理如图 3-49 所示，发动机 ECU 控制机油压力电磁阀，当 ECU 控

制电磁阀内的滑阀向右移动时，进入油压室的压力机油使转子相对于壳体顺时针方向旋转，使配气相位角提前。与此相反，当 ECU 控制电磁阀内的滑阀向左移动时，进入油压室的压力机油使转子相对于壳体逆时针方向旋转，使配气相位角推迟，从而实现凸轮轴在一定范围内的角度调节，也就相当于对气门的开启和关闭时刻进行了调整。

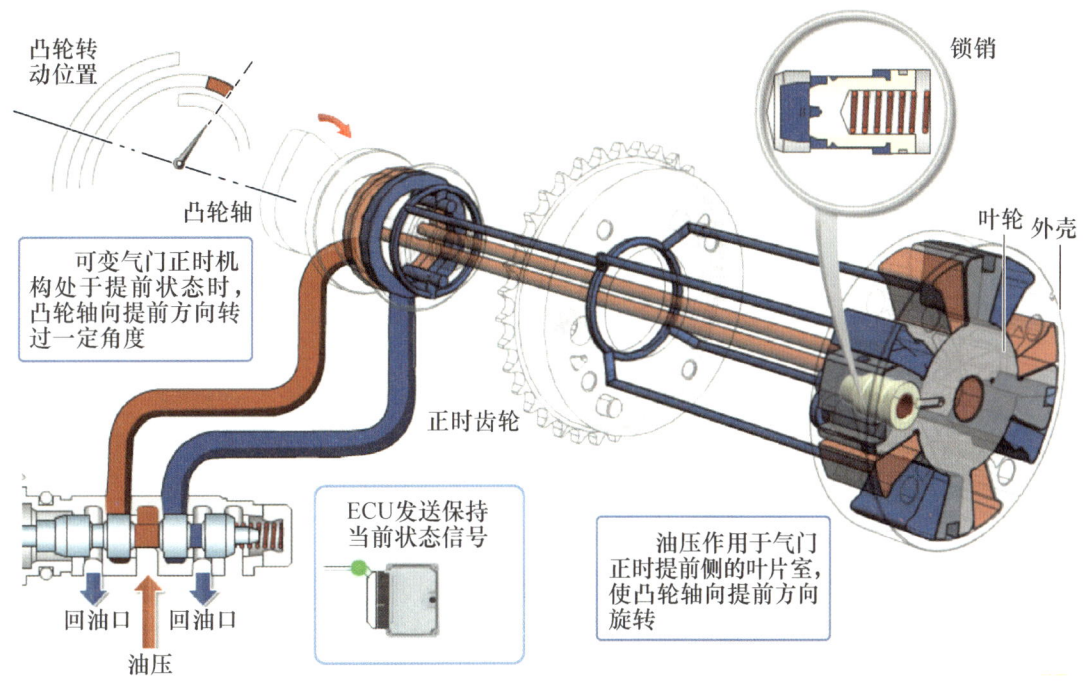

凸轮转动位置

锁销

凸轮轴

叶轮　外壳

可变气门正时机构处于提前状态时，凸轮轴向提前方向转过一定角度

正时齿轮

回油口　回油口

油压

ECU发送保持当前状态信号

油压作用于气门正时提前侧的叶片室，使凸轮轴向提前方向旋转

图 3-49　VVT-i 的工作原理

检查气门传动组	学习任务单	班级：
		姓名：

1. 气门传动组的作用是在＿＿＿＿＿＿的驱动下，使进、排气门按规定的时刻进行开闭，并保证＿＿＿＿＿＿有足够的开度。

2. 写出下图划线处零部件的名称。

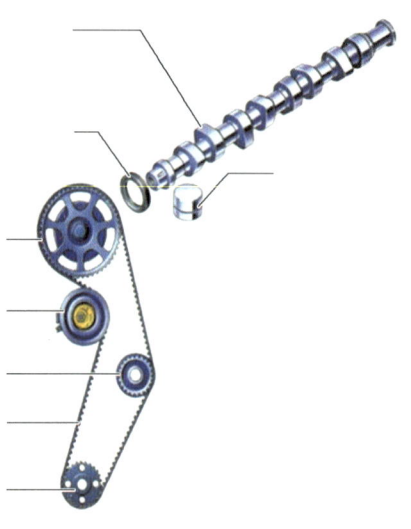

3. 气门传动组按曲轴与凸轮轴的传动方式分类，可分为＿＿＿＿＿＿传动、＿＿＿＿＿＿传动和齿轮传动三种类型。

4. 气门传动组按凸轮轴的位置分类，可分为＿＿＿＿＿＿式、凸轮轴中置式和凸轮轴下置式三种。＿＿＿＿＿＿式凸轮轴布置在气缸盖上，凸轮轴直接通过摇臂来驱动气门，没有推杆，使往复运动的质量大为减小，因此在汽车发动机上应用最广泛。

5. 顶置式气门传动组按凸轮轴的数量进行分类，可分为＿＿＿＿＿＿顶置凸轮轴式和双顶置凸轮轴式两种。双顶置凸轮轴式气门传动组，有＿＿＿＿＿＿个凸轮轴。

6. 正时带式气门传动组通过一条＿＿＿＿＿＿将曲轴上的正时齿轮和凸轮轴正时齿轮连接起来，由于曲轴正时齿轮上的齿数是凸轮轴正时齿轮上齿数的＿＿＿＿＿＿，因此可以保证曲轴旋转2圈，凸轮轴旋转＿＿＿＿＿＿圈。

7. 凸轮轴的作用是根据发动机工作循环要求，使各缸进、排气门按照配气相位规定的时间开启和关闭，对于DOHC的发动机，有＿＿＿＿＿＿凸轮轴和＿＿＿＿＿＿凸轮轴，它主要由各缸＿＿＿＿＿＿、凸轮轴轴颈等组成。

8. 挺柱的作用是将凸轮的推力传递给推杆或＿＿＿＿＿＿，并承受凸轮轴旋转时所施加的侧向力。挺柱可分为普通机械式挺柱和＿＿＿＿＿＿式两种。＿＿＿＿＿＿式由于气门组和气门传动组的各部件在受热后会发生膨胀，为了防止各部件在受热膨胀后始终将气门打开，预留一定的气门间隙，维修时该间隙能够进行调整。一般进气门间隙为＿＿＿＿＿＿mm；排气门间隙为＿＿＿＿＿＿mm。

9. 用曲轴转角表示的进、排气门实际开闭时刻和开启持续时间，称为＿＿＿＿＿＿。通常进气门在＿＿＿＿＿＿止点前即开启，而排气门在＿＿＿＿＿＿止点后才关闭，这就出现了在一段时间内，进、排气门同时开启的现象，这种现象称为气门＿＿＿＿＿＿。

任务实施

实训任务 检查气门传动组

实训器材：

发动机实训台架、塞尺、外径千分尺、游标卡尺、常用维修工具和维修手册等。

作业准备：

1）预先拆下外围附件与进排气歧管等。

2）将工量具与预先拆下的零部件摆放整齐。

操作步骤：

一、气门间隙的调整

气门间隙的
测量

对于安装液压挺柱的发动机，当出现气门异响时，一般更换液压挺柱。对于安装机械式挺柱的发动机，当出现气门异响时，需要调整气门间隙。

不同类型的气门传动机构气门间隙的调整方式可能不一样，但主要有三种方式，第一种是更换不同厚度的挺柱；第二种是更换挺柱上的调整垫片厚度；第三种是调整气门摇臂上的调整螺钉，如图3-50所示。现以第三种结构为例介绍调整气门间隙的方法。

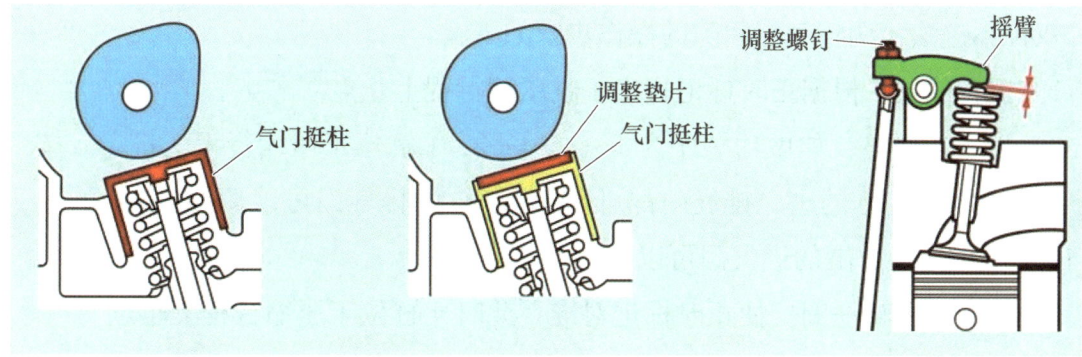

气门挺柱 调整垫片 气门挺柱 调整螺钉 摇臂

图 3-50 气门间隙的调整方式

调整气门间隙的方法主要有逐缸法和两次调整法两种。

1. 逐缸法

逐缸法调整气门间隙就是一次调整一个气缸的所有进、排气门间隙的方法，有几个缸就要进行几次调整，其调节步骤如下：

1）打开气门室盖。

2）摇转曲轴，直至曲轴带轮的正时记号与缸体上固定的正时记号对正，这时，1缸处于上止点位置。

3）判断1缸是压缩上止点还是排气上止点。用手摇1缸的气门摇臂，如果进、排气门的摇臂均可摇动，表明此时1缸处于压缩上止点。如果进、排气门的摇臂均摇不动，表明此时1缸处于排气上止点，再转动曲轴一周，使1缸处于压缩上止点。

4）气门间隙的检查。用规定厚度的塞尺插入气门杆与摇臂之间，来回抽动塞尺，如果过紧或过松，都表明气门间隙不合适，需要进行调整。

5）气门间隙的调整。用合适扳手松开气门摇臂上的锁紧螺母，拧出调整螺钉，在气门杆与摇臂之间插入厚度与气门间隙相等的塞尺，一边拧进调整螺钉，一边不停地来回抽动塞尺，直到抽动塞尺有轻微阻力时为止，然后锁紧螺母，在锁紧螺母时，不能让调整螺钉转动，最后再复测一次，然后再调整该缸的另一个气门。

6）按发动机旋转方向，摇转曲轴180°，使下一缸处于压缩行程上止点，再用同样的方法，检查与调整该缸气门间隙。如做功顺序为1—3—4—2，则摇转曲轴180°，检查调整3缸的气门间隙，用同样的方法再检查调整4缸和2缸的气门间隙，共需4次才能调整完毕。

2. 两次调整法

两次调整法可以通过两次调节，将所有气缸的气门间隙调整完毕，主要采用"双排不进"的调整方法。"双"是指处于压缩行程上止点的缸进、排气门气门间隙均可调整；"排"是指该缸的排气门气门间隙可以调整；"不"是指该缸的进、排气门气门间隙均不可调整；"进"是指该缸的进气门气门间隙可以调整。四缸发动机采用"双排不进法"调整气门间隙的操作步骤如下：

1）摇转曲轴，根据正时标记找出1缸压缩行程上止点。

2）第一遍调整，如做功顺序为1—3—4—2，1缸位于压缩行程上止点，按"双排不进"原则，1缸的进、排气门都可调整，3缸的排气门可以调整，4缸的进、排气门都不可调整，2缸的进气门可以调整。

3）将曲轴再转一圈，使正时标记对准，此时4缸位于压缩行程上止点。

4）第二遍调整，将第一遍不能调整的气门调整一遍即调整完毕。此遍可按照"不进双排"的原则进行调整。

二、正时带的检修

正时带经过一段时间的使用后，会发生老化和损伤，因此使用中应该经常检查和维护，避免发生折断、滑齿，造成活塞与进、排气门相撞，从而使活塞与气门损坏，严重时会造成气门摇臂、摇臂轴、凸轮轴、气缸盖的损坏。

1. 正时带张紧度的检查

用合适的工具拆下正时带护罩，用拇指和食指捏住两带轮之间齿带的中间部位，用力翻转，若刚好能翻转90°，即为张紧度合适，否则应松开张紧轮紧固螺母，将张紧轮压紧齿带，保持适当张紧力后紧固张紧轮固定螺母，然后复查，直至张紧度合适。

2. 正时带的更换

正时带一般都具有较长的使用寿命，但正常情况下，在汽车行驶10万km时必须更换。同时，在检查时发现正时带有裂纹、磨损、橡胶老化、纤维拉毛起层、掉牙等损坏现象，应予以更换。

三、凸轮轴的检修

1. 凸轮轴轴向间隙的测量

1）将磁性表座的各个接杆调整到合适的位置。

2）检查百分表的指针移动是否灵活，刻度盘是否能够转动。

3）将百分表安装到磁性表座的接杆上。

4）用抹布清洁凸轮轴上需要测量的位置和工作台（或翻转架）上需要安装磁性表座的位置。

5）将磁性表座可靠地安装在凸轮轴前部的工作台面上，调整磁性表座接杆，使百分表测量杆垂直顶在凸轮轴的前端，同时将百分表指针预压1~2mm。

6）转动百分表的刻度盘，使指针对正"0"刻度。

7）用一字螺钉旋具撬动凸轮轴向前移动，观察百分表指针的偏摆值。

8）再撬动凸轮轴向后移动，观察百分表指针的偏摆值；前后两次的偏摆值相加即为凸轮轴的轴向间隙，如图3-51所示。

2. 凸轮轴的拆卸与清洁

1）检查凸轮轴正时带轮上的标记与后防护罩上的标记是否对准，如不对准，可使用合适的工具顺时针旋转凸轮轴使两个标记对准。

2）使用合适的套筒与扳手按照先两侧、后中间、分次拧松凸轮轴轴承盖螺母。

3）依次取下各道凸轮轴轴承盖，按顺序放好，以免错乱。

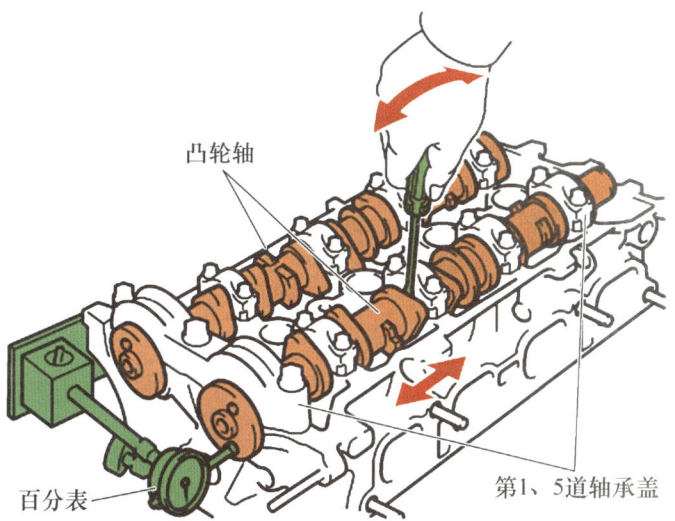

凸轮轴

百分表

第1、5道轴承盖

图3-51　凸轮轴轴向间隙的测量

> **小贴士:**
>
> 丰田卡罗拉1ZR发动机凸轮轴轴向间隙最大值为0.17mm。

凸轮轴的测量

4）取下凸轮轴。

5）使用磁性吸棒依次吸出挺柱并按照顺序放好，以免错乱。

6）使用清洗剂清洗凸轮轴轴承盖和凸轮轴等。

7）使用压缩空气吹洗凸轮轴上的油道和气缸盖上的油道。

3. 目视检查零部件状况

1）目视检查凸轮轴状况，检查凸轮轴轴颈和凸轮是否存在磨损沟槽、烧蚀等现象。

2）检查凸轮轴各轴承盖是否存在磨损沟槽、烧蚀等现象。

3）检查挺柱是否存在磨损沟槽等现象。

4. 凸轮轴的测量

（1）测量凸轮轴的弯曲度　将凸轮轴放在V形铁上，使用磁性表座与百分表测量中间轴颈的跳动量，如图3-52所示，该跳动量即为凸轮轴的弯曲度，最大弯曲度为0.03mm。如果弯曲度超过最大值，则更换凸轮轴。

（2）测量凸轮轴凸顶（桃尖）高度　用千分尺测量凸轮轴桃尖高度，如图3-53所示，将测量值与维修手册规定值对比，如果桃尖高度低于最小值，则更换凸轮轴。

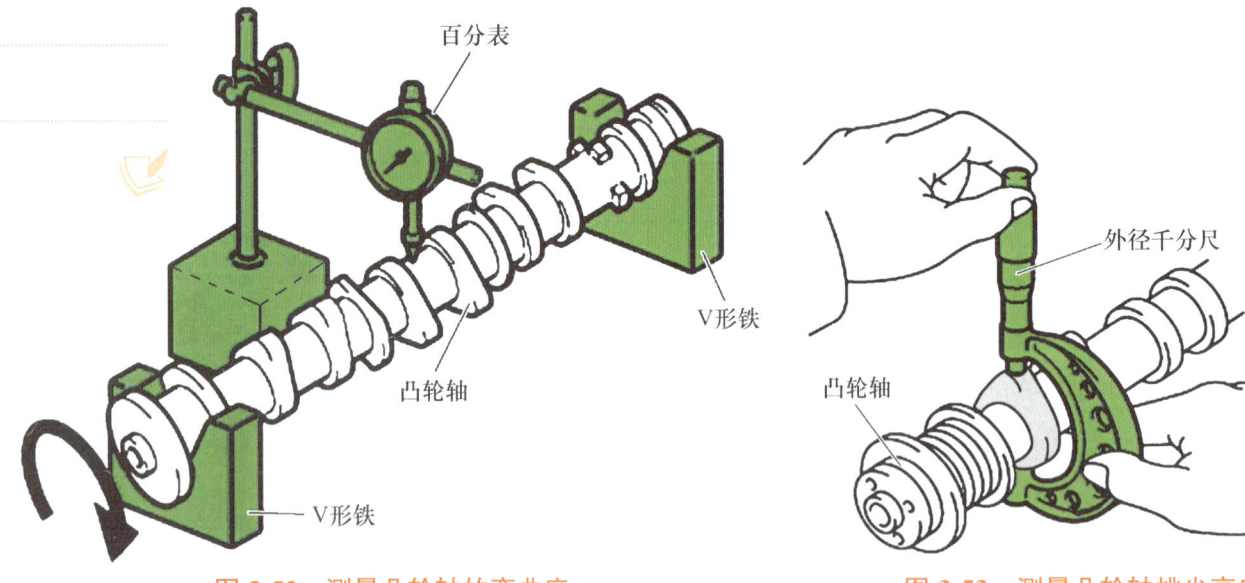

图 3-52　测量凸轮轴的弯曲度　　　　　　　　图 3-53　测量凸轮轴桃尖高度

四、气门传动组的安装

1. 挺柱与凸轮轴的安装

正时带的安装

1）在挺柱表面涂抹机油，并对号入座安装到原来的位置。

2）将凸轮轴安放到气缸盖上，转动凸轮轴，使1缸进、排气凸轮朝上并润滑凸轮轴轴颈表面。

3）安装凸轮轴油封。

4）在凸轮轴轴承盖内涂机油并依次安装各凸轮轴轴承盖，保证对号入座。

5）使用合适的套筒与扳手按照先中间、后两侧、分次拧紧凸轮轴轴承盖螺栓。

2. 正时带的安装

1）将凸轮轴正时带轮安装到凸轮轴上（凸轮轴上一般有定位销定位），并用合适的套筒与扳手拧紧固定螺栓，如图3-54所示。

2）用合适的扳手转动凸轮轴，使凸轮轴正时带轮上的标记"K"对准凸轮轴轴承座盖上的正时标记（不同类型发动机标记位置可能不一样），如图3-55所示。

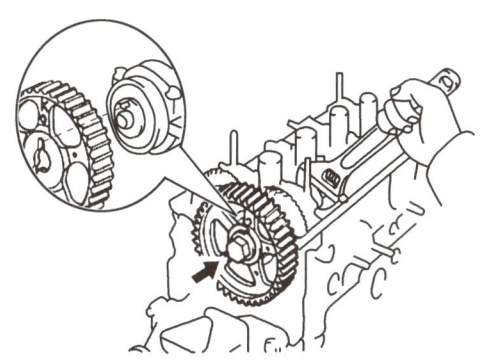

图3-54　安装凸轮轴正时带轮

图3-55　对正凸轮轴正时带轮标记

3）将曲轴正时带轮（有凸缘的一侧朝后）上的键槽对准曲轴上的定位键，然后将曲轴正时带轮推装到曲轴上，如图3-56所示。

4）用合适的工具转动曲轴带轮固定螺栓，使曲轴正时带轮上的正时标记对准后面机油泵壳体上的标记（此时1缸活塞处于上止点位置），如图3-57所示。

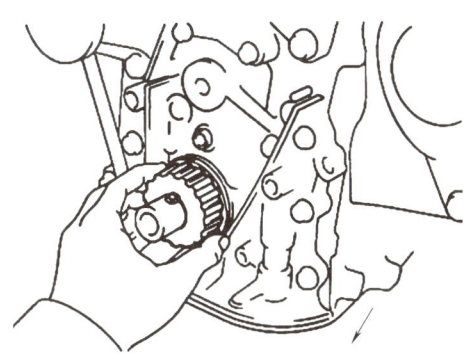

图3-56　安装曲轴正时带轮

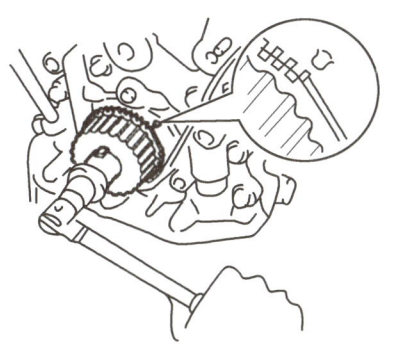

图3-57　对正曲轴正时带轮标记

5）安装正时带张紧轮，并用螺栓固定，但勿拧紧。

6）将正时带套入曲轴正时带轮和凸轮轴正时带轮上，并使正时带外侧与正时张紧轮接触，安装时正时带上的箭头与发动机转动方向应一致，如图3-58所示。

7）将正时带张紧轮尽量压向正时带方向，再拧紧正时带张紧轮固定螺栓，如图3-59所示。

图 3-58　正时带的安装

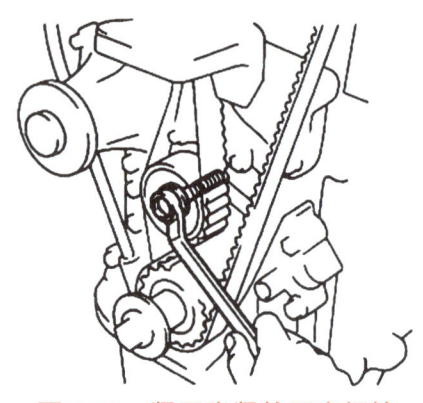

图 3-59　紧固张紧轮固定螺栓

8）按顺时针方向缓慢转动曲轴两圈（让1缸活塞从压缩行程上止点位置再运行到此位置），然后检查凸轮轴正时带轮和曲轴正时带轮标记的位置是否符合规定，如果不符合，重新安装正时带。

检查气门传动组	工作任务单	班级： 姓名：

1. 车辆信息记录

品牌		台架型号		发动机排量	
发动机型号					

2. 气门传动组的清洗与初步检查

目视检查零部件名称	故障记录	维修措施
凸轮轴		调整□ 维修□ 更换□
挺柱		调整□ 维修□ 更换□
凸轮轴轴承座		调整□ 维修□ 更换□
凸轮轴轴承盖		调整□ 维修□ 更换□

3. 正时带的检查

项目名称	张紧力	外观	判定	维修措施
正时带			正常□ 损坏□	调整□ 维修□ 更换□

4. 气门间隙的测量

项目名称	1缸	2缸	3缸	4缸	标准值	判定	维修措施
进气门间隙						正常□ 损坏□	调整□ 维修□ 更换□
排气门间隙						正常□ 损坏□	调整□ 维修□ 更换□

5. 凸轮轴桃尖的测量

项目名称	1缸	2缸	3缸	4缸	标准值	判定	维修措施
进气侧桃尖高度						正常□ 损坏□	调整□ 维修□ 更换□
排气侧桃尖高度						正常□ 损坏□	调整□ 维修□ 更换□

6. 凸轮轴的测量

项目名称	轴向间隙	标准值	弯曲度	标准值	判定	维修措施
进气侧					正常□ 损坏□	调整□ 维修□ 更换□
排气侧					正常□ 损坏□	调整□ 维修□ 更换□

7. 查阅维修手册

序号	部件名称	章节及页码	规格（公制）
1	凸轮轴轴承盖螺栓拧紧力矩	第 章 页	
2		第 章 页	
3		第 章 页	

检查气门传动组			实习日期：			
姓名：		班级：		学号：		教师签名：
自评：□熟练　□不熟练		互评：□熟练　□不熟练		师评：□合格　□不合格		
日期：		日期：		日期：		

检查气门传动组【评分细则】							
序号	评分项	得分条件	分值	评分要求	自评	互评	师评
1	安全/7S/态度	□1. 能进行工位7S操作 □2. 能进行设备和工具安全检查 □3. 能进行场地及设备安全防护操作 □4. 能进行工具清洁、校准、存放操作 □5. 能进行三不落地操作	15	未完成1项扣3分，扣分不得超过15分	□熟练 □不熟练	□熟练 □不熟练	□合格 □不合格
2	专业技能能力	作业1 □1. 能正确地拆卸正时带 □2. 能正确地拆卸凸轮轴 作业2 □1. 能正确地检查进、排气凸轮轴外观情况 □2. 能正确地检查所有挺柱外观情况 □3. 能正确地检查凸轮轴轴承座外观情况 □4. 能正确地检查正时带的外观情况 作业3 □1. 能正确地测量气门间隙 □2. 能正确地测量凸轮轴凸轮桃尖高度 作业4 □1. 能正确地组装磁性表座 □2. 能正确地测量凸轮轴的轴向间隙 □3. 能正确地测量凸轮轴的弯曲度 作业5 □1. 能正确地安装凸轮轴 □2. 能按正确顺序拧紧凸轮轴轴承盖螺栓 □3. 能正确对正配气正时 □4. 能正确地安装正时带	50	未完成1项扣3分	□熟练 □不熟练	□熟练 □不熟练	□合格 □不合格
3	工具及设备的使用能力	□1. 能正确地选用维修工具 □2. 能正确地使用维修工具 □3. 能正确地使用塞尺 □4. 能正确地使用千分尺 □5. 能正确地使用百分表 □6. 能正确地使用磁性表座	10	未完成1项扣2分，扣分不得超过10分	□熟练 □不熟练	□熟练 □不熟练	□合格 □不合格
4	资料、信息查询能力	□1. 能正确地识读维修手册查询资料 □2. 能正确地使用用户手册查询资料 □3. 能正确地记录所查询资料的章节及页码 □4. 能正确地记录所需维修信息	10	未完成1项扣2分	□熟练 □不熟练	□熟练 □不熟练	□合格 □不合格
5	数据判断和分析能力	□1. 能判断凸轮轴是否正常 □2. 能判断气门间隙是否正常 □3. 能判断气门挺柱是否正常 □4. 能判断凸轮轴轴承座是否正常 □5. 能判断凸轮轴轴承盖是否正常	10	未完成1项扣2分，扣分不得超过10分	□熟练 □不熟练	□熟练 □不熟练	□合格 □不合格
6	表单填写报告的撰写能力	□1. 字迹清晰 □2. 语句通顺 □3. 无错别字 □4. 无涂改 □5. 无抄袭	5	未完成1项扣1分，扣分不得超过5分	□熟练 □不熟练	□熟练 □不熟练	□合格 □不合格
总分：							

项目四 / Project 4

燃油供给系统构造与维修

任务

检查燃油供给系统

 **学习目标**

知识目标

1）掌握燃油供给系统的作用与组成。

2）掌握电控燃油供给系统各元件的安装位置、作用和工作过程。

技能目标

1）具有规范地测量燃油系统压力的能力。

2）具有熟练更换燃油滤清器与燃油泵等零部件的能力。

素养目标

1）能够在工作过程中与小组其他成员合作、交流，养成团队合作意识，锻炼沟通能力。

2）养成 7S 的工作习惯。

3）养成服从管理、规范作业与精益求精的良好工作习惯。

任务描述

有一位丰田卡罗拉轿车用户将车开到维修站，车主反映最近车辆行驶无力，发动机怠速时抖动，油耗明显增加，需要检修。

相关知识

一、汽油机燃油供给系统的作用和组成

汽油机燃油供给系统的作用是根据发动机各工况的不同要求，配制一定数量和浓度的可燃混合气并将其供入气缸，使之在压缩终了时点火、燃烧而膨胀做功，最后将燃烧后的废气排入大气中。汽油机燃油供给系统有化油器式燃油供给系统和电子控制燃油喷射式燃油供给系统两种形式。目前轿车发动机上都采用电子控制燃油喷射式燃油供给系统，化油器式燃油供给系统已被淘汰。

电子控制燃油喷射式燃油供给系统（简称电控燃油供给系统）如图 4-1 所示。

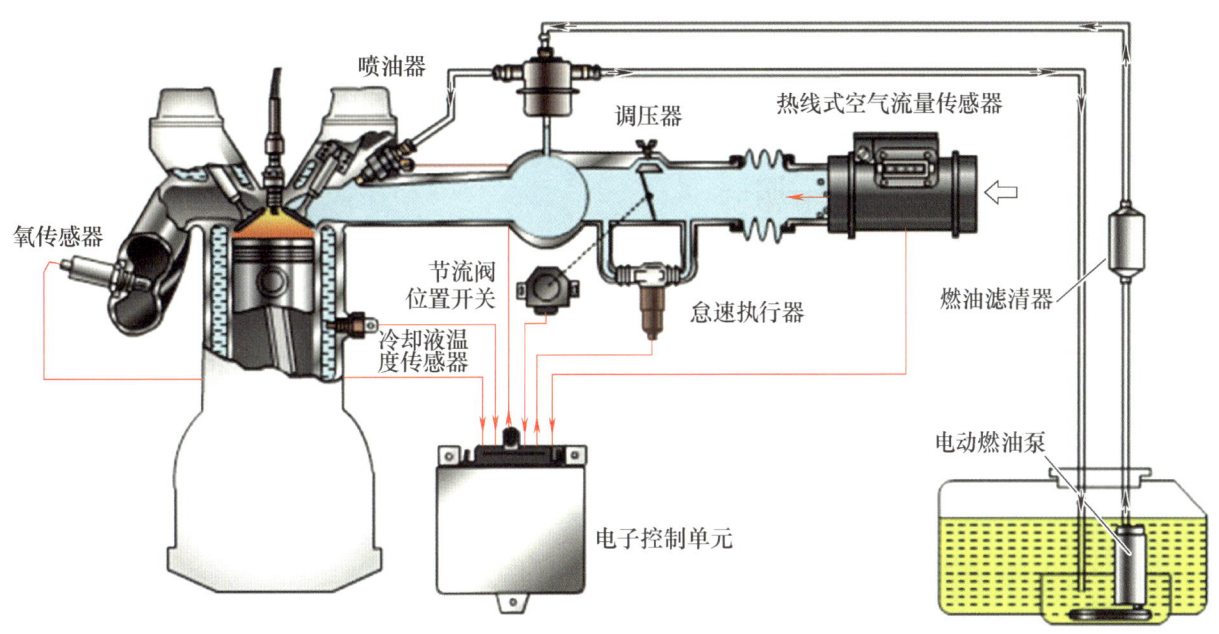

图 4-1　电控燃油供给系统示意图

驾驶人通过踩踏加速踏板来控制节气门开度，从而控制发动机气缸的进气量，空气经空气滤清器、空气流量传感器、节气门进入进气总管，再分配到各缸进气歧管，然后进入气缸。

燃油从燃油箱中被电动燃油泵吸出，先由燃油滤清器将杂质滤除后再通过输油管、燃油分配管输送到各个喷油器。喷油器根据 ECU 发出的指令，将计量后的燃油喷入各进气歧管中与流入发动机内的空气进行混合，形成可燃混合气，供入气缸燃烧做功，最后将废气通过排气管、排气消声器等排入大气中。

二、汽油

1. 汽油主要性能指标

汽油机使用的燃料是汽油，它的主要性能指标有蒸发性、抗爆性和热值。

（1）蒸发性　汽油中必须含有足够比例的高蒸发性的成分，以得到良好的冷起动性能，其蒸发性的好坏将影响发动机正常工作。

（2）抗爆性　汽油的抗爆性是指汽油在气缸中避免产生爆燃的能力（也称为抗自燃的能力）。汽油的抗爆性评价指标是辛烷值。汽油辛烷值越高，抗爆性越好；反之，汽油抗爆性越差。

（3）热值　汽油的热值是指单位质量（1kg）的汽油完全燃烧后所产生的热量。汽油的热值约为 44000kJ/kg。

2. 汽油的选用

我国车用汽油分类主要以辛烷值为基础，测定辛烷值的方法有马达法和研究法。目前，我国用研究法的辛烷值表示汽油的牌号，如 92 号和 95 号。压缩比高的

发动机选用辛烷值高的汽油，反之，可选用辛烷值低的汽油。汽油牌号越高，其抗爆性越好，但价格也越贵。如丰田卡罗拉车型要求使用 92 号或更高级的优质无铅汽油。

3. 使用汽油的安全注意事项

1）汽油非常易燃，会引起火灾和爆炸，在进行接触汽油的工作时，必须禁止明火和吸烟，汽油存放必须远离火源。

2）用铁的容器收集污染过的燃油、燃油滤清器，并妥善保管和回收利用。

3）沾上汽油的抹布或物品，不得作为生活垃圾处理。

4）汽油溅入眼睛后，用水彻底冲洗。

三、可燃混合气浓度对发动机性能的影响

1. 可燃混合气浓度的表示方法

可燃混合气是指燃料与空气的混合物，可燃混合气中燃油占混合气的比例被称为可燃混合气浓度。可燃混合气浓度表示方法有过量空气系数（中国采用）和空燃比（欧美国家采用）。

（1）过量空气系数　过量空气系数是指燃烧 1kg 燃料实际供给的空气质量与理论上 1kg 燃料完全燃烧所需的空气质量之比，用 λ 表示。$\lambda=1$ 的可燃混合气定义为理论混合气（又称为标准混合气）；$\lambda<1$ 为浓混合气；$\lambda>1$ 为稀混合气。

（2）空燃比　空燃比是指实际吸入发动机中空气的质量与燃料质量的比值，用 A/F 表示。A/F=14.7 表示理论混合气；A/F>14.7 为稀混合气；A/F<14.7 为浓混合气。

2. 可燃混合气浓度对发动机性能的影响

可燃混合气浓度对发动机的性能影响很大。发动机的功率和燃油消耗率都是随着可燃混合气浓度的变化而变化的。理论上，$\lambda=1$ 的混合气，气缸内空气与燃料正好完全燃烧。但实际上，由于气缸内还存在废气、混合气混合不均匀等因素，使气缸内理论混合气并不能完全燃烧。通常，当 $\lambda=1.05\sim1.15$ 时，燃料消耗率最低，经济性最好，称为经济混合气。当 $\lambda=0.85\sim0.95$ 时，气缸内汽油分子较多，使燃烧速度加快，发动机功率增大，称为功率混合气。

一般为了兼顾发动机的动力性和经济性，混合气浓度 $\lambda=0.88\sim1.11$。过浓或过稀的混合气，都将导致火焰无法传播，发动机运转不稳直至熄火。

3. 发动机各个工况对可燃混合气浓度的要求

发动机在实际运行过程中，其工况在工作范围内是不断变化的，且在工况变化时，发动机对可燃混合气浓度的要求也是不同的。

（1）怠速和小负荷工况　怠速是指发动机对外无功率输出且以最低稳定转速运

转。在怠速工况下，节气门处于关闭状态，此时，吸入气缸内的可燃混合气少，气缸内残余废气较大。又因转速低、空气流速慢、汽油雾化蒸发不良，使混合气燃烧不良，甚至熄火。因此，要求供给少量的浓混合气（$\lambda=0.6\sim0.8$）。

发动机负荷在 25% 以下称为小负荷。在小负荷工况时，节气门略开，混合气的品质与数量有所增加，废气对混合气的稀释作用有所减弱。因而，混合气的浓度略为减少（$\lambda=0.7\sim0.9$）。

（2）中等负荷工况　汽车发动机大部分工作时间都处于中等负荷状态，是指负荷在 25%~85% 之间。此时，节气门开度较大，进入气缸内的可燃混合气数量多，燃烧条件好，可供给较稀的混合气（$\lambda>1$ 的稀混合气），以获得最佳的燃油经济性。

（3）大负荷和全负荷工况　在大负荷时，节气门开度已超过 85%，此时应随着节气门开度的增大而逐渐地加浓混合气以满足发动机功率的要求（$\lambda=0.85\sim0.95$）。

（4）冷起动　冷机起动时，发动机要求供给很浓的混合气，以保证混合气中有足够的汽油蒸气，使发动机能够顺利起动。但在冷起动时燃料和空气的温度很低，汽油蒸发率很小，为了保证冷起动顺利，要求混合气的浓度达到 $\lambda=0.2\sim0.6$，才能在气缸内形成可燃混合气。

（5）暖机　发动机冷机起动后，各气缸开始依次点火而做功，发动机温度逐渐上升，即暖机。发动机在暖机过程中，由于温度较低、燃油雾化较差，因此也需要 λ 较小的浓混合气，而且随着发动机温度升高而 λ 逐渐增大，直至达到正常工作温度时为止，发动机进入怠速工况。

（6）加速和减速　发动机的加速是指发动机的转速突然迅速增加的过程。此时，节气门开度突然加大，进气管压力随之增加，由于汽油的流动惯性和进气管压力增大后汽油蒸发量的减少，大量的汽油颗粒被沉积在进气管壁上，形成较厚的油膜，而进入气缸内的实际混合气则瞬时被稀释，严重时会出现过稀，使发动机转速下降。为了避免这一现象发生，在发动机加速时，应向进气管喷入一些附加汽油以弥补加速时的暂时稀释，以获得良好的加速性能。

当汽车减速时，驾驶人迅速松开加速踏板，节气门突然关闭，此时由于惯性作用发动机仍保持很高的转速，因此进气管真空度急剧增高，促使附着在进气管壁上的汽油蒸发汽化，并在空气量不足的情况下进入气缸内，造成混合气过浓，严重时甚至熄火。因此，在发动机减速时，应供给较稀的混合气甚至不供给燃油。

四、电控燃油供给系统主要部件的结构

电控燃油供给系统根据其作用不同可分为空气供给系统、排气系统、燃油供给系统和电子控制系统。

1. 空气供给系统

空气供给系统的作用是为发动机可燃混合气的形成提供必要的空气，并计量和控制燃油燃烧时所需要的空气量。空气供给系统如图4-2所示，空气经空气滤清器、空气流量传感器、节气门体进入进气总管，再分配到各缸进气歧管。在进气歧管内（进气门处）空气与喷油器喷出的燃油混合后被吸入气缸内燃烧。

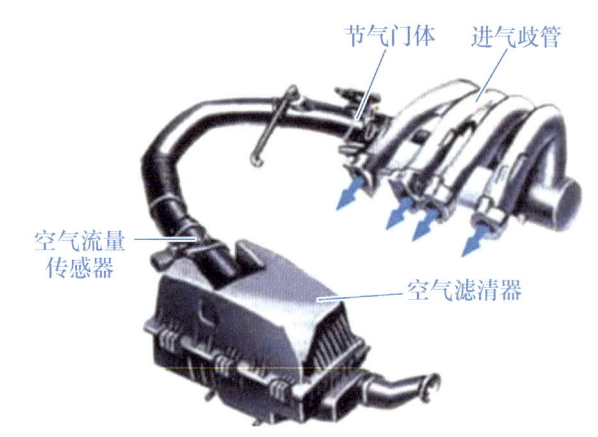

图4-2　空气供给系统

（1）空气滤清器　空气滤清器是用来滤清空气中所含的尘土，以减少气缸、活塞、活塞环等零部件的磨损，延长发动机的使用寿命。

空气滤清器一般采用纸质滤芯，可连续使用10000~50000km，脏污时不能清洗，可用压缩空气吹去灰尘，严重时必须更换。

（2）节气门体　节气门体是由驾驶人控制发动机吸入空气量的部件，如图4-3所示，它主要由节气门、节气门拉索滑轮、节气门回位弹簧、节气门位置传感器（检测节气门开闭状态）和怠速控制阀（控制发动机怠速）等组成。汽车在正常行驶时，空气流量由节气门控制，而节气门是由驾驶人通过加速踏板（油门）和节气门拉索操纵。

（3）进气歧管　进气歧管的结构如图4-4所示。进气歧管的作用是将空气或可燃混合气引入气缸，并保证进气充分及各缸进气量均匀一致。进气歧管多用铝合金或复合塑料制作。

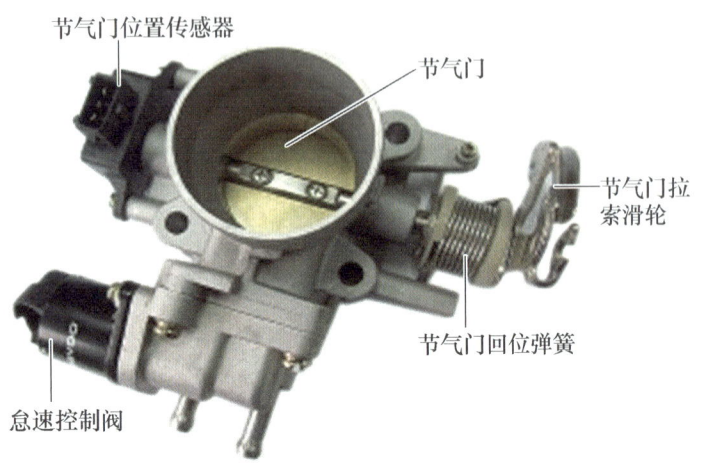

图4-3　节气门体

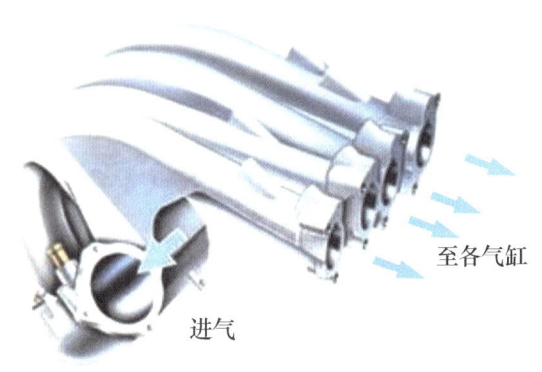

图4-4　进气歧管

2. 排气系统

排气系统（见图4-5）主要由排气歧管和排气消声器等组成，电控燃料供给系统汽油机的排气系统还带有降低排气污染物的三元催化转化器。

（1）排气歧管　从气缸盖上各缸排气孔到各缸独立管汇集处的管道总成叫排气歧管，排气歧管材料一般采用成本低、耐热性、保温性较好的铸铁制成。

（2）排气消声器　排气消声器的作用就是通过降低、衰减排气压力的脉动来消除噪声。

排气消声器有吸收式和反射式两种基本的消声方式。

1）吸收式消声器，通过废气在玻璃纤维、钢纤维和石棉等吸声材料上的摩擦而减小其能量。

2）反射式消声器则有多个串联的共振腔与不同长度的多孔反射管相互连接在一起，废气在其中经过多次的反射、碰撞、膨胀、冷却而降低其压力，减轻振动及能量，如图4-6所示。

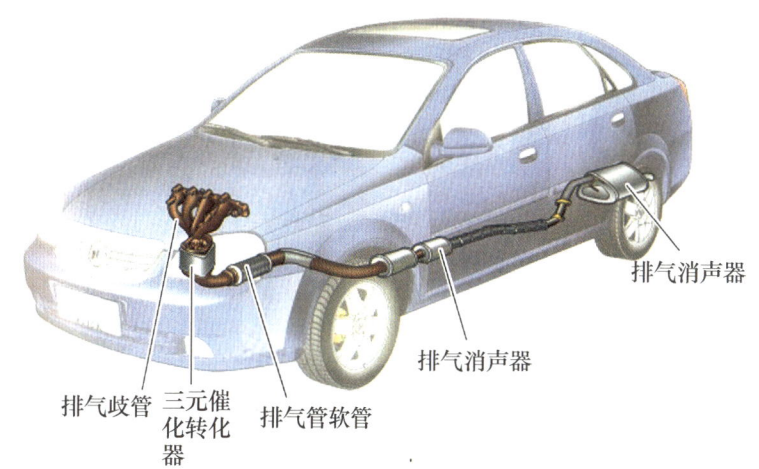

图4-5　排气系统

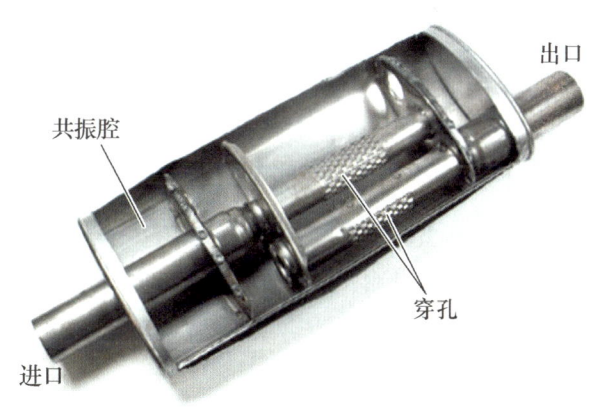

图4-6　消声器的结构

实际情况下，汽车上多是综合利用不同的消声原理组合来设计排气消声器，同时在舒适性要求较高的小型乘用车上还会采用多个消声器单元进行多级的消声降噪控制。

3. 燃油供给系统

燃油供给系统的作用是为发动机提供所需的清洁的压力燃油。当发动机运行时，发动机控制单元根据空气流量信号、发动机转速信号及其他信号，计算出发动机燃烧所需要的燃油量，并在合适的时刻发出喷油信号，打开喷油器，向进气道或气缸内喷射适量的燃油，并与空气混合，供给发动机运行。

燃油供给系统一般由燃油箱、电动燃油泵、燃油压力调节器、燃油滤清器、喷油器和燃油分配管等组成，如图4-7所示。

发动机工作时，电动燃油泵将汽油从油箱加压输出，经燃油滤清器过滤后，再经燃油压力调节器调压，将压力调整到比进气管压力高出约250kPa的压力，然后经

输油管配送给各个喷油器，喷油器根据ECU发来的喷射信号，把适量汽油喷射到进气歧管中。当油路压力超过规定值时，压力调节器工作，将多余的汽油经回油管流回燃油箱中。

燃油供给
系统工作原理

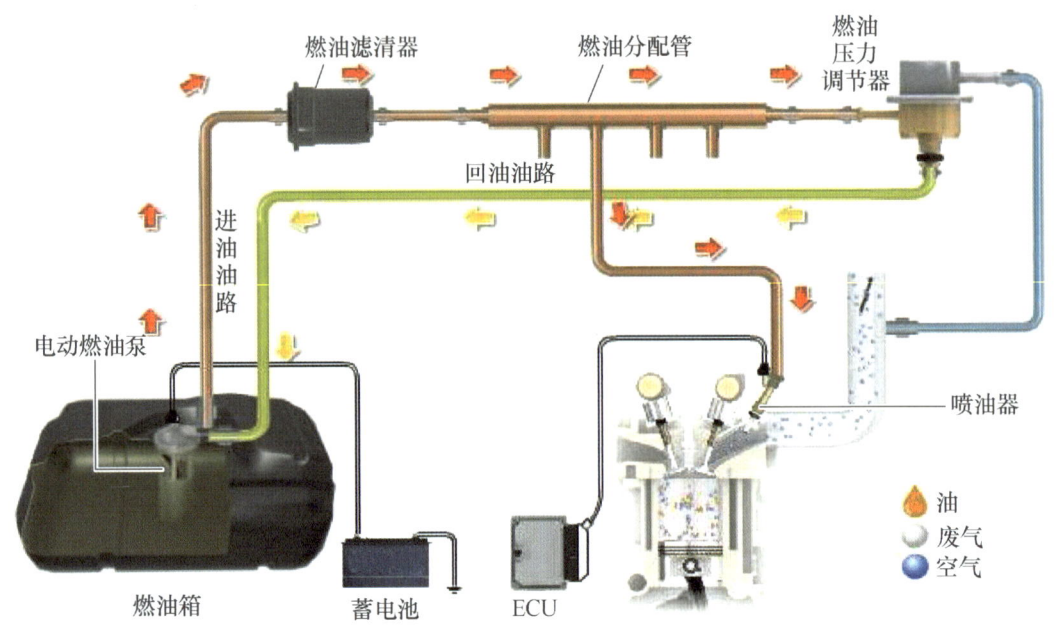

图4-7　燃油供给系统的组成

（1）**燃油箱**　燃油箱是用来储存燃油的，其容积大小与车型和发动机排量有关，其形状随车型不同而各异，这主要是为了适应在车上的布置安装。燃油箱一般安装在后排坐垫的下方。

（2）**电动燃油泵**　电动燃油泵的作用是将燃油从燃油箱内吸出，为发动机燃油供给系统提供压力燃油。

电动燃油泵（见图4-8）由永磁式电动机（转子、永久磁铁、壳体、换向器）、涡轮、止回阀、限压阀（弹簧、钢球）和滤网等组成。

电动燃油泵的永磁式电动机部分包括固定在外壳上的永久磁铁和产生电磁力矩的电枢（转子）以及安装在外壳上的电刷装置。电刷与电枢上的换向器相接触，其引线连接到外壳上的接柱上，将控制电动燃油泵的电压引到电枢绕组上。电动燃油泵的外壳两端卷边铆紧，使各部件组装成一个不可拆卸的总成。

如图4-9所示，当外部电路向电动燃油泵供电时，电动燃油泵工作，永磁式电动机通电带动涡轮旋转，将汽油从进油口吸入，汽油经电动燃油泵内部，再从出油口压出，给燃油系统供油。电动燃油泵的转速和泵油量由外加电压决定，通常情况下电压为恒定值。

在电动燃油泵的出油口处设有一个止回阀，可以在发动机熄火后，防止燃油倒流，以保持燃油供给系统有一定的残余压力，便于下次起动。

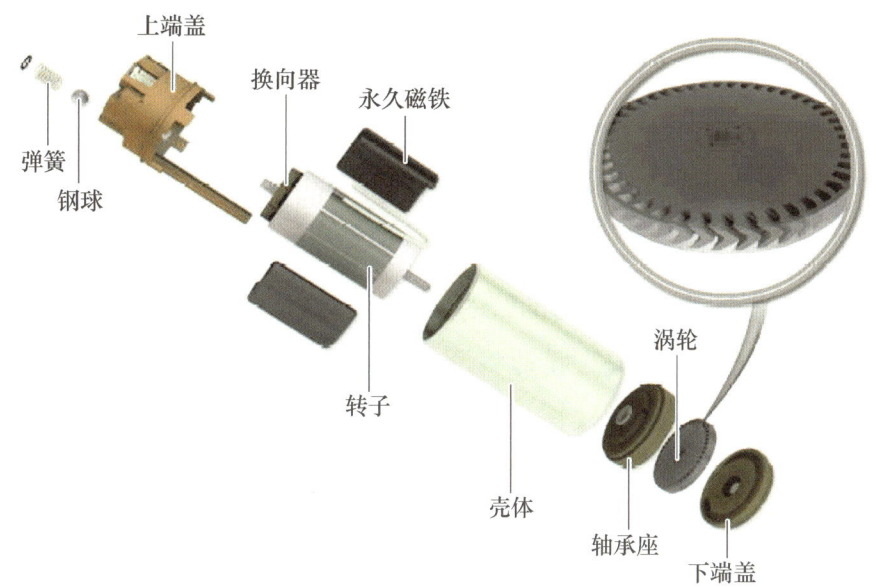

图 4-8 电动燃油泵的结构图

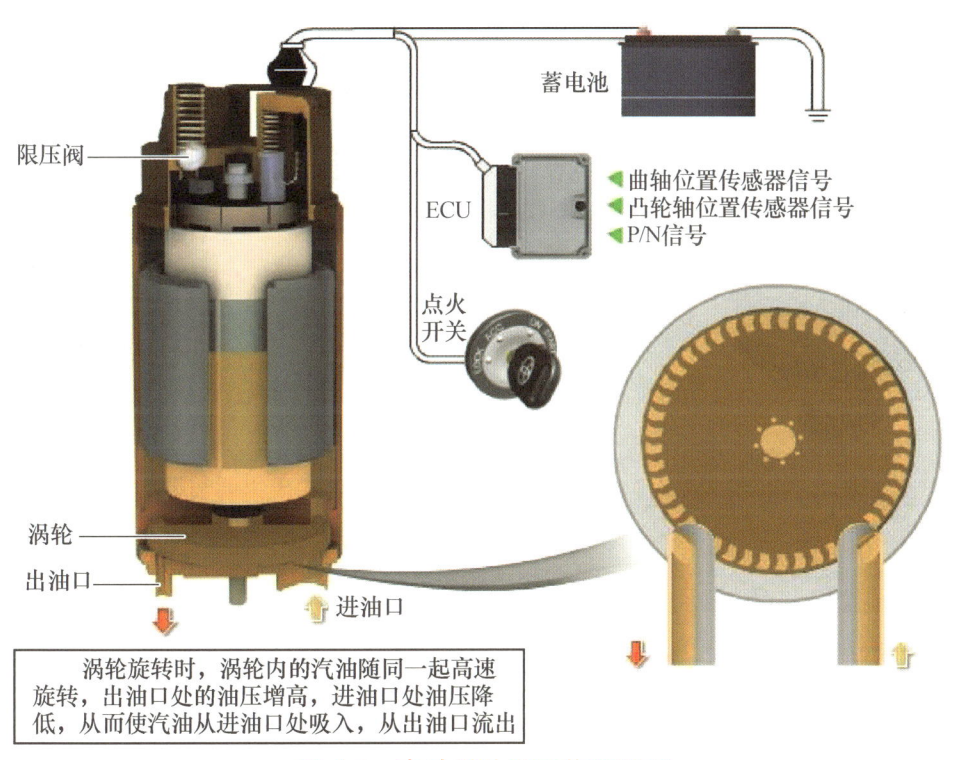

涡轮旋转时，涡轮内的汽油随同一起高速旋转，出油口处的油压增高，进油口处油压降低，从而使汽油从进油口处吸入，从出油口流出

图 4-9 电动燃油泵工作原理图

在电动燃油泵的出油口处还设有一个限压阀，可在燃油滤清器或高压管路堵塞等意外情况发生时，打开而泄压，从而保护电动机。

在电动燃油泵的进油口处安装有一个滤网，可防止杂质进入燃油泵造成卡死或密封不良。

（3）燃油压力调节器 燃油压力调节器（见图4-10）的作用就是调节燃油压力，使喷油器上、下压差保持恒定。因为在电控燃油喷射系统中，ECU通过控制喷

油器的打开时间就可实现对喷油量的控制。因此，要保证燃油喷射量的精确控制，在喷油器的结构尺寸一定时，必须保持恒定的喷油压差。由于进气管内的气体压力是随发动机转速和负荷的变化而变化的，要保持恒定的喷油压差，必须根据进气管内压力的变化来调节燃油压力，使燃油分配管内的油压随进气总管压力的变化而变化。

燃油压力调节器通常安装在输油管的一端，其结构如图4-11所示，主要由膜片、弹簧、回油阀座和壳体等组成。膜片将调节器壳体内部分成两个室，即弹簧室和燃油室；膜片上方的弹簧室通过软管与进气管相通，膜片与回油阀相连，回油阀控制回油量。

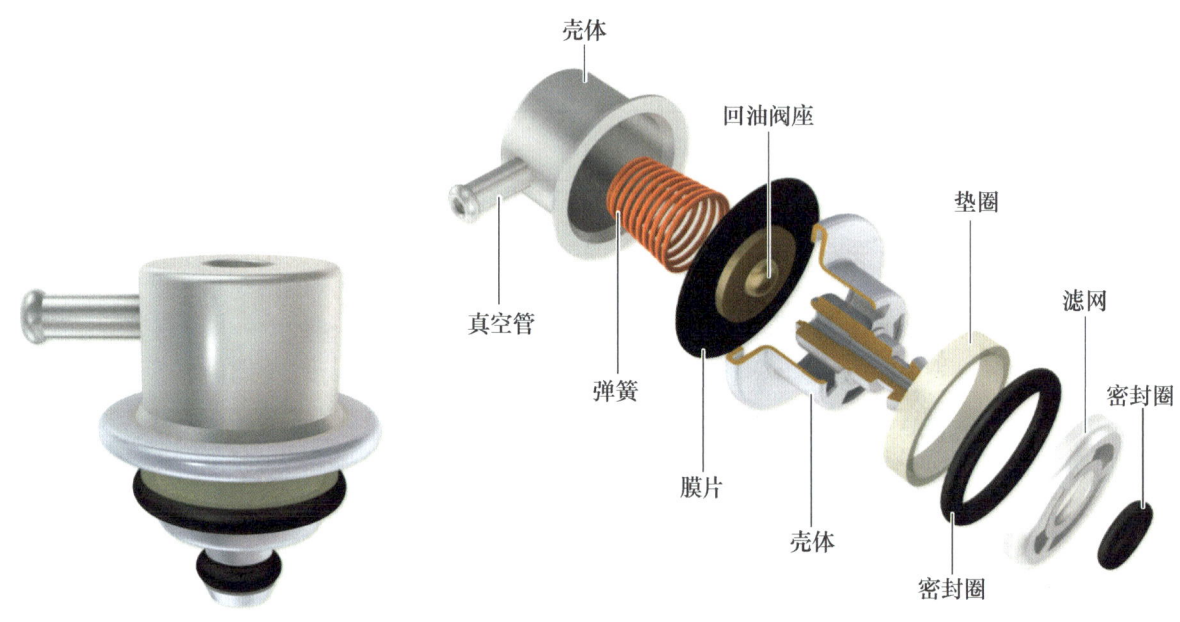

图 4-10　燃油压力调节器　　　　图 4-11　燃油压力调节器的结构

燃油压力调节器的工作原理如图4-12所示，当进气管内气体压力下降（真空度增大）时，膜片向下移动，回油阀开度增大，回油量增多，使输油管内燃油压力下降；反之，当进气管内的气体压力升高时，则膜片带动回油阀向上移动，回油阀开度减小，回油量减少，使输油管内燃油压力升高。

（4）**燃油滤清器**　燃油滤清器（见图4-13）安装在燃油泵之后的高压油路中，其作用是滤除燃油中的杂质和水分，防止燃油系统堵塞，减小机械磨损，以保证发动机正常工作。

在电控燃油喷射式发动机的燃油供给系统中，一般采用的都是纸质滤芯、一次性的燃油滤清器。燃油滤清器的结构如图4-14所示，燃油从进油管进入滤清器，经过壳体内的滤芯过滤后，清洁的燃油从出油管流出。

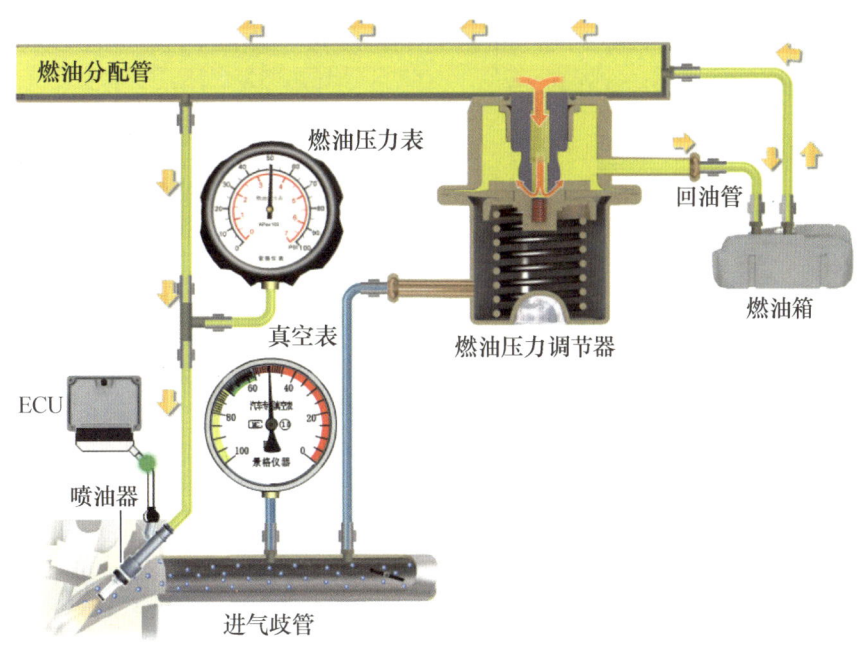

图 4-12　燃油压力调节器的工作原理

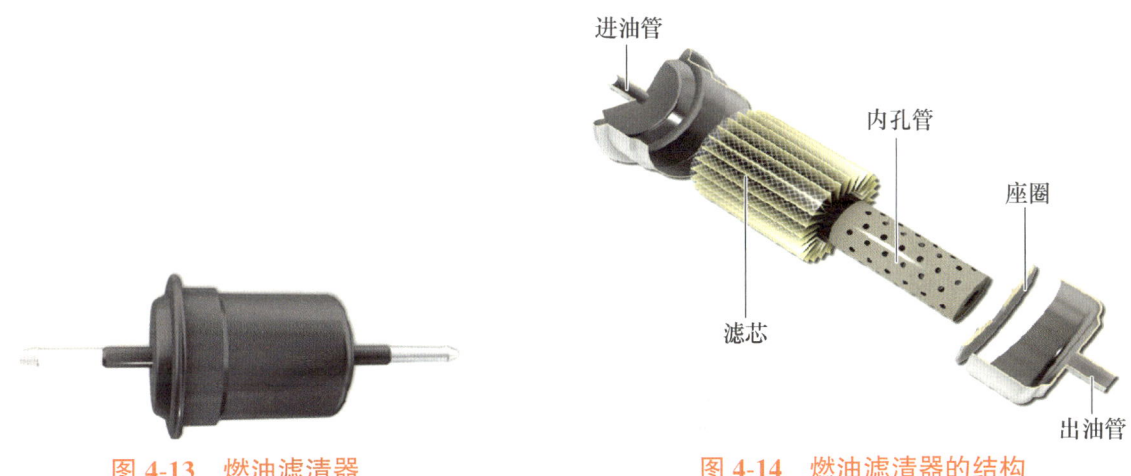

图 4-13　燃油滤清器

图 4-14　燃油滤清器的结构

　　一般汽车每行驶 20000~40000km 或 1~2 年，应更换燃油滤清器。更换燃油滤清器时，应首先释放燃油系统压力，并注意燃油滤清器壳体上的箭头标记为燃油流动方向。

　　（5）喷油器　电控燃油喷射系统的执行元件是喷油器，如图 4-15 所示。喷油器的作用是根据 ECU 的指令，将燃油雾状喷入进气歧管末端。

图 4-15　喷油器

　　喷油器一般由壳体、电磁线圈、回位弹簧、衔铁、针阀和滤网等组成，图 4-16 为轴针式喷油器结构。其优点是针阀前端的轴针伸入喷孔，可使燃油以环状喷出，有利于雾化，且由于轴针在喷口中不断运动，故喷孔不易堵塞。缺点是燃油雾化质量稍差，且由于针阀质量较大，因而动态响应性较差。

　　喷油器实际上是一个电磁阀，针阀与衔铁制成一体随衔铁一起移动。当电磁线圈通电后，衔铁被吸起（针阀升程约为0.1mm），高压汽油便从喷孔喷射出去，如图4-17所示，当电磁线圈断电后磁力消失，针阀被弹簧压紧在阀座上，汽油因此被密封在油腔内。喷油量取决于ECU给喷油器通电的时间。

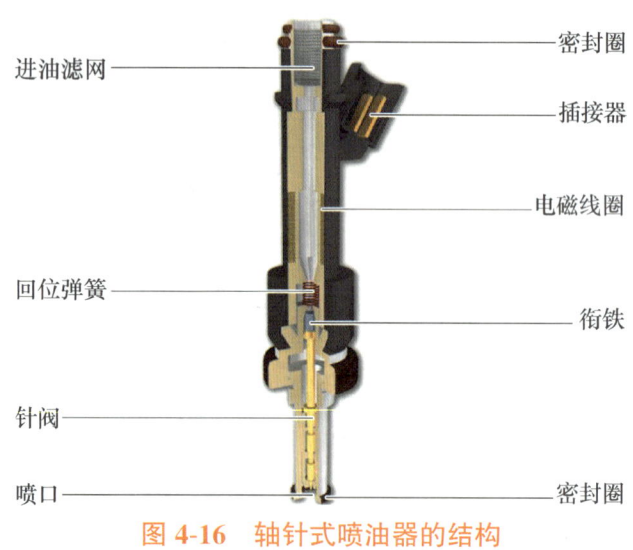

图4-16　轴针式喷油器的结构

4. 电子控制系统

　　电子控制系统负责收集发动机的工况相关信息，确定最佳喷油时刻、最佳喷油量和最佳点火时刻。如图4-18所示，它主要由传感器、发动机控制单元（ECU）和执行器三大部分组成。

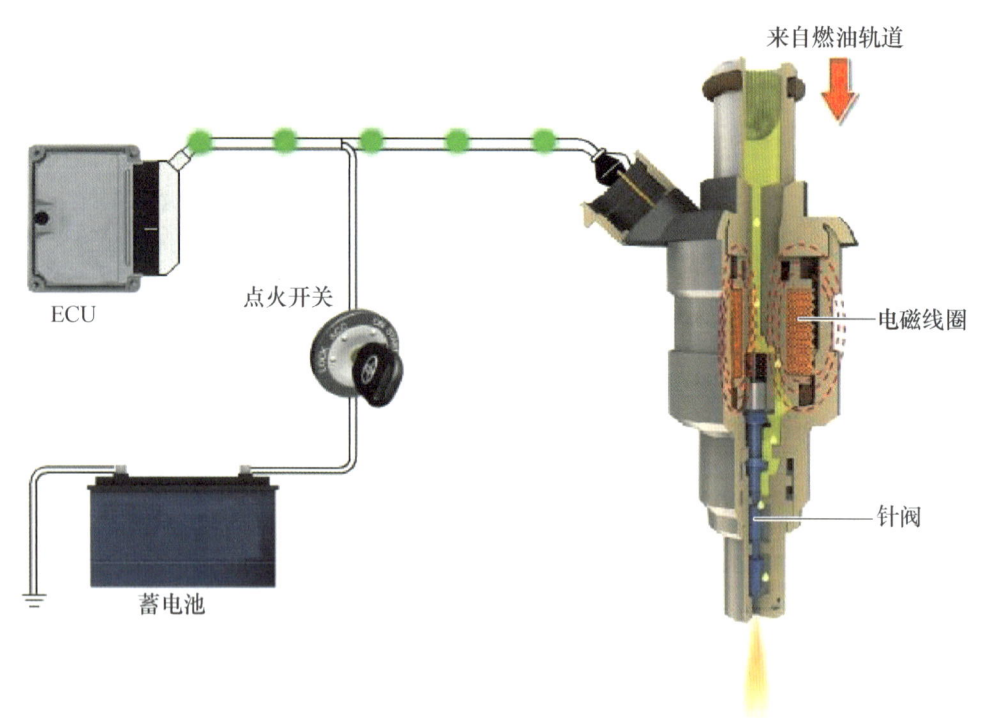

图4-17　喷油器的工作原理图

　　（1）传感器　装在发动机各个位置的信号装置，用来检测发动机运行状态下的各种参数，并将它们转换成电信号，再输送给ECU。相当于人的"眼睛、耳朵和鼻子"。主要的传感器有空气流量传感器、进气压力传感器、曲轴位置传感器、凸轮轴位置传感器、节气门位置传感器、发动机冷却液温度传感器、进气温度传感器、氧传感器和爆燃传感器等。

（2）**发动机控制单元** 发动机控制单元也称 ECU，根据发动机各个位置上传感器发送来的信号，按照一定的程序进行运算、储存和分析处理，然后输出指令，控制执行元件工作，以达到快速、准确、自动控制发动机工作的目的。相当于人的"大脑"，如图 4-19 所示。

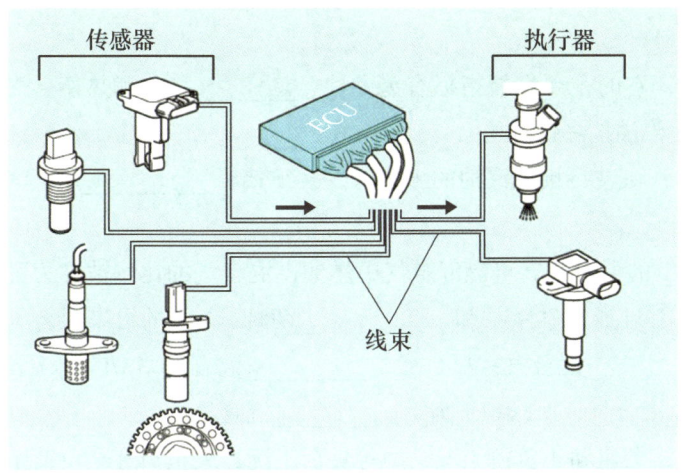

图 4-18 电子控制系统的组成

图 4-19 发动机控制单元

（3）**执行器** 接收 ECU 的指令，完成必要的动作，如喷油、点火等，相当于人的"手和脚"。

主要的执行器有电动燃油泵、喷油器、点火线圈和怠速控制阀等。

检查燃油供给系统	学习任务单	班级：
		姓名：

1. 汽油机燃油供给系统的作用是根据发动机各工况的不同要求，配制一定数量和浓度的_____并将其供入气缸，使之在压缩终了时点火、燃烧而膨胀做功，最后将燃烧后的_____排入大气中。汽油机燃油供给系统有化油器式燃油供给系统和_____式燃油供给系统两种形式。

2. 汽油机使用的燃料是_____，它的主要性能指标有蒸发性、_____和热值。汽油_____越高，抗爆性越好；反之，汽油抗爆性越差。

3. 汽油非常易燃，会引起火灾和爆炸，在进行接触汽油的工作时，必须禁止_____，汽油存放必须远离_____。

4. 可燃混合气是指燃料与_____的混合物，可燃混合气中燃油占混合气的比例被称为可燃混合气浓度。可燃混合气浓度表示方法有过量空气系数和_____两种，$\lambda=1$ 的可燃混合气定义为_____混合气；$\lambda<1$ 为_____混合气；$\lambda>1$ 为_____混合气。A/F=14.7 表示_____；A/F>14.7 为_____混合气；A/F<14.7 为_____混合气。

5. 发动机的工况主要有冷起动、暖机、怠速和小负荷工况、中等负荷工况、大负荷和全负荷工况、加速和减速工况等，其中供给较稀的混合气（$\lambda>1$）工况有_____，以获得最佳的燃油经济性。需要供给较浓的混合气（$\lambda<1$）工况有_____。

6. 电控燃油供给系统主要由_____供给系统、排气系统、_____供给系统和_____系统组成。

7. 写出下图划线处零部件的名称。

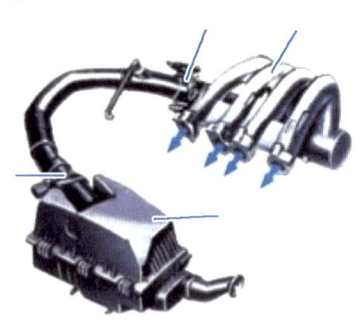

8. 写出下图划线处零部件的名称。

任务实施

实训任务　检查燃油供给系统

实训器材：

整车或可运用的发动机实训台架、燃油压力表、万用表、常用维修工具和维修手册等。

作业准备：

1）将车辆在工位上停放并摆正。

2）铺好车内和车外护套。

操作步骤：

一、燃油供给系统卸压

1）用双手以合适的力度使后排座椅垫的左右挂钩分离，并拆下后排座椅垫总成。

2）从燃油泵总成上断开燃油泵线束插接器，如图 4-20 所示。

3）检查确认变速器是否处于 P 位，检查确认驻车制动器是否处于制动状态。

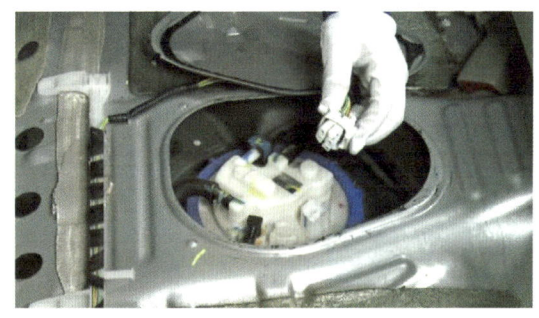

图 4-20　断开燃油泵线束插接器

4）起动发动机，使发动机运转到自动熄火，将点火开关置于 OFF 位。

5）再次起动发动机，并确认发动机不能起动。

6）打开燃油加注盖，释放燃油箱中的压力。

7）重新连接燃油泵总成插接器。

二、燃油供给系统压力的检测

1）卸放了燃油供给系统的压力后从主燃油管上断开燃油软管，如图 4-21 所示。

2）根据维修手册，选用燃油压力表，并将燃油压力表连接至燃油管路中。

3）起动发动机，测量怠速情况下的燃油压力。

4）检查燃油压力后，从燃油管路上断开燃油压力表，并取下燃油压力表接头。

5）用干净的布对主燃油管进行清洁，并将燃油管重新连接到主燃油管上。

6）起动发动机检查燃油是否泄漏。

> **小贴士：**
>
> 正常情况下丰田卡罗拉发动机怠速时燃油压力为：304~343kPa。

三、电动燃油泵的检测

电动燃油泵不工作会造成发动机不能起动，此时接通点火开关，应能从燃油箱口处听到电动燃油泵运转 1~3s 的声音；或用手捏住进油管时，能感觉到进油管的油压脉动。如果电动燃油泵不工作，按以下步骤检查。

1. 检查燃油泵控制电路

1）从仪表板熔丝盒上拆下 IGN 熔丝，如图 4-22 所示。

图 4-21　断开燃油软管

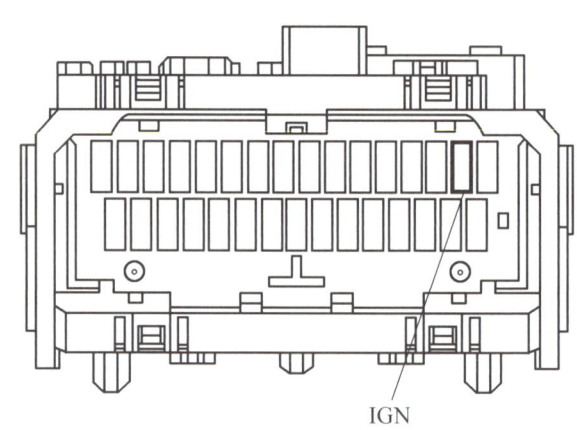

IGN

图 4-22　拆下 IGN 熔丝

2）根据表 4-1 中的值测量电阻。

表 4-1　标准电阻

检测仪连接	条　件	规 定 状 态
IGN 熔丝	始终	小于 1Ω

如 IGN 熔丝的值不在上表的范围内，则更换 IGN 熔丝。如正常，则进入下步检查。

3）根据表 4-2 中的值检测燃油泵继电器。

表 4-2　标准电阻

检测仪连接	条　件	规 定 状 态
2A–8—2B–11	始终	10kΩ 或更大
	在端子 2B–10 和 2F–4 上施加蓄电池电压	小于 1Ω

如检测燃油泵继电器的值不在上表的范围内，则更换燃油泵继电器，如正常则进入下一步检查。

2. 检测电动燃油泵

1）拆卸后排座椅垫总成。

2）拆卸后地板检修孔盖，如图 4-23 所示。

3）断开燃油泵插接器。

4）燃油供给系统卸压。

5）拆卸燃油泵壳体上的连接管路，如图 4-24 所示。

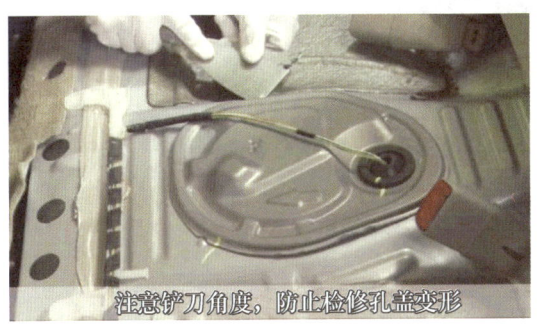

注意铲刀角度，防止检修孔盖变形

图 4-23　拆卸后地板检修孔盖

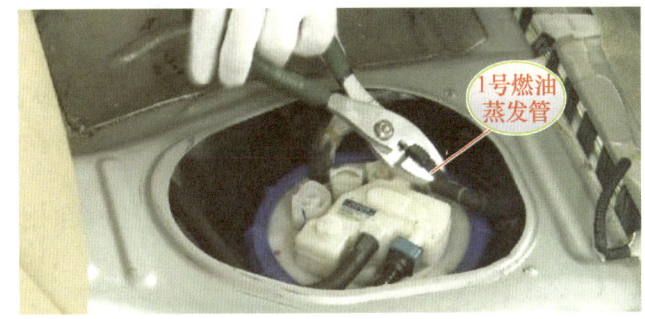

1号燃油蒸发管

图 4-24　拆卸燃油泵连接管路

6）将专用拆装工具安装到燃油泵壳体固定圈上，正确使用工具拧松固定圈，如图 4-25 所示。

7）向上将燃油泵壳体总成从燃油箱中取出，如图 4-26 所示，放到清洁的零部件盆中；并遮挡油箱口，防止灰尘或异物进入燃油箱。

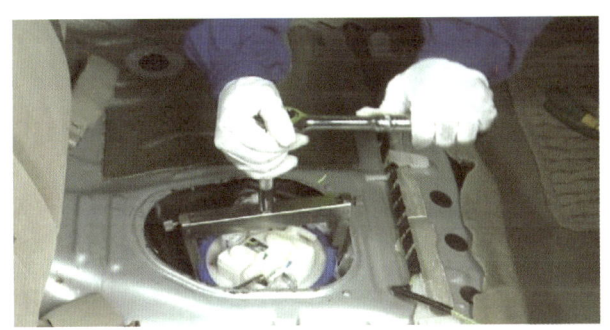

图 4-25　拧松燃油泵壳体固定圈

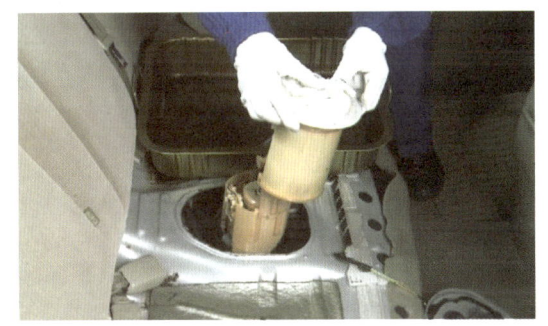

图 4-26　取出燃油泵壳体总成

8）分解燃油泵壳体总成，如图 4-27 所示。

9）用数字万用表检测燃油泵两个端子之间的电阻，如图 4-28 所示；20℃条件下，标准电阻应为 0.2~3.0Ω，若不符合标准，则更换燃油泵；也可在燃油泵的两个端子之间施加蓄电池电压，检查并确认燃油泵是否工作。如果电动机不工作，应更换电动燃油泵。

燃油表传感器线束插接器

图 4-27　分解燃油泵壳体总成

在20℃条件下，标准电阻为0.2~3.0Ω

图 4-28　电动燃油泵的检测

10）安装电动燃油泵。按与拆卸相反的顺序安装电动燃油泵。

注意事项：

在对燃油供给系统进行检查操作时，严禁吸烟或有明火靠近。

检查燃料供给系统	工作任务单	班级：
		姓名：

1. 车辆信息记录

品牌		整车型号		生产年月	
发动机型号		发动机排量		行驶里程	
车辆识别代号					

2. 燃油系统卸压

项目名称	记录	项目名称	记录
断开燃油泵插头或燃油泵继电器	已执行□　否□	确认发动机无法再次起动	已执行□　否□
确认 P 位或 N 位	已执行□　否□	释放燃油箱压力	已执行□　否□
起动发动机卸压	已执行□　否□	连接燃油泵插头或燃油泵继电器	已执行□　否□

3. 燃油系统压力测量

项目名称	测量值	标准值	判定	维修措施
怠速压力			正常□　损坏□	调整□　维修□　更换□

4. 电动燃油泵的检测

项目名称	电动燃油泵
电阻	
标准值	
施加 12V 电压	转动□　异常□
判定	正常□　损坏□
维修措施	调整□　维修□　更换□

5. 喷油器的检测

项目名称	喷油器
电阻	
标准值	
施加 12V 电压	嗒响□　未响□
判定	正常□　损坏□
维修措施	调整□　维修□　更换□

6. 查阅维修手册

序号	部件名称	章节及页码	规格（公制）
1		第　章　　页	
2		第　章　　页	
3		第　章　　页	

检查燃油供给系统			实习日期：		
姓名：		班级：	学号：		教师签名：
自评：□熟练　□不熟练		互评：□熟练　□不熟练	师评：□合格　□不合格		
日期：		日期：	日期：		

检查燃油供给系统【评分细则】							
序号	评分项	得分条件	分值	评分要求	自评	互评	师评
1	安全/7S/态度	□ 1. 能进行工位7S操作 □ 2. 能进行设备和工具安全检查 □ 3. 能进行车辆安全防护操作 □ 4. 能进行工具清洁、校准、存放操作 □ 5. 能进行三不落地操作	15	未完成1项扣3分，扣分不得超过15分	□熟练 □不熟练	□熟练 □不熟练	□合格 □不合格
2	专业技能能力	作业1 □ 1. 能正确地断开燃油泵插头或继电器 □ 2. 能正确地确认P位或N位起动发动机 □ 3. 能正确地给燃油系统卸压 □ 4. 能正确地确认发动机无法再次起动 □ 5. 能正确地释放燃油箱压力 □ 6. 能正确地连接燃油泵插头或燃油泵继电器 作业2 □ 1. 能正确地断开燃油管路 □ 2. 能正确地选用燃油压力表 □ 3. 能正确地安装燃油压力表 □ 4. 能正确地测量燃油系统压力 □ 5. 能正确地连接燃油管路 作业3 □ 1. 能正确地拆卸燃油泵 □ 2. 能正确地拆卸喷油器 作业4 □ 1. 能正确地测量电动燃油泵电阻 □ 2. 能正确地给电动燃油泵施加电压 □ 3. 能正确地检查电动燃油泵工作情况 □ 4. 能正确地测量喷油器电阻 □ 5. 能正确地给喷油器施加电压 □ 6. 能正确地检查喷油器工作情况 作业5 □ 1. 能正确地安装燃油泵 □ 2. 能正确地安装喷油器	50	未完成1项扣2分	□熟练 □不熟练	□熟练 □不熟练	□合格 □不合格
3	工具及设备的使用能力	□ 1. 能正确地选用维修工具 □ 2. 能正确地使用维修工具 □ 3. 能正确地使用燃油压力表 □ 4. 能正确地使用万用表 □ 5. 能正确地使用施加电压的线束	10	未完成1项扣2分，扣分不得超过10分	□熟练 □不熟练	□熟练 □不熟练	□合格 □不合格
4	资料、信息查询能力	□ 1. 能正确地识读维修手册查询资料 □ 2. 能正确地使用用户手册查询资料 □ 3. 能正确地记录所查询资料的章节及页码 □ 4. 能正确地记录所需维修信息	10	未完成1项扣2分	□熟练 □不熟练	□熟练 □不熟练	□合格 □不合格
5	数据判断和分析能力	□ 1. 能判断燃油供给系统是否卸压 □ 2. 能判断燃油供给系统压力是否正常 □ 3. 能判断电动燃油泵是否正常 □ 4. 能判断喷油器是否正常	10	未完成1项扣2分	□熟练 □不熟练	□熟练 □不熟练	□合格 □不合格
6	表单填写报告的撰写能力	□ 1. 字迹清晰 □ 2. 语句通顺 □ 3. 无错别字 □ 4. 无涂改 □ 5. 无抄袭	5	未完成1项扣1分，扣分不得超过5分	□熟练 □不熟练	□熟练 □不熟练	□合格 □不合格
总分：							

项目五 / Project 5

冷却系统构造与维修

任务

检查冷却系统

🛠 学习目标

知识目标

1）掌握冷却系统的作用、组成与冷却方式。

2）掌握冷却系统的工作过程。

技能目标

1）具有检测与更换冷却液的能力。

2）具有熟练拆装冷却系统各部件的能力。

素养目标

1）能够在工作过程中与小组其他成员合作、交流，养成团队合作意识，锻炼沟通能力。

2）养成 7S 的工作习惯。

3）养成服从管理、规范作业与精益求精的良好工作习惯。

🚗 任务描述

有一位丰田卡罗拉轿车用户打电话到维修站，车主反映车辆在高速路上行驶时，突然发现仪表板的冷却液温度表指针偏到红色区域，发动机冷却液温度警告灯亮起，如图5-1所示。现在不敢继续行驶，车辆停靠在路边，等待救援服务。

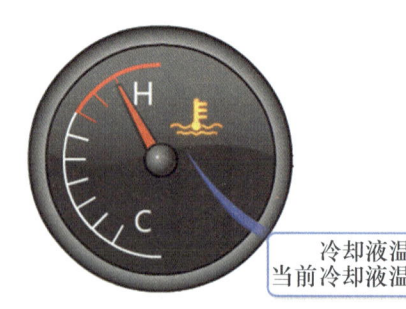

冷却液温度表显示当前冷却液温度状况

图 5-1　冷却液温度警告灯

相关知识

一、冷却系统的作用

发动机冷却系统的主要作用是在任何工况下，对发动机高温机件进行适度的冷却，使发动机始终在最合适的温度范围内工作，以防止燃烧室附近的部件（如活塞、

126

气门、气缸和缸垫等）损坏、机油蒸发或性能下降，从而保证发动机正常工作，如图 5-2 所示。

冷却系统工作原理

二、冷却系统的分类

发动机的冷却系统按冷却介质不同，可分为液冷却系统和风冷却系统，如图 5-3 所示。汽车发动机大多采用液冷却系统。

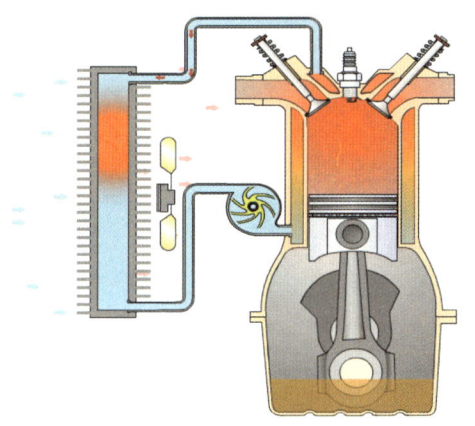

图 5-2　冷却系统的作用

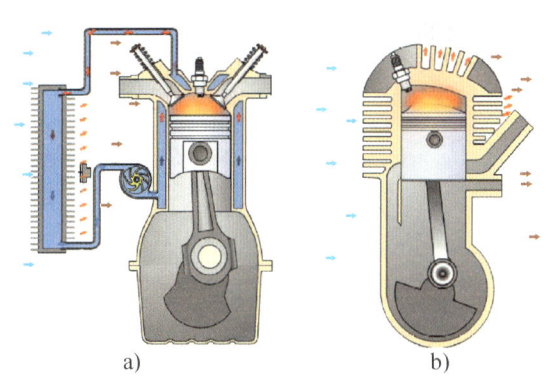

图 5-3　冷却系统的分类

a）液冷却系统　b）风冷却系统

液冷却系统以冷却液作为介质，吸收高温机件的热量，再由这些吸收了热量的冷却液经过散热器，将热量散发到大气中。液冷却系统冷却可靠，冷却强度调节方便，在工作中冷却液损失较少。在发动机正常工作时，可使冷却液温度维持在 80~90℃。

风冷却系统以空气作为介质，直接对气缸体和气缸盖进行冷却。与液冷却系统相比，风冷却系统冷却不可靠，冷却强度不容易调节和控制。因此，只有少数柴油机上采用风冷却系统。

三、液冷却系统的组成

汽车发动机采用的液冷却系统大部分是强制循环式液冷却系统，它是利用冷却液泵（简称水泵）将冷却液在水套和散热器之间进行循环来完成对发动机的冷却。强制循环式水冷却系统一般由散热器、膨胀水箱、水泵、节温器和冷却风扇等组成，如图 5-4 所示。

1. 散热器

（1）作用　散热器也称为水箱，作用是将冷却液从水套内吸收的热量传递给外界空气，使冷却液降温，并为冷却系统储存一定量的冷却液，如图 5-5 所示。

（2）结构　散热器主要由左右或上下储水室、散热器芯和散热器翼片等组成，如图 5-6 所示。散热器一般以弹性方式安装在发动机前方的支架上，通过橡胶软管，散热器上进水孔与发动机气缸盖出水孔连接，散热器下出水孔与水泵进水孔连接。

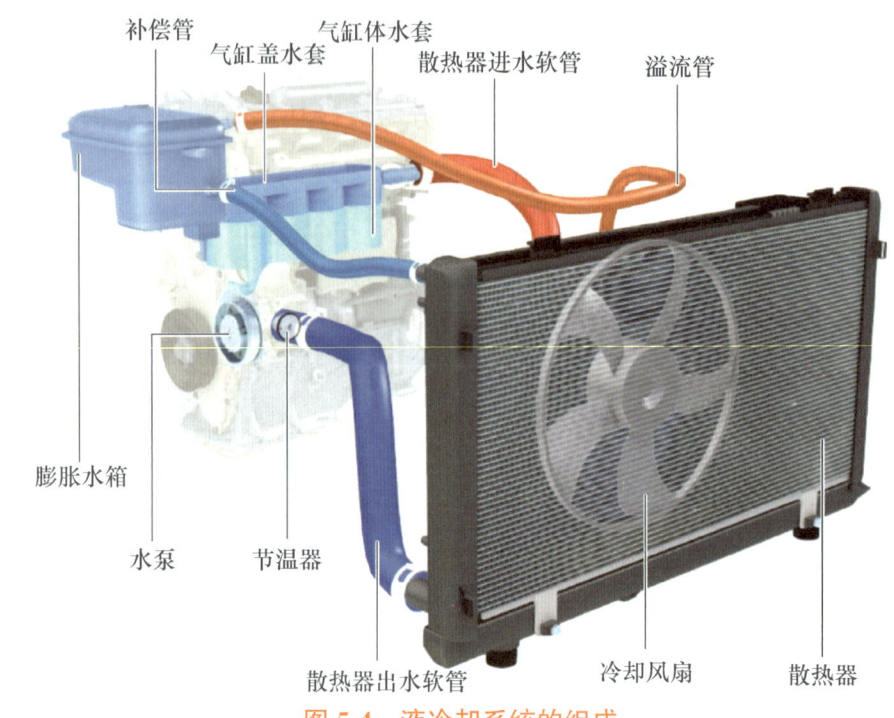

图 5-4　液冷却系统的组成

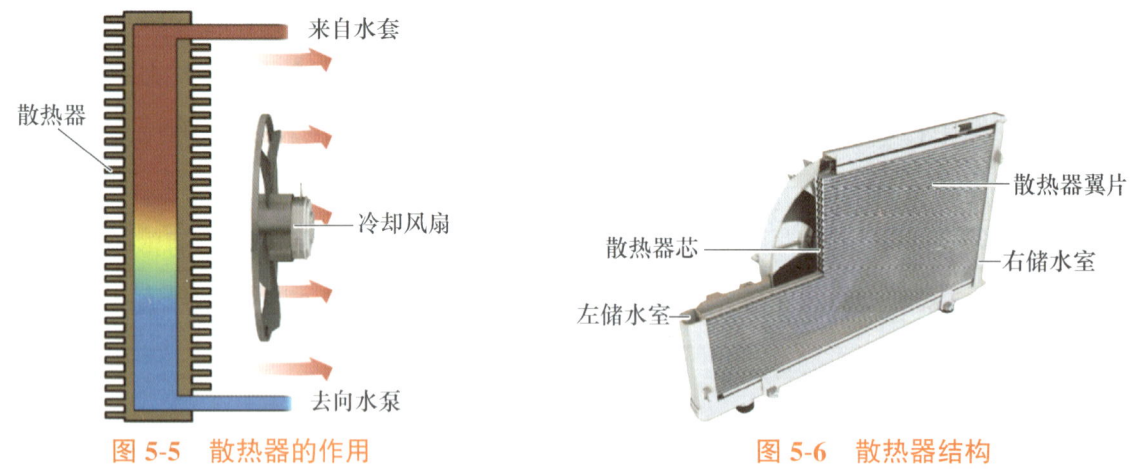

图 5-5　散热器的作用　　　　　图 5-6　散热器结构

1）散热器芯。散热器芯由许多散热管和散热片组成，如图 5-7 所示，它主要有管带式和管片式两种。

① 散热管是冷却液流过的细金属管，其断面一般为扁圆形。相比圆形断面的冷却管，扁管散热面积大。

② 散热片呈波纹状，沿纵向间隔排列，有利于提高散热能力。一般冷却管用黄铜制造，散热片用铝材制造。

2）散热器盖。散热器盖通常称为水箱盖，安装在散热器上部储水室上或冷却液储液罐上。现代汽油机所使用的散热器盖均为压力式，以提高冷却液的沸点，使冷

却液不易沸腾，同时可以加大散热器冷却液与空气的温度差，提高冷却效率，并且可以减少冷却液的流失。

冷却系统中液体的温度升高时，液体发生膨胀，导致冷却系统压力增加。一般压力式散热器内压力可达105~115kPa，可使冷却液的沸点提高到110~125℃。

散热器盖由密封衬垫、压力阀弹簧、真空阀和蒸汽阀等组成，如图5-8所示。

蒸汽阀在压力阀弹簧的作用下紧紧压住散热器加液口，密封散热器，使冷却系统内部保持一定的压力，从而提高冷却液的沸点，改善散热效果。当散热器内部压力大于规定值时，蒸汽阀打开，高压气体及冷却液由溢液管流出，进入膨胀水箱，以防散热器或水管破裂，如图5-9a所示。

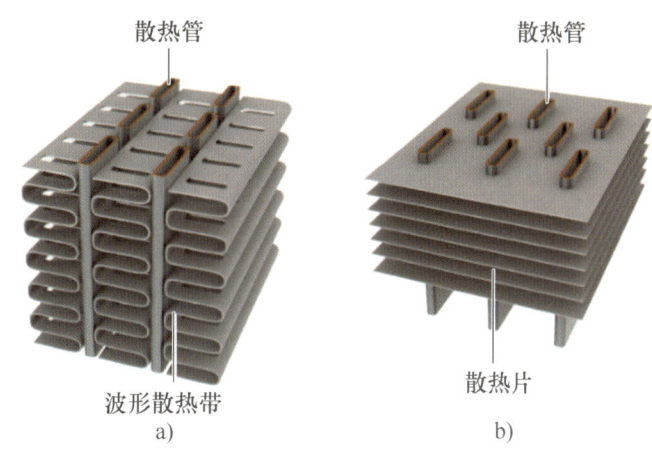

图5-7 散热器芯的类型

a）管带式 b）管片式

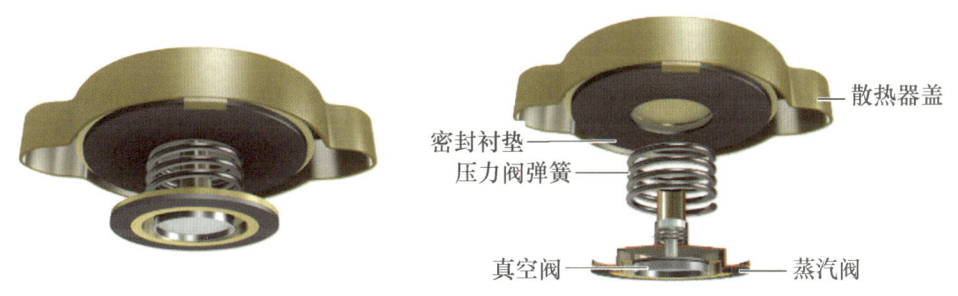

图5-8 散热器盖的结构

当发动机熄火、冷却液温度降低、体积收缩后，散热器内的压力会低于大气压力，此时真空阀打开，使膨胀水箱中的冷却液流回散热器内，以防止散热器或水管塌陷，并保持冷却液量，如图5-9b所示。

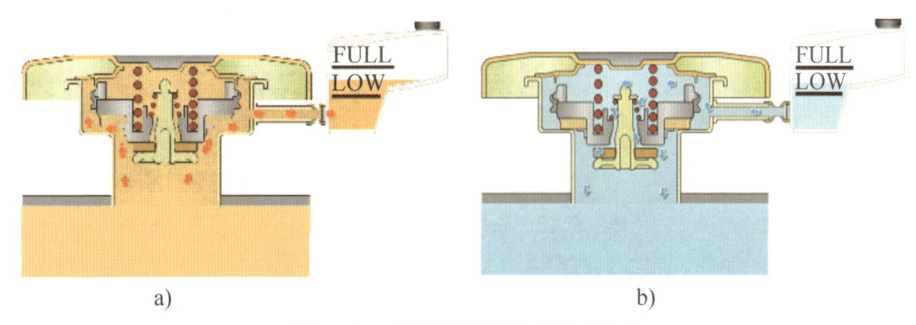

图5-9 散热器盖的工作过程

（3）类型 散热器有横流式和纵流式两种，如图5-10所示。横流式散热器的两

个储水室焊接在散热器芯的左右两侧，冷却液沿水平方向从一侧流向另一侧；纵流式散热器的两个储水室焊接在散热器芯上下部位，冷却液在重力的作用下从顶部流向底部。

2. 膨胀水箱

加注防冻液的汽车发动机常采用膨胀水箱，如图5-11所示。它有溢流管接口和补偿管接口两个软管连接接口，分别通过橡胶软管连接到发动机冷却系统。

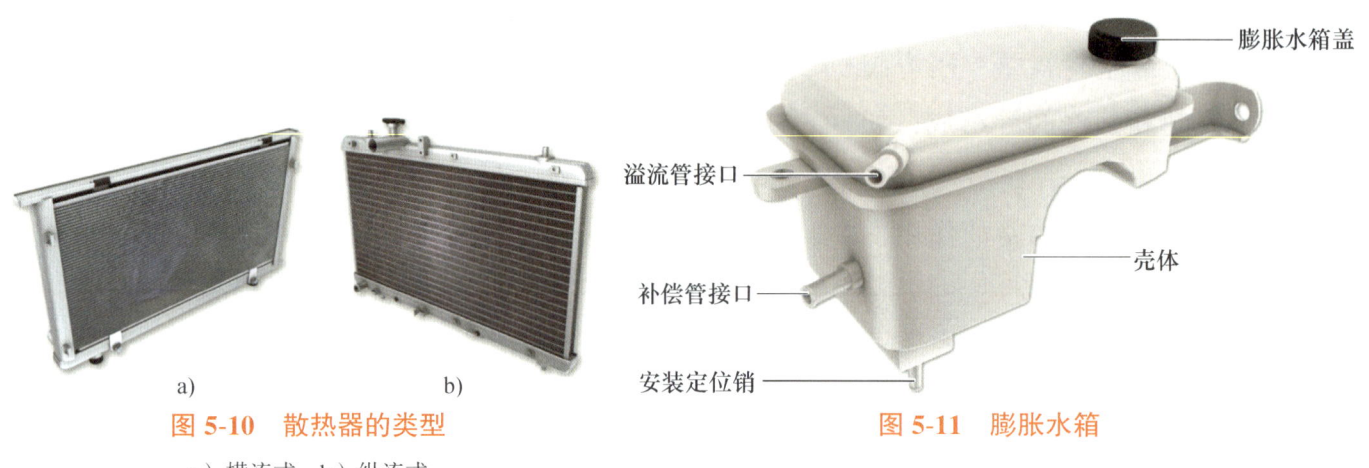

图 5-10　散热器的类型

a）横流式　b）纵流式

图 5-11　膨胀水箱

发动机工作时会使冷却液温度升高并膨胀，散热器内压力上升，部分冷却液溢入膨胀水箱；当冷却液降温时，部分冷却液又被吸回散热器，膨胀水箱还可消除冷却系统中的气泡，如图5-12所示。

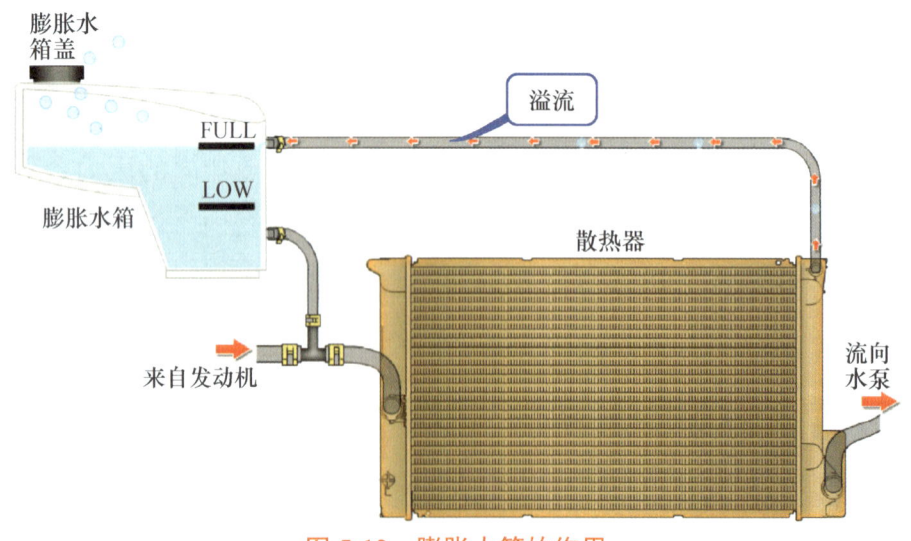

图 5-12　膨胀水箱的作用

3. 水泵

（1）作用　水泵（见图5-13）的作用是将冷却液加压后输送到发动机气缸体水套中，使之在冷却系统中循环流动。

（2）**结构**　汽车发动机水泵一般采用离心式，主要由叶轮、水泵盖、水泵轴承、水泵轴和带轮等组成，如图5-14所示。它安装在发动机气缸体上，水泵的进水管与散热器下部的出水管及节温器相通；水泵的出水口一般直接与气缸体水套相通。

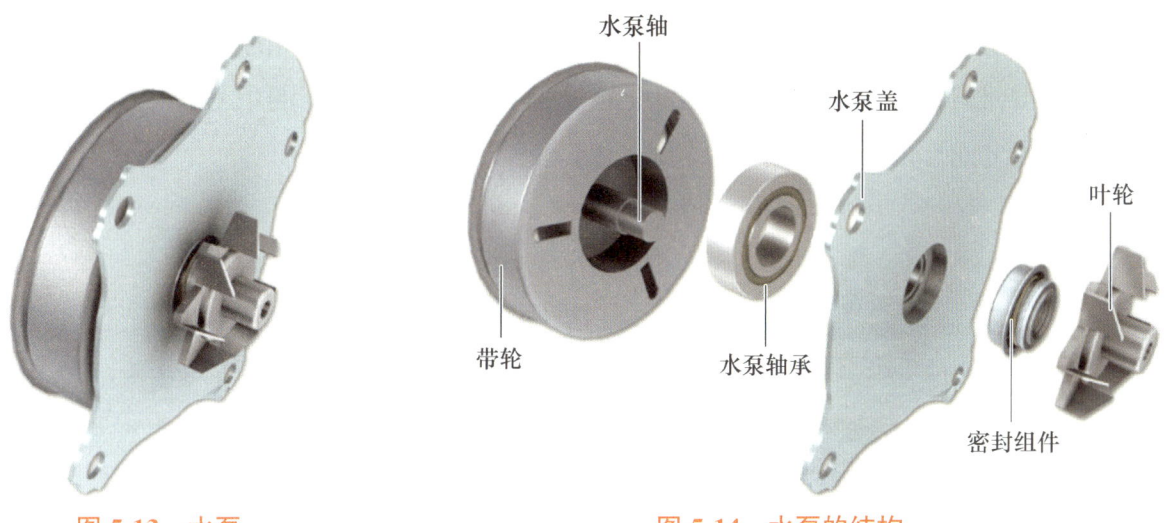

图5-13　水泵　　　　　　　图5-14　水泵的结构

（3）**工作过程**　水泵由曲轴通过正时带或传动带带动叶轮旋转。当叶轮旋转时，水泵中的冷却液被叶轮带动一起旋转，并在离心力的作用下，向叶轮的边缘甩，将动能转变为压能，然后经水泵壳体上与叶轮成切线方向的出水口，被压送到气缸体水套内，如图5-15所示。与此同时，叶轮中心处压力降低，散热器中的冷却液便经进水管被吸入叶轮中心，使冷却液循环流动。

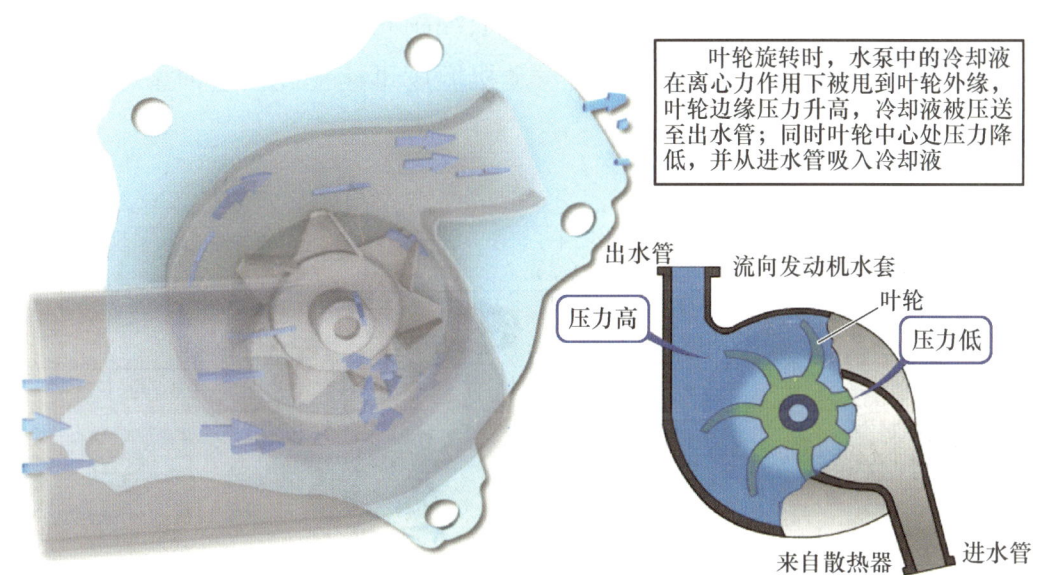

叶轮旋转时，水泵中的冷却液在离心力作用下被甩到叶轮外缘，叶轮边缘压力升高，冷却液被压送至出水管；同时叶轮中心处压力降低，并从进水管吸入冷却液

图5-15　水泵的工作原理

离心式水泵
工作原理

4. 节温器

节温器的作用是根据发动机的温度自动控制冷却液的循环路线。目前，大多数发动机采用蜡式节温器，安装于缸盖出水口处，控制冷却液通往散热器的流量。

压力式冷却系统均使用蜡式节温器，由支架、推杆、胶管、蜡管、石蜡、弹簧、通气孔活动摆锤、主阀门和副阀门等组成，如图5-16所示。标准型的节温器，其上有一通气孔，孔内装有一个活动摆锤，在加注冷却液时，可让水套内的空气由此排出。

节温器推杆的一端固定于支架的中心处，另一端插入胶管的中心孔中。胶管与节温器外壳之间形成的腔体内装有精制石蜡。

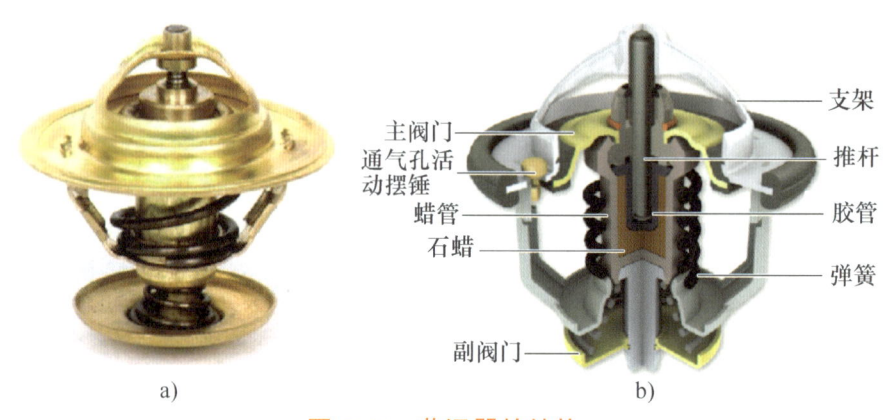

主阀门
通气孔活动摆锤
蜡管
石蜡
副阀门
支架
推杆
胶管
弹簧

a)　　　　　　　　b)

图 5-16　节温器的结构

a）实物　b）结构

冷却液的循环路径受节温器的控制，并且随着发动机工作温度的变化而变化。常温时，即当发动机的冷却液温度低于70℃（丰田卡罗拉为84℃）时，石蜡呈固态，主阀门压在阀座上，副阀门与阀座分离，如图5-17a所示，这时主阀门关闭了从散热器来的水路，来自发动机缸盖出水口的冷却液经副阀门通过水泵又流回气缸体水套中。由于冷却液不经散热器散热，可使发动机温度迅速提高，这种循环方式称为小循环，如图5-18所示。

节温器
工作原理

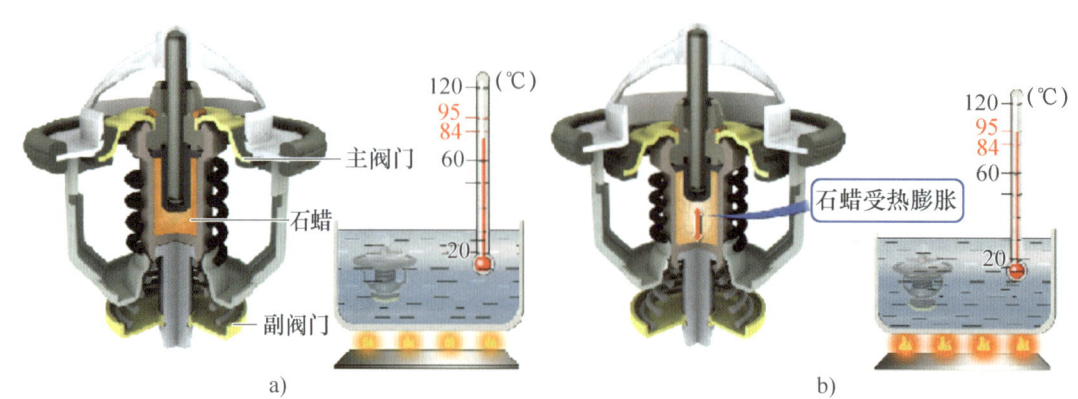

主阀门
石蜡
副阀门

石蜡受热膨胀

a)　　　　　　　　　　　　b)

图 5-17　节温器的工作过程

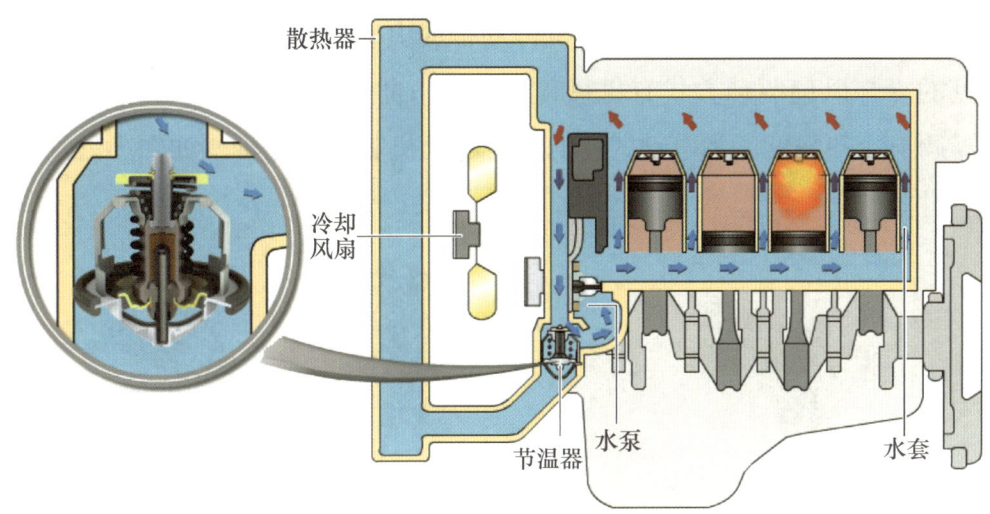

图 5-18 发动机小循环路线图

当发动机冷却液温度升高时，即当发动机冷却液温度高于 90℃（丰田卡罗拉为 95℃）时，石蜡逐渐变成液态，体积随之增大，迫使橡胶管收缩，从而对推杆上端产生向上的推力。由于推杆上端固定，故推杆对胶管和蜡管产生向下的反推力，使主阀门逐渐开启，副阀门逐渐关闭，如图 5-17b 所示。当发动机冷却液温度达到规定温度以上时，阀门全开，节温器将直接通往水泵的小循环通路关闭，从缸盖水套流出的冷却液全部进入散热器进行散热。散热后的冷却液在水泵的抽吸下，又回到缸体水套进行循环。由于经过散热器散热，可使发动机冷却液的温度迅速下降，避免发动机过热，这种循环方式称为大循环，如图 5-19 所示。

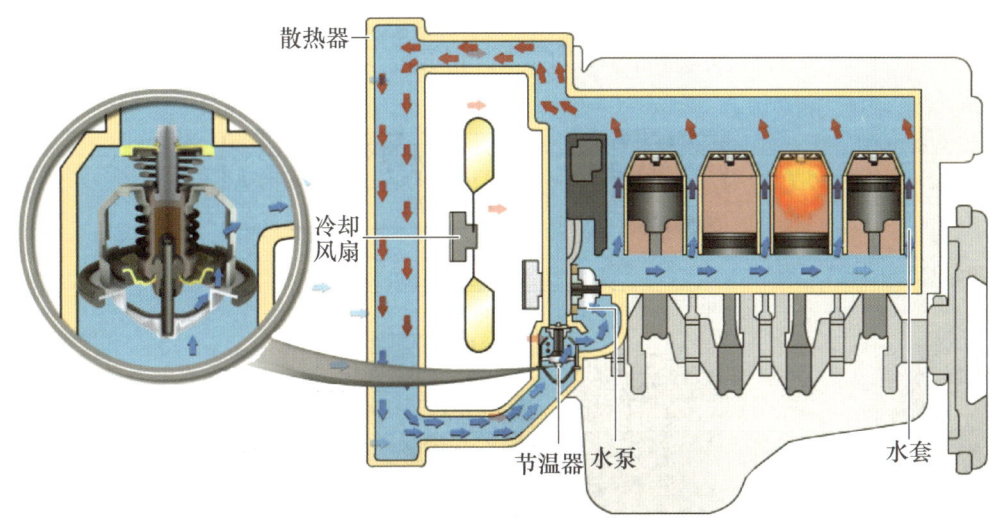

图 5-19 发动机大循环路线图

当发动机冷却液温度在 70~80℃时，节温器阀门半开半闭，使得大小两种循环都存在，这种情况称为混合循环。

5. 风扇

风扇是为了提高流经散热器散热片空气的流速和流量，以提高冷却强度，一般

安装在散热器和发动机之间，由发动机传动带或电动机驱动。

常见的冷却风扇驱动方式有机械传动式（由曲轴带轮驱动）、硅油传动式（由风扇离合器调节冷却强度）和电动式（由风扇电动机驱动）三种，如图5-20所示。

曲轴带轮
a)

硅油式风扇离合器
b)

风扇电动机
c)

图5-20　风扇的驱动方式

a）机械传动式　b）硅油传动式　c）电动式

目前，汽车上采用的多为电动式冷却风扇（简称电动风扇），电动风扇由风扇电动机、冷却风扇叶以及导风罩等组成，如图5-21所示。

风扇的控制方式如图5-22所示，发动机ECU接收位于气缸盖水套上的冷却液温度传感器的信号，当发动机温度低于95℃时，ECU不发送信号给风扇控制器（风扇IC），冷却风扇不工作；当发动机温度高于95℃时，ECU发送信号给风扇控制器，冷却风扇工作。

电动风扇的优点是发动机温度低时，风扇不转动，缩短发动机暖机的时间，运转噪声小，且不直接消耗发动机的动力，因此在轿车发动机上得到全面采用。

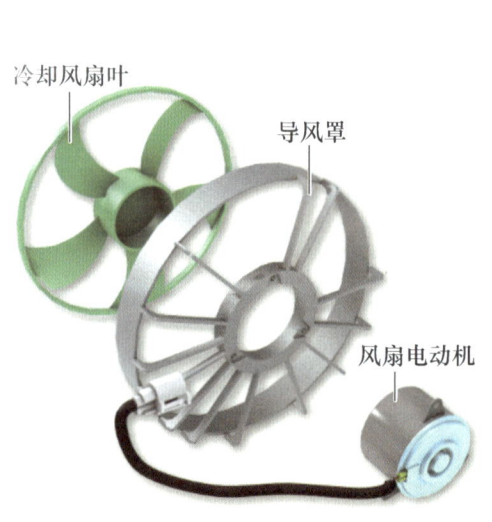

冷却风扇叶

导风罩

风扇电动机

图5-21　电动风扇的组成

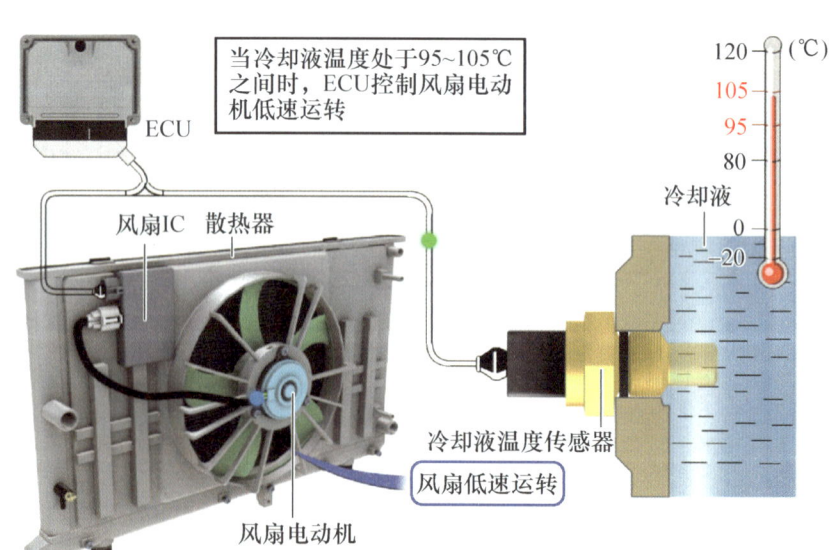

当冷却液温度处于95~105℃之间时，ECU控制风扇电动机低速运转

ECU

风扇IC　散热器

风扇电动机

冷却液温度传感器

风扇低速运转

冷却液

图5-22　电动风扇的控制

检查冷却系统	学习任务单	班级：
		姓名：

1. 发动机冷却系统的主要作用是对发动机高温机件进行适度的_____，使发动机始终在最合适的_____内工作，从而保证发动机长久的正常工作。

2. 汽车发动机的冷却系统按冷却介质不同可分为_____系统和风冷却系统，汽车发动机大多采用_____系统，它是以_____作为介质，吸收高温机件的热量，再由这些吸收了热量的冷却液经过散热器，将热量散发到大气中，可使冷却液温度维持在_____℃。

3. 写出下图划线处零部件的名称。

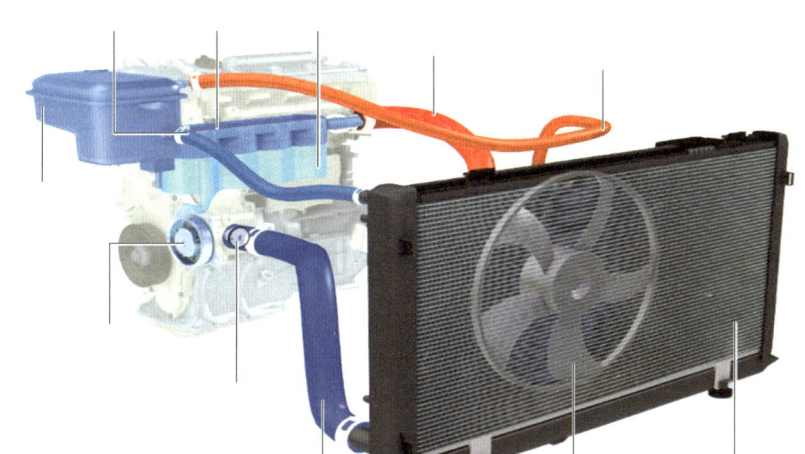

4. 散热器的作用是将冷却液从水套内吸收的热量传递给_____，使冷却液降温，并为冷却系统储存一定量的冷却液。散热器主要由左右或上下储水室，_____、_____、散热器翼片和散热器盖等组成。它安装在_____，通过橡胶软管，散热器_____孔与发动机气缸盖出水孔连接，散热器_____孔与水泵进水孔连接。

5. 散热器盖安装在散热器上部储水室上或冷却液储液罐上，现代汽油机所使用的水箱盖均为压力式，以提高冷却液的_____，使冷却液不易_____，提高冷却效率。

6. 膨胀水箱的作用是发动机工作时会使冷却液温度升高并膨胀，散热器内压力上升，部分冷却液溢入_____；当冷却液降温时，部分冷却液又被吸回_____。

7. 水泵的作用是将冷却液加压后输送到发动机_____中，使之在冷却系统中_____流动。它主要由_____、水泵盖、水泵轴承、水泵轴和_____等组成。

8. 节温器的作用是根据发动机的温度自动控制冷却液的_____。目前，大多数发动机采用蜡式节温器，安装于_____处，控制冷却液通往散热器的流量。当发动机的冷却液温度低于70℃时，控制冷却液不经散热器散热，可使发动机温度迅速提高，这种循环方式称为_____循环；当发动机冷却液温度高于90℃时，控制冷却液经过散热器散热，可使发动机冷却液的温度迅速下降，避免发动机过热，这种循环方式称为_____循环。

9. 风扇是为了提高流经散热器散热片空气的流速和流量，以提高冷却强度，一般安装在_____之间，由发动机传动带或_____驱动。

任务实施

实训任务　检查冷却系统

实训器材：

整车或可运行的发动机实训台架、水箱压力检测器、冰点仪、万用表、量杯、温度计、常用维修工具和维修手册等。

作业准备：

1）将车辆在工位上停放并摆正。

2）铺好车内和车外护套。

操作步骤：

如果仪表板指示冷却液温度过高，严禁马上打开散热器盖检查冷却系统的状况，否则冷却系统的高温蒸汽会喷出对人员造成伤害，应该等待冷却系统温度自然降下来后，再进行如下的检查作业。

一、冷却液的检查、添加或更换

1. 冷却液的检查与添加

（1）检查冷却液的液面位置　检查膨胀水箱里的液面，冷却液的液面位置应在最低（MIN 或 LOW）和最高（MAX 或 FULL）两条标记线之间，如图 5-23 所示。如果冷却液位过低或没有冷却液，说明冷却液发生了泄漏，需要检查冷却液的泄漏部位，一般泄漏部位都会有水垢的痕迹，然后更换发生泄漏的部件，再将冷却液添加到合适的位置。

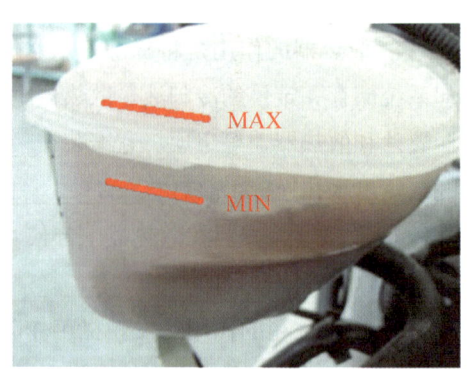

图 5-23　冷却液液位检查

（2）检查冷却液的质量　在散热器盖或散热器加水口的周围应没有任何锈迹或积垢。如果过脏，应更换冷却液。

2. 冷却液的更换

1）拧下散热器盖。

2）从散热器和发动机的泄放开关处排出冷却液，如丰田车系在散热器的下方有个放水开关，而部分车系可能要把散热器的出水管拆卸下来才能排出冷却液。

3）关闭放水开关。

4）向系统内注入冷却液或防冻液。

5）装上散热器盖。

6）起动发动机的同时，检查是否有渗漏现象。

7）再检查冷却液液面位置，如有必要再次添加冷却液或防冻液（打开散热器盖的时候应注意安全，以防万一可把毛巾放到散热器盖上，缓慢拧松散热器盖，直至蒸汽释放后再拆下散热器盖）。

二、水泵传动带的检查与调整

1. 传动带张力的检查与调整

（1）**传动带松紧度的检查方法**　用手指压下传动带的中部，如图 5-24 所示，若压下量过大，说明水泵或风扇传动带过松，应调整。

（2）**传动带松紧度的调整方法**　拧松调整支架的固定螺栓，通过拧进和拧出调整支架上的调整螺栓就可调节传动带的张力。

2. 传动带的检查

目视检查传动带是否过度磨损，加强筋是否损坏，如图 5-25 所示，如传动带中间带棱上出现一些裂纹是可以继续使用的，如果带棱有脱落，必须更换传动带。

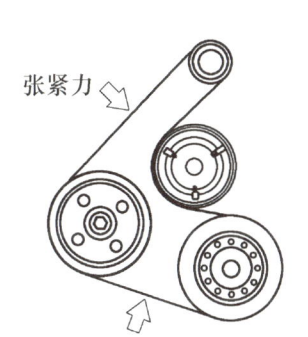

图 5-24　传动带张力的检查

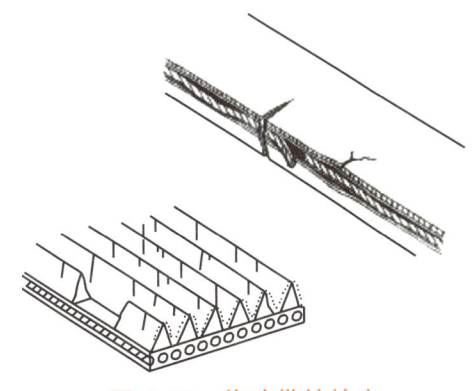

图 5-25　传动带的检查

三、冷却风扇的检查

当发动机冷却液温度过高或打开空调时，冷却风扇应能旋转，如果检查时发现风扇不转动或转速过低，说明风扇电动机损坏或风扇控制电路故障。检查风扇电动机是否损坏，可以给电动机施加蓄电池电压，检查电动机是否运转正常，如不运转，更换风扇电动机总成。如运转正常，需要检查冷却液温度传感器和风扇控制电路的故障。

四、散热器的拆装、清洗与检查

1. 散热器的检查

散热器及冷却系统密封性检查：发动机停止运转时，在散热器加水口装上散热器压力检测器，在散热器内充入 100kPa 压力的压缩空气，观察压力检测器的压力下

降值，若2min内压力下降超过15kPa，则散热器或冷却液水道等有泄漏，如图5-26所示。

2. 散热器的拆装

1）排放冷却液。

2）松开散热器进、出冷却液软管上的夹箍，拔下散热器上的进、出冷却液软管。

3）拔下冷却风扇电动机线束的插接器。

4）拆下散热器上部的固定螺钉。

5）将散热器连同风扇一起拆下。

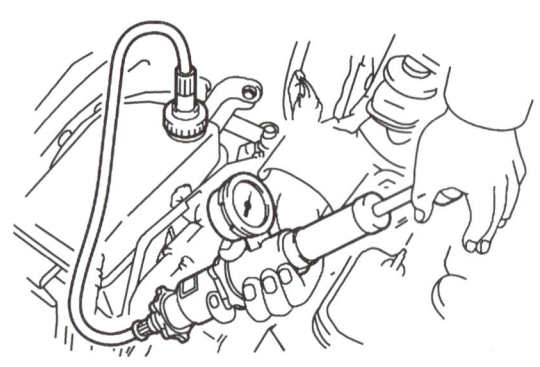

图5-26 水箱压力测试

3. 散热器的清洗

散热器在使用过程中，会因腐蚀和积垢等原因影响冷却效果。清洗散热器、去除水垢，是恢复散热器散热能力的有效方法。

一般采用解体法清洗，即拆去上、下水室（或左、右水室），用通条疏通散热管；对于不能解体的散热器，当严重脏污时就必须更换散热器。

4. 散热器的安装

按与拆卸相反顺序安装即可。

五、节温器的拆卸与检查

1. 节温器的拆卸

1）先从放水开关处放出部分冷却液。

2）拆开气缸盖端的散热器进水管。

3）拆开节温器盖，取下节温器。

2. 节温器的检查

1）将拆下的节温器放入透明玻璃容器中加热，并用温度计测量温度，如图5-27所示。

2）检查阀的初开温度、全开温度及其开启量。如不符合规定时，应更换节温器。

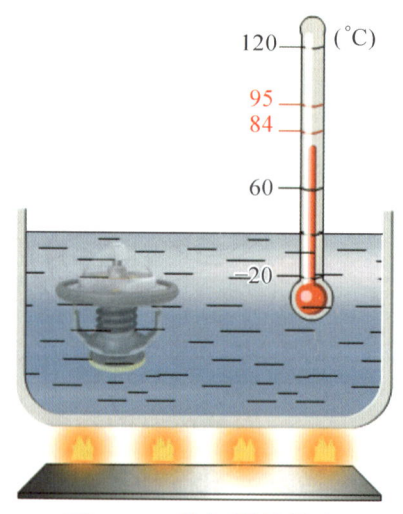

图5-27 节温器的检查

3. 节温器的更换

1）安装节温器时，节温器外壳垫片必须更换。节温器上的排气孔或摆锤孔必须向上，在加注冷却液时，空气才能排出；若安装方向错误，会造成排气不良，从而影响散热效果。

2）安装节温器盖及散热器进水管。

3）补充冷却液或防冻液，并检查液位。

小贴士：

丰田卡罗拉1ZR发动机阀的初开温度约为84℃、全开温度为95℃、开启量约为10mm。

六、水泵的检查与更换

1. 水泵的车上检查

1）检查水泵壳体上应无冷却液或冷却液泄漏的痕迹，否则应更换水泵。

2）先拆下驱动水泵的传动带，摇晃水泵传动带轮应无明显的松旷量，否则更换水泵。

3）旋转水泵带轮，检查并确认水泵轴承运转平稳且无噪声，否则更换水泵，如图 5-28 所示。

2. 水泵的拆卸

1）先从放水开关处放出全部冷却液。

2）拆卸驱动水泵的传动带。

3）拧松水泵壳体的固定螺栓，如图 5-29 所示。

4）取出水泵。

3. 水泵的安装

按与拆卸相反顺序安装即可。

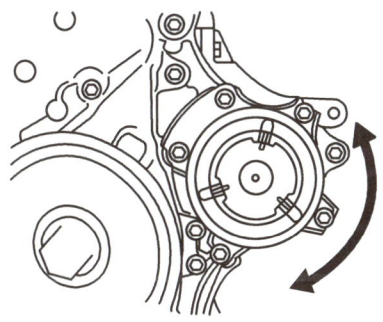

图 5-28　水泵的检查

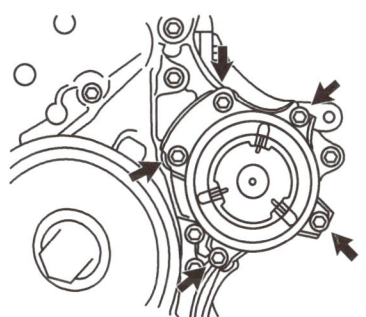

图 5-29　水泵壳体固定螺栓

检查冷却系统	工作任务单	班级：
		姓名：

1. 车辆信息记录

品牌		整车型号		生产年月	
发动机型号		发动机排量		行驶里程	
车辆识别代号					

2. 冷却液的检查

项目名称	记录	项目名称	记录
冷却液液位		查询冷却液型号	
冷却液冰点			

3. 冷却液的更换与泄漏检查

项目名称	记录	项目名称	记录
冷却液的更换		更换后冷却液液位	
冷却系统泄漏检查	泄漏位置1		
	泄漏位置2		
	泄漏位置3		

4. 水泵传动带的检查与调整

项目名称	张紧力	外观状况	判定	维修措施
水泵传动带			正常□ 损坏□	调整□ 维修□ 更换□

5. 冷却风扇的检查

项目名称	电阻	施加电压	判定	维修措施
风扇电动机			正常□ 损坏□	调整□ 维修□ 更换□
风扇继电器			正常□ 损坏□	调整□ 维修□ 更换□

6. 节温器的检查

项目名称	加热测试	判定	维修措施
节温器		正常□ 损坏□	调整□ 维修□ 更换□

7. 查阅维修手册

序号	部件名称	章节及页码	规格（公制）
1	水泵固定螺栓拧紧力矩	第　章　页	
2		第　章　页	
3		第　章　页	

检查冷却系统			实习日期：		
姓名：		班级：	学号：		教师签名：
自评：□熟练　□不熟练			互评：□熟练　□不熟练		师评：□合格　□不合格
日期：			日期：		日期：

检查冷却系统【评分细则】

序号	评分项	得分条件	分值	评分要求	自评	互评	师评
1	安全 / 7S/ 态度	□ 1. 能进行工位 7S 操作 □ 2. 能进行设备和工具安全检查 □ 3. 能进行车辆安全防护操作 □ 4. 能进行工具清洁、校准、存放操作 □ 5. 能进行三不落地操作	15	未完成1项扣3分，扣分不得超过15分	□熟练 □不熟练	□熟练 □不熟练	□合格 □不合格
2	专业技能能力	作业 1 □ 1. 能正确地检查冷却液液位 □ 2. 能正确地测量冷却液冰点 □ 3. 能正确地更换冷却液 □ 4. 能正确地检查冷却系统是否泄漏 □ 5. 能正确地检查水泵 □ 6. 能正确地检查散热器 □ 7. 能正确地检查水泵传动带的张紧力 □ 8. 能正确地检查水泵传动带的损坏情况 作业 2 □ 1. 能正确地检查冷却风扇电动机电阻 □ 2. 能正确地给风扇电动机施加电压测试 □ 3. 能正确地检查节温器 作业 3 □ 1. 能正确地拆装水泵传动带 □ 2. 能正确地拆装传动带张紧轮 □ 3. 能正确地拆装散热器 □ 4. 能正确地拆装节温器 □ 5. 能正确地拆装水泵	50	未完成1项扣3分	□熟练 □不熟练	□熟练 □不熟练	□合格 □不合格
3	工具及设备的使用能力	□ 1. 能正确地选用维修工具 □ 2. 能正确地使用维修工具 □ 3. 能正确地使用冰点测试仪 □ 4. 能正确地使用万用表 □ 5. 能正确地使用施加电压的线束	10	未完成1项扣2分，扣分不得超过10分	□熟练 □不熟练	□熟练 □不熟练	□合格 □不合格
4	资料、信息查询能力	□ 1. 能正确地识读维修手册查询资料 □ 2. 能正确地使用用户手册查询资料 □ 3. 能正确地记录所查询资料的章节及页码 □ 4. 能正确地记录所需维修信息	10	未完成1项扣2分	□熟练 □不熟练	□熟练 □不熟练	□合格 □不合格
5	数据判断和分析能力	□ 1. 能判断冷却液位是否正常 □ 2. 能判断冷却液冰点是否正常 □ 3. 能判断冷却系统是否泄漏 □ 4. 能判断冷却风扇电动机是否正常 □ 5. 能判断冷却风扇继电器是否正常 □ 6. 能判断节温器是否正常	10	未完成1项扣2分，扣分不得超过10分	□熟练 □不熟练	□熟练 □不熟练	□合格 □不合格
6	表单填写报告的撰写能力	□ 1. 字迹清晰 □ 2. 语句通顺 □ 3. 无错别字 □ 4. 无涂改 □ 5. 无抄袭	5	未完成1项扣1分，扣分不得超过5分	□熟练 □不熟练	□熟练 □不熟练	□合格 □不合格
总分：							

项目六 / Project 6

润滑系统构造与维修

任务

检查润滑系统

🔧 学习目标

知识目标

1）掌握润滑系统的作用、组成与润滑方式。

2）掌握润滑系统的工作过程。

技能目标

1）具有更换发动机机油与滤清器的能力。

2）具有检测发动机机油压力的能力。

素养目标

1）能够在工作过程中与小组其他成员合作、交流，养成团队合作意识，锻炼沟通能力。

2）养成 7S 的工作习惯。

3）养成服从管理、规范作业与精益求精的良好工作习惯。

🚗 任务描述

有一位丰田卡罗拉轿车用户打电话到维修站，车主反映车辆在高速路上行驶时，突然发现仪表板上的机油压力警告灯亮起，如图 6-1 所示。现在不敢继续行驶，车辆停靠在路边，等待救援服务。

图 6-1　机油压力警告灯

相关知识

一、润滑系统的作用

润滑系统的作用就是在发动机工作时连续不断地把数量足够的洁净机油输送到所有传动件的摩擦表面，并在摩擦表面之间形成油膜，实现液体摩擦，从而减小摩擦阻力，降低功率损耗，减轻机件磨损，以达到提高发动机工作可靠性和耐久性的

目的。润滑系统的具体作用可归纳为以下 7 个方面。

1. 润滑作用

润滑运动零部件表面，实现液体摩擦，减小零部件的摩擦阻力和磨损，降低发动机的功率损失。

2. 清洗作用

机油在润滑系统内不断循环，清洗摩擦表面，带走磨屑和其他异物。

3. 冷却作用

机油在润滑系统内循环带走零部件摩擦产生的热量，起到冷却作用，使零部件温度不致过高。

4. 密封作用

机油在运动零部件之间形成油膜，提高它们的密封性，有利于防止漏气。

5. 防锈蚀作用

机油在零部件表面形成油膜，对零部件表面起保护作用，防止零部件与水分、空气及燃气接触而发生氧化和锈蚀。

6. 液压作用

机油可用作液压油，起液压作用，如液压挺柱。

7. 减振缓冲作用

机油在运动零部件表面形成油膜，利用油膜的不可压缩性，缓解配合件之间的冲击并减小振动，起减振缓冲作用。

二、润滑系统的润滑方式

1. 压力润滑

利用机油泵，将具有一定压力的机油源源不断地送往摩擦表面的间隙中。主要应用于负荷大，运动速度高的零部件。例如，曲轴主轴承、连杆轴承及凸轮轴轴承、摇臂等处形成油膜以保证润滑，如图 6-2a 所示。

2. 飞溅润滑

利用发动机工作时运动零部件飞溅起来的油滴或油雾来润滑摩擦表面的润滑方式称为飞溅润滑。主要应用于裸露在外面承受载荷较轻的零部件（例如气缸壁），相对滑动速度较小的零部件（例如活塞销以及配气机构的凸轮表面、挺柱表面等）得到润滑，如图 6-2b 所示。

3. 复合润滑

汽车发动机同时采用两种润滑方式，称为复合润滑。

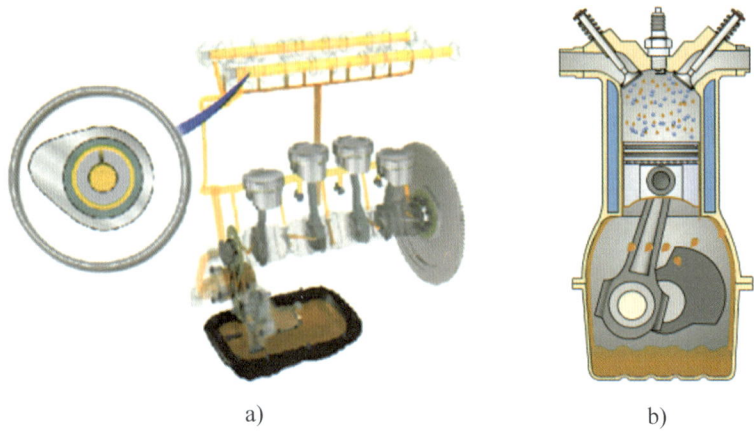

a)   b)

图 6-2　发动机润滑方式

a）压力润滑　b）飞溅润滑

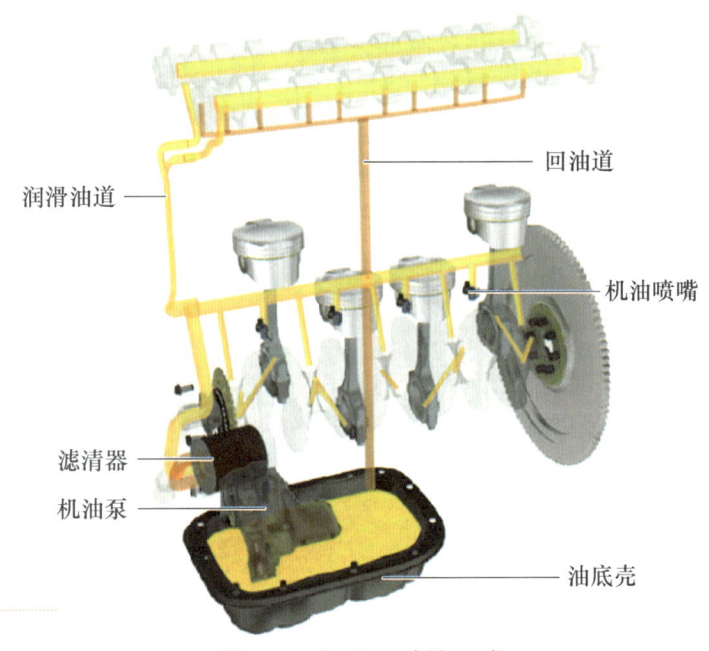

润滑油道 —

回油道

机油喷嘴

滤清器

机油泵

油底壳

图 6-3　润滑系统的组成

三、润滑系统的组成

润滑系统一般由机油泵、油底壳、滤清器、润滑油道和机油喷嘴等组成，如图 6-3 所示。

1. 机油泵

（1）作用　机油泵的作用是将油底壳中的机油加压输送到各个需要润滑的部位。

（2）类型　发动机上常采用的机油泵有齿轮式和转子式两种，如图 6-4 所示。

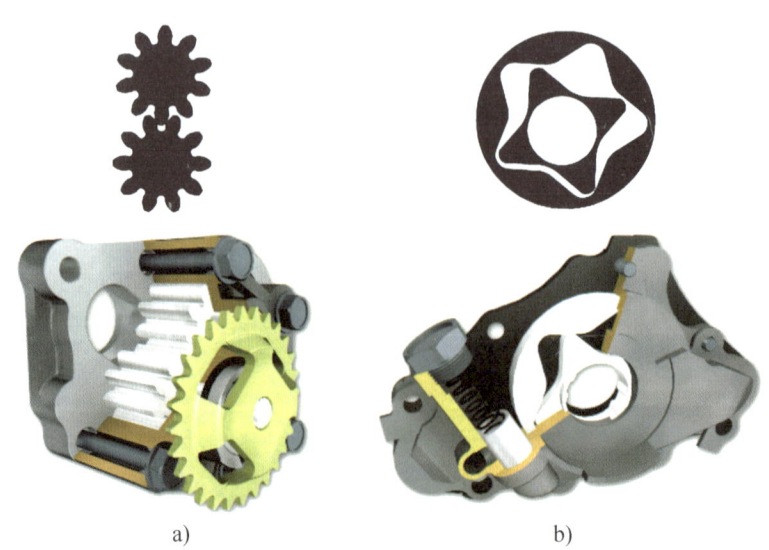

a)   b)

图 6-4　机油泵的类型

a）齿轮式机油泵　b）转子式机油泵

（3）**转子式机油泵的结构与工作原理**　转子式机油泵由壳体、内转子、外转子、限压阀、限压阀弹簧和集滤器等组成，如图6-5所示。内转子固定在转子轴上，由曲轴齿轮直接或间接驱动，内转子和外转子中心有一定的偏心距，内转子带动外转子一起沿同一个方向转动。内转子有4个凸齿、外转子有5个凹齿，这样就可以使内、外转子同向不同步的旋转。

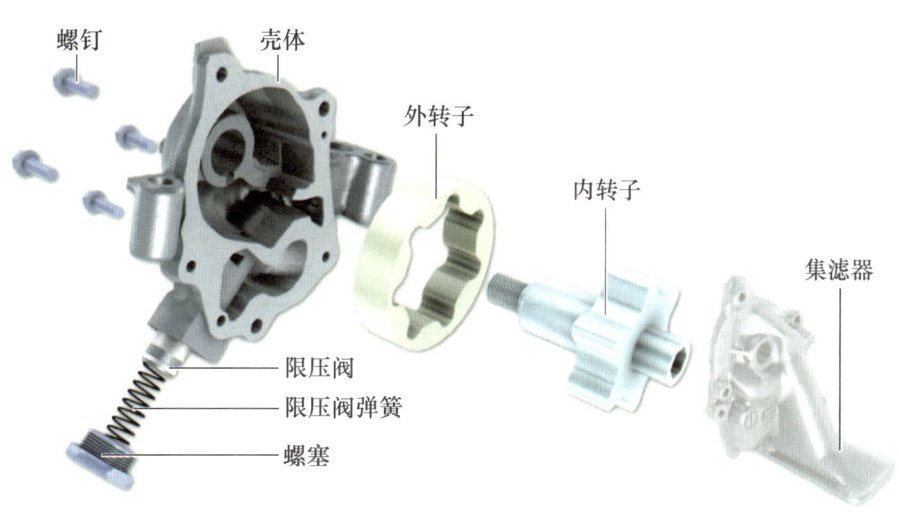

图 6-5　转子式机油泵的结构

　　将内转子安装到外转子内后，内、外转子间就会形成4个工作腔，随着转子的转动，这4个工作腔的容积是不断变化的（见图6-6a）。在进油道的一侧空腔，由于转子脱开啮合，容积逐渐增大，产生真空，机油被吸入（见图6-6b）；转子继续旋转，机油被带到出油的一侧（见图6-6c），这时，转子正好进入啮合，使这一空腔容积减小、油压升高，机油从齿间挤出并经出油道压送出去（见图6-6d）。这样，随着转子的不断旋转，机油就不断地被吸入和压出。

　　由于机油泵受发动机的驱动，如果发动机的转速较高时，机油的压力也可能过高。因此，在机油泵的出油道处装有一个限压阀，用以限制润滑系统中机油的最高压力。当机油压力较低时，限压阀在弹簧的作用下处于关闭位置，如图6-7a所示；当机油的压力超过预定的压力时，机油压力克服限压阀弹簧的作用力，顶开阀门，一部分机油从侧面通道流入油底壳内，使油道内的油压下降至设定的正常值，如图6-7b所示。

（4）**齿轮式机油泵的结构与工作原理**　齿轮式机油泵主要由一对外啮合的主动齿轮和从动齿轮等组成，如图6-8所示。

　　齿轮式机油泵的工作原理如图6-9所示，主动齿轮带动从动齿轮旋转时，进油腔容积由于轮齿脱离啮合而增大，腔内形成一定的真空，机油从进油口吸入；旋转的齿轮将齿间的机油带到出油腔，出油腔容积由于轮齿进入啮合而减小，油压升高，机油经出油口压出。

机油泵
工作原理

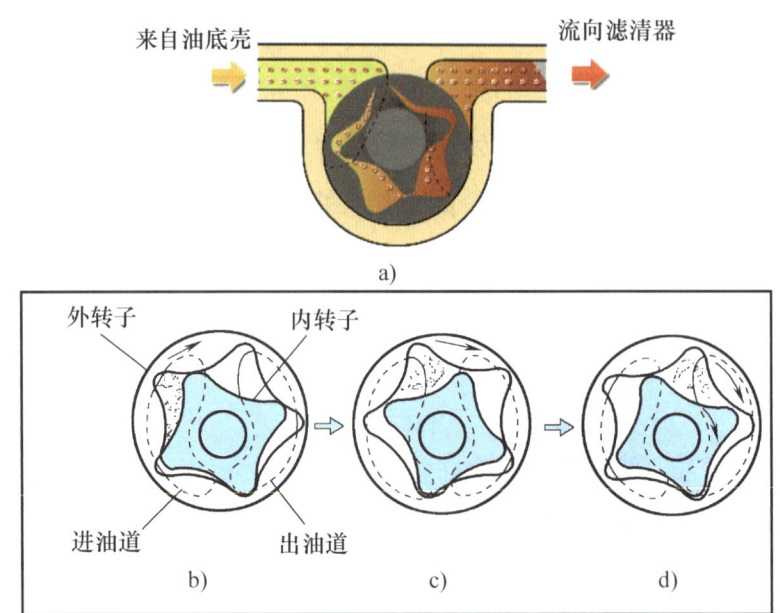

图 6-6　机油泵的工作原理

a）实物　b）进油　c）压油　d）出油

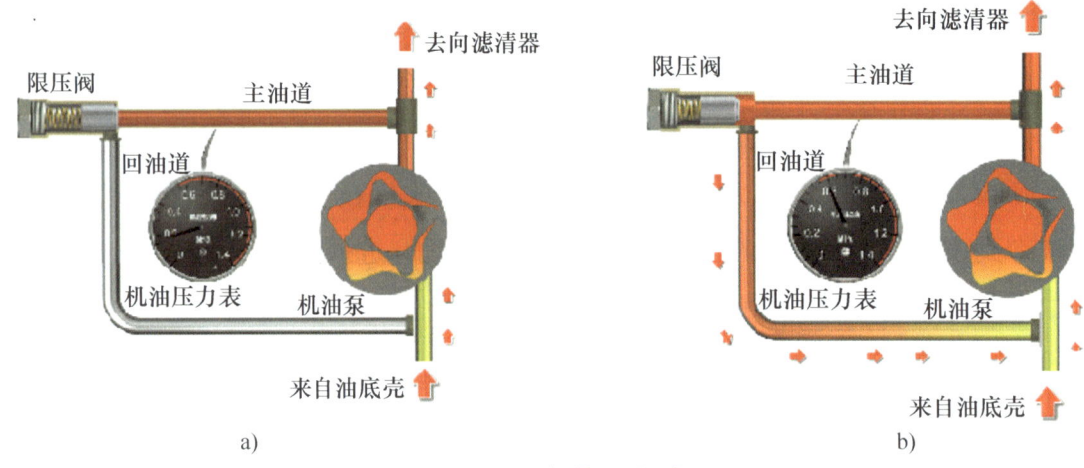

a)

b)

图 6-7　限压阀的工作过程

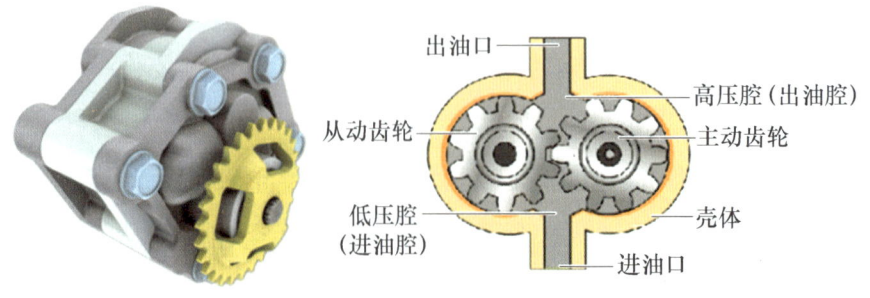

图 6-8　齿轮式机油泵

2. 滤清器

（1）**机油粗滤器** 机油粗滤器也称为集滤器，装在机油液面下，它主要由壳体、防护罩和滤网组成，如图 6-10 所示。

齿轮式机油泵的工作原理

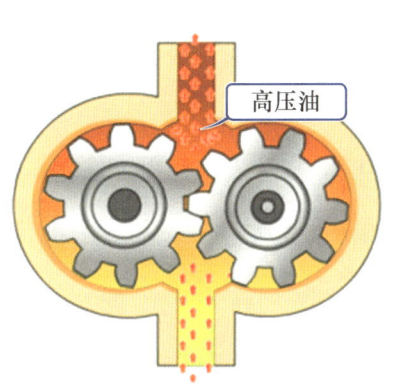

高压油

图 6-9 齿轮式机油泵的工作原理

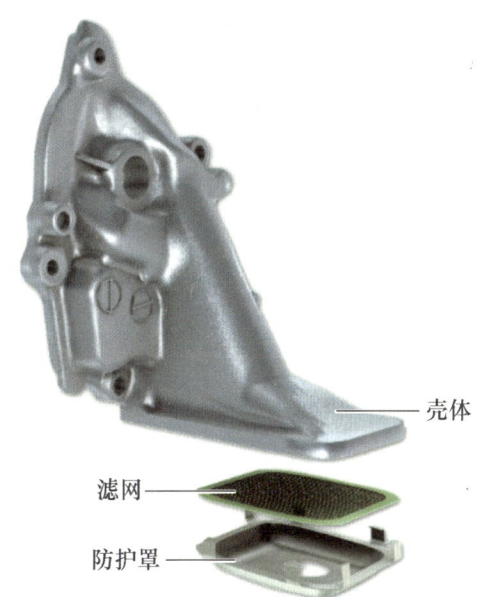

壳体

滤网

防护罩

图 6-10 机油粗滤器

它用来过滤较大颗粒的杂质，防止较大的机械杂质进入机油泵，如图 6-11 所示。

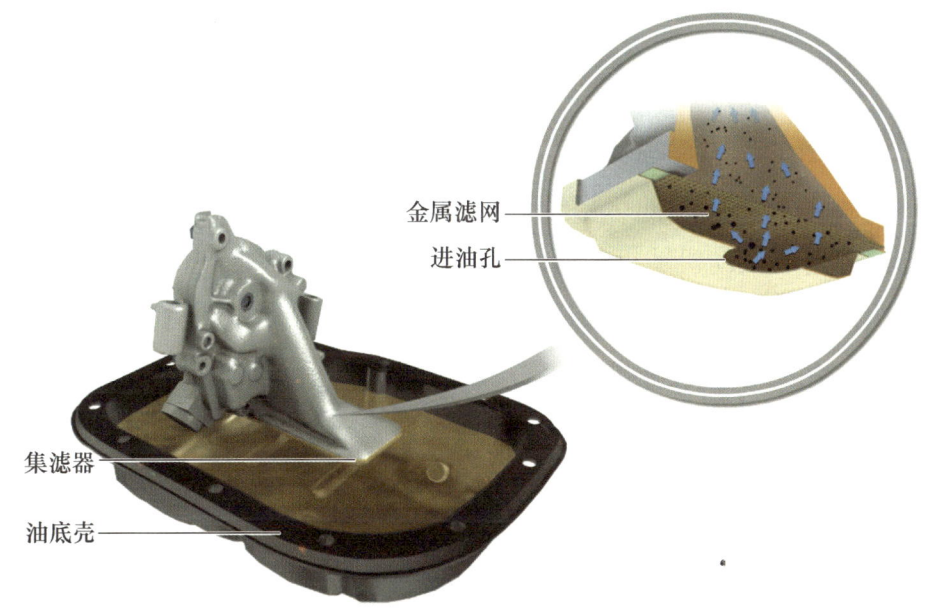

金属滤网

进油孔

集滤器

油底壳

图 6-11 粗滤器的作用

（2）**机油滤清器** 机油滤清器（见图 6-12）的作用是过滤一些细小粉尘和金属粉粒。

机油滤清器主要由壳体、滤芯和安全阀（旁通阀）等组成，如图 6-13 所示。轿车上主要使用纸质滤芯。

机油滤清器
工作原理

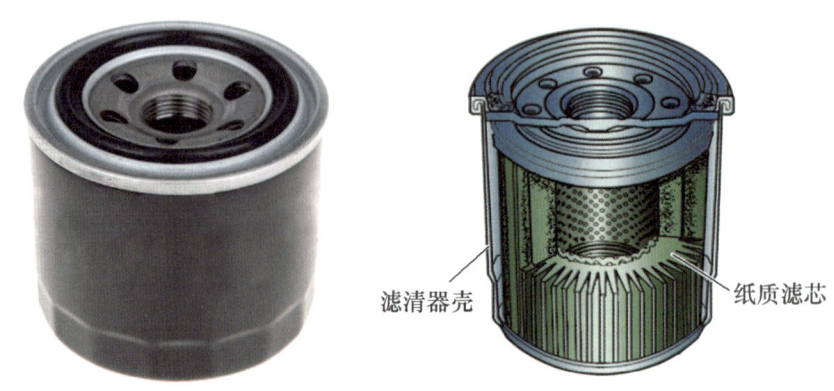

滤清器壳　　　　　纸质滤芯

图 6-12　机油滤清器

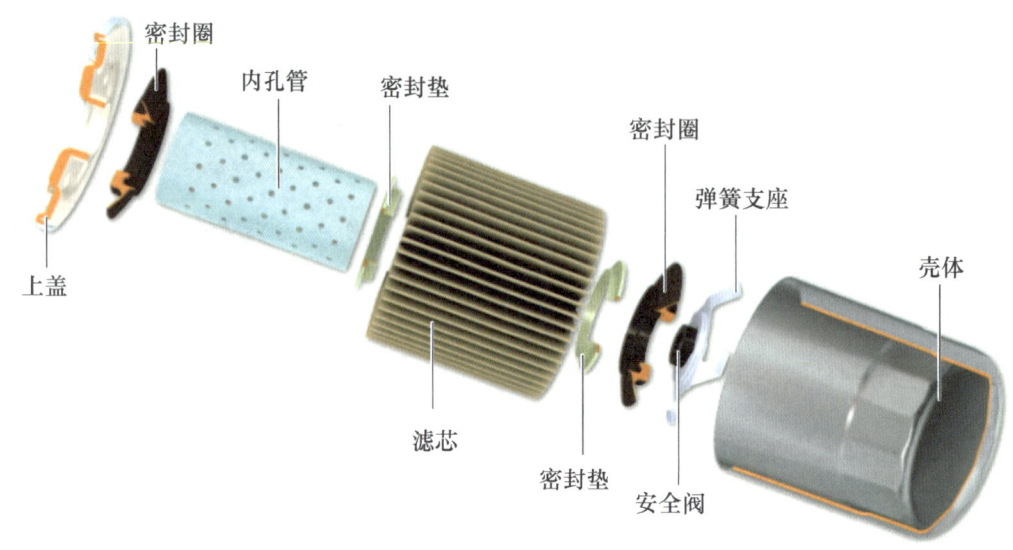

密封圈　　内孔管　　密封垫　　　密封圈　　弹簧支座

上盖　　　　　　　滤芯　　　密封垫　　安全阀　　壳体

图 6-13　机油滤清器的结构

　　从机油泵过来的压力机油从滤芯的外围进入，经滤芯过滤后，从机油滤清器的中央送出；当滤芯堵塞时，油压将旁通阀推开，机油经旁通阀直接送出，防止由于机油滤清器堵塞造成发动机缺机油而烧坏。

3. 机油尺

　　机油尺的作用是用来检查机油液位和油质，其结构有如图 6-14 所示的两种：一种是一片金属片，其下端扭曲 90°，用缺口或孔表示上、下限位置（上图）；另一种是一个金属杆，其下端制成扁平形，并有刻线（下图）。油底壳内的机油应保持在机油尺的上限与下限之间；通常，添加机油时，应加至机油尺的上限。

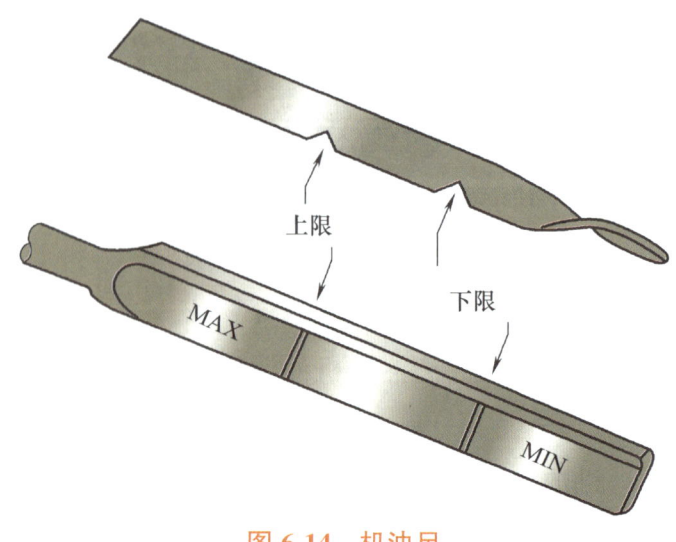

上限　　　　下限

MAX

MIN

图 6-14　机油尺

4. 机油压力警告灯

机油压力警告灯设在驾驶室仪表板上，用来指示机油压力，便于驾驶人能随时掌握润滑系统的工作状况。当点火开关在"ON"位时，警告灯应亮起；发动机发动后数秒内，警告灯熄灭，表示油压正常。当主油道内的油压低于100kPa时，警告灯就会亮起，此时应立即停车检查。

四、润滑系统的油路

当发动机工作时，机油泵从油底壳中吸取机油，经机油滤清器过滤后的机油分成两路：一路进入气缸体主油道，经主油道将机油分配到各曲轴主轴承，再由曲轴上的斜油孔通往各连杆轴承，由连杆体中的油孔通往连杆小头衬套；第二路经过气缸体通向气缸体上平面油道，一般经气缸盖的螺栓孔进入气缸盖主油道，将机油分配到各凸轮轴轴颈及液压挺柱，润滑后的机油从回油道重新流回油底壳，如图6-15所示。

润滑系统原理

五、发动机机油

国际上对于发动机机油的分类采用的是美国汽车工程师协会（SAE）的机油黏度分类法和美国石油协会（API）的质量等级标准分类，如图6-16所示。

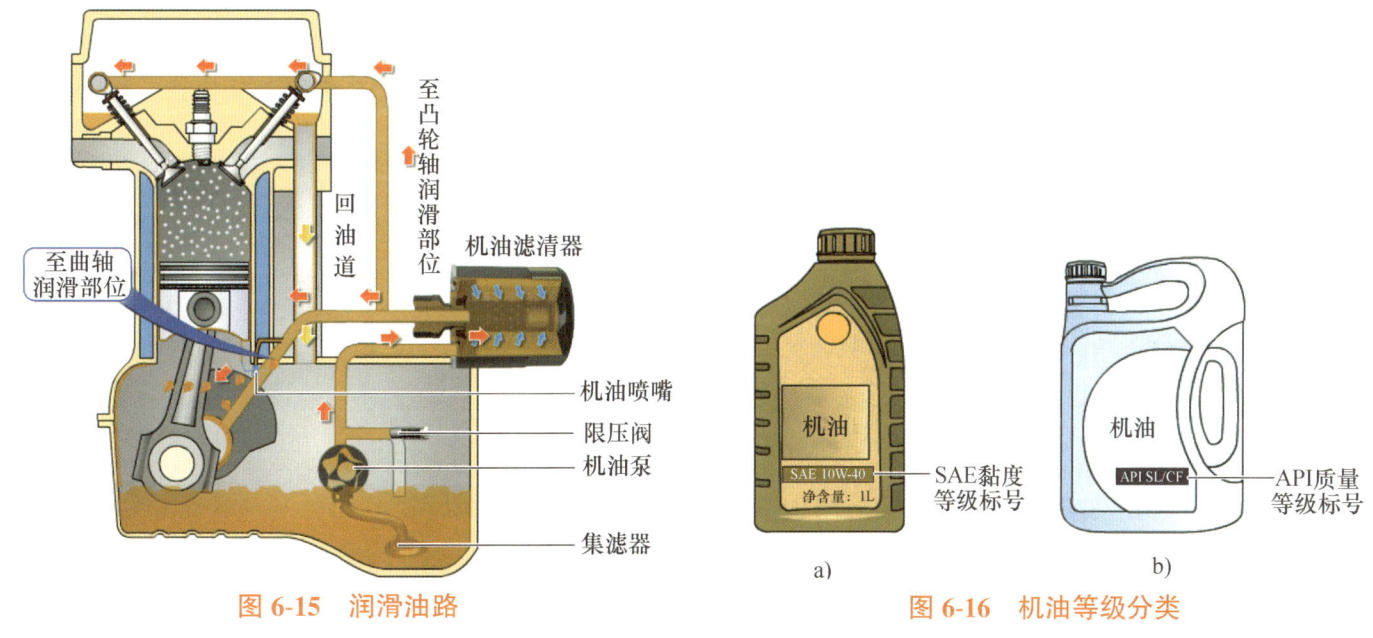

图6-15　润滑油路

图6-16　机油等级分类
a）黏度等级（SAE）　b）质量等级（API）

1）美国汽车工程师协会（SAE）按机油黏度等级将机油分类。机油标号有：SAE5W-30、SAE15W-40、SAE20W-50等。这种标号横杠前半部分表示该标号机油所符合的冬季低温黏度性能，横杠后半部分表示符合的夏季高温黏度性能。W前的数

字越小，表示机油在低温时越不容易变黏，汽车起动越容易。而 W 后边的数字越大，表明该机油在高温环境越不容易变稀，生成的油膜强度更强。

2）美国石油学会（API）将机油分为汽油机用机油和柴油机用机油两类，它按机油质量等级将机油划分为不同的级别，该标准以字母"S"代表汽油机油，然后对不同等级的机油按英文字母顺序分别排在字母"S"之后，字母越往后，其质量级别越高。以字母"C"代表柴油机用机油，其质量级别的高低按英文字母的顺序排列，字母越往后，其级别也越高。

汽油机机油 API 级别为：SA、SB、SC、SD、SE、SF、SG、SH、SJ、SL、SM、SN。现在最低级别是 SG 级，而最高级已经达到 SN 级。

柴油机机油 API 级别为：CA、CB、CC、CD、CE、CF、CG、CH、CI。

检查润滑系统	学习任务单	班级： 姓名：

1. 润滑系统的具体作用可归纳为_____、_____、_____、_____、_____、_____和_____七个方面。

2. 发动机润滑系统的润滑方式主要有_____、_____和复合润滑方式三种，汽车用发动机常采用_____方式。

3. 写出下图划线处零部件的名称。

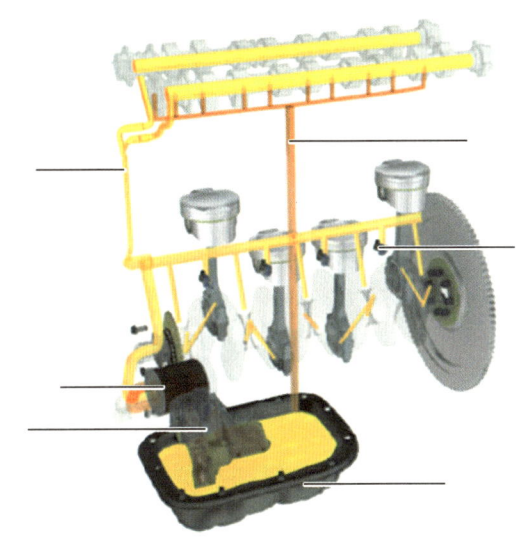

4. 机油泵的作用是将油底壳中的机油_____到各个需要润滑的部位。发动机上常采用的机油泵有_____式和_____式。

5. 机油粗滤器也称为_____，装在机油液面下，它主要由壳体、防护罩和滤网组成，它用来过滤_____，防止较大的机械杂质进入机油泵。

6. 机油滤清器的作用是过滤_____粉尘和金属粉，主要由壳体、_____和安全阀（旁通阀）等组成。

7. 机油压力警告灯设在_____上，当点火开关在"ON"位时，警告灯应亮起；发动机发动后数秒内，警告灯_____，表示油压正常。

任务实施

实训任务　检查润滑系统

实训器材：

整车或可运行发动机实训台架、机油压力表、测试灯、常用维修工具和维修手册等。

作业准备：

1）将车辆在工位上停放并摆正。

2）铺好车内和车外护套。

操作步骤：

一、检查发动机机油

1. 检查机油油位

1）车辆应停放在平坦的地面上。

2）关闭发动机，等待几分钟以便机油回流到油底壳内。

3）拉出机油尺，用抹布擦干净后将其插回。

4）再次拉出机油尺并保持尖头朝下，检查机油液面是否在上、下标记之间。如果机油油位过低，应检查发动机各结合面、油封、排放塞等处是否有泄漏。排除完泄漏部位的故障后，再添加适量的机油。

2. 检查机油质量

拔出机油尺的同时可以观察机油是否变质、变色或变稀，以及油中是否混水。如机油质量明显不佳，则需要更换机油。

二、更换发动机机油与滤清器

1）拆下机油加注口盖并用抹布遮盖机油加注口。

2）安装举升机垫块，操作举升机上升到较高位置。

3）将废油收集桶推到发动机油底壳的正下方。

4）选用合适工具拧松机油排放塞。

5）一手拿抹布，另一只手旋出排放塞，机油完全排出。

6）用机油滤清器扳手将滤清器旋松，再用手拧出。

7）用抹布清洁机油滤清器座。

8）对比新旧滤清器型号是否一致。

9）检查新的滤清器外观是否损坏。

10）在新的滤清器密封圈上涂抹机油。

11）安装机油滤清器，并用手将机油滤清器旋紧。

12）再用机油滤清器扳手将滤清器旋紧 3/4 圈。

13）更换机油排放塞垫片。

14）用抹布清洁机油排放塞孔与机油滤清器及座。

15）安装机油排放塞并拧紧到规定力矩。

16）操作举升机下降到地面。

17）用漏斗在机油加注口处加入适量的机油，并拧紧机油加注口盖。

18）起动发动机检查是否存在漏油现象。

19）发动机熄火，检查机油油位是否达到规定位置。

三、测量机油的压力

1）拔下位于气缸体主油道上的机油压力开关线束插接器。

2）用合适的扳手拆下机油压力开关，如图 6-17 所示。

3）安装机油压力表到机油压力开关孔上，如图 6-18 所示。

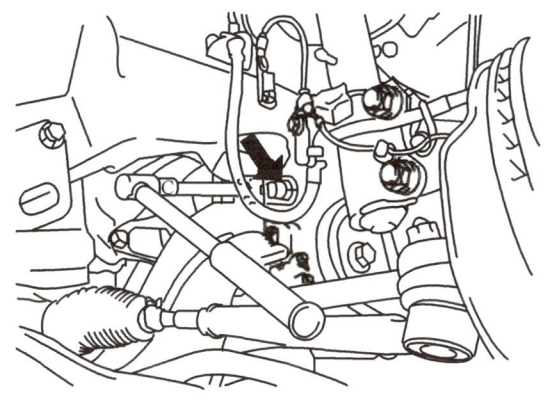

图 6-17 拆下机油压力开关

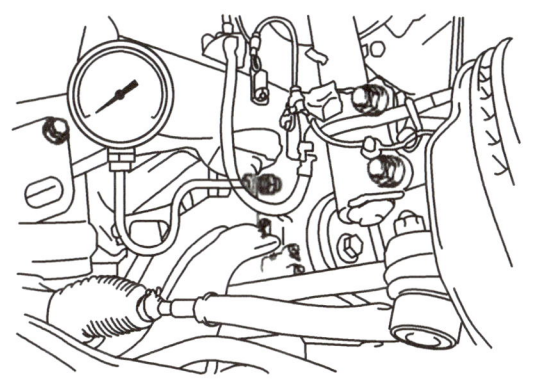

图 6-18 安装机油压力表

4）起动发动机使发动机暖机。

5）察看机油压力表，读取机油压力值，如不符合规定，需要检查机油泵和发动机内部（主轴承及连杆轴承间隙过大）是否异常。如机油压力正常，说明机油压力开关或机油压力警告灯相关电路存在故障。

6）在机油压力开关螺纹上涂抹密封胶，如图 6-19 所示。

7）用合适的扳手安装机油压力开关。

8）连接机油压力开关线束插接器。

9）起动发动机，检查机油是否泄漏。

小贴士：

丰田卡罗拉 1ZR 发动机机油压力：怠速时应大于 25kPa，中速时应为 150~550kPa。

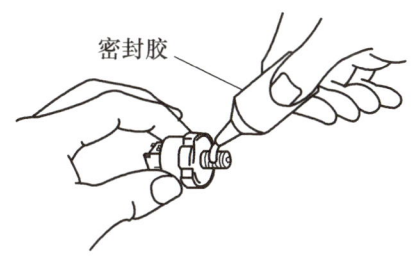

密封胶

图 6-19 涂抹密封胶

155

四、检查机油泵

1. 机油泵的拆卸

1）拆下油底壳放油螺钉，排放发动机机油。

2）拆下油底壳的固定螺栓，并取下油底壳。

3）拆下水泵、发电机、方向助力泵和空调压缩机的驱动传动带。

4）拆下正时带罩盖。

5）拆下正时带。

6）拆下机油泵固定螺栓，并取下机油泵。

2. 机油泵的分解

1）用合适的套筒和扳手拆下机油泵限压阀，并取下限压阀弹簧和阀芯，如图6-20所示。

2）拆卸机油泵盖的固定螺栓，如图6-21所示。

3）取下机油泵的内外转子。

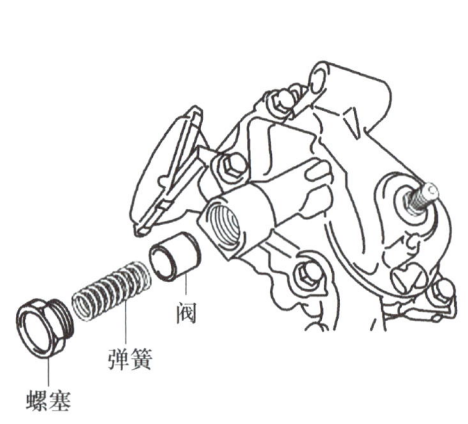

阀

弹簧

螺塞

图6-20　拆卸限压阀

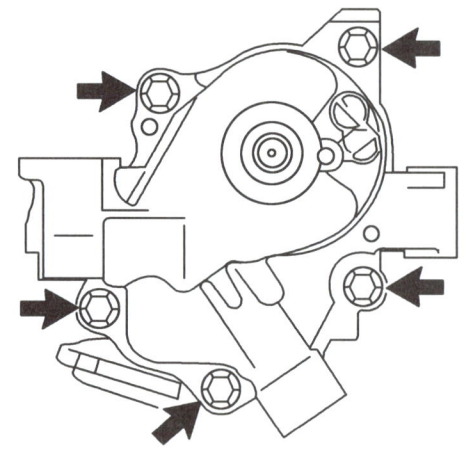

图6-21　机油泵盖固定螺栓

小贴士：

丰田卡罗拉1ZR发动机机油泵的标准值为0.03~0.16mm，最大值为0.35mm。

小贴士：

丰田卡罗拉1ZR发动机机油泵的标准值为0.01~0.08mm，最大值为0.16mm。

3. 机油泵的检修

1）检查机油泵限压阀。在机油泵限压阀阀芯上涂抹一层机油，检查并确认该阀芯能否依靠自身重量顺畅地滑到阀孔中，否则更换机油泵，如图6-22所示。

2）用塞尺测量主动转子与从动转子顶部间隙，如顶部间隙大于最大值，更换机油泵，如图6-23所示。

3）用塞尺和精密直尺，测量主、从动转子和精密直尺间的间隙（侧隙），如间隙大于最大值，更换机

油泵，如图 6-24 所示。

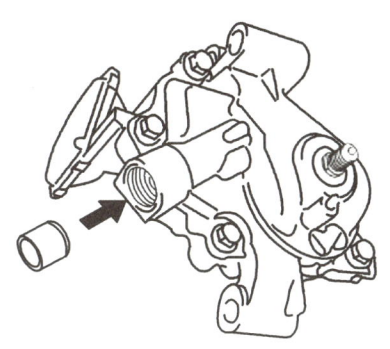

图 6-22 检查限压阀芯

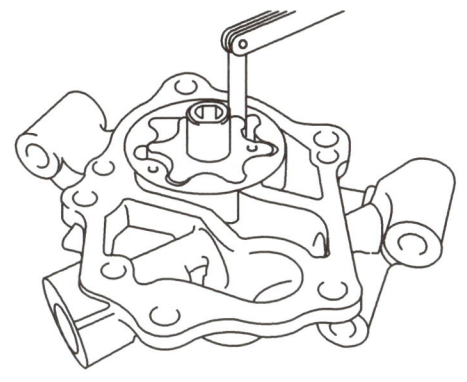

图 6-23 测主从动转子顶部间隙

4）用塞尺测量从动转子与机油泵壳体间的间隙，如间隙大于最大值，更换机油泵，如图 6-25 所示。

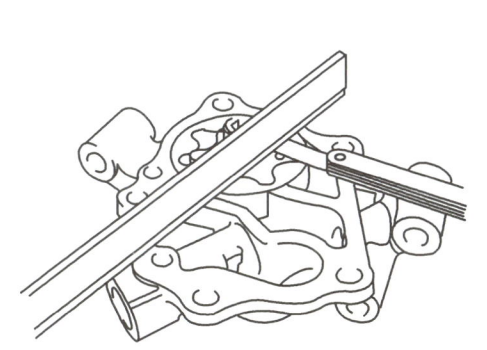

图 6-24 测主从动转子侧隙

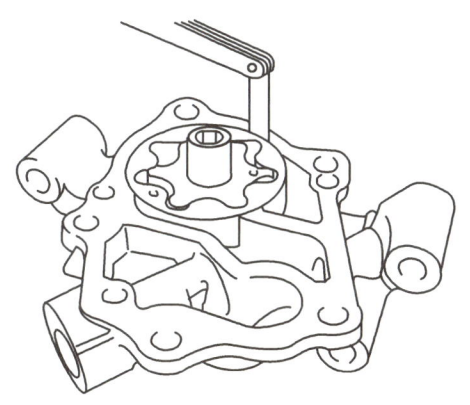

图 6-25 测从动转子与壳体间隙

4. 机油泵的安装

1）将机油泵主、从动转子和壳体用压缩空气清洗干净。

2）在机油泵主、从动转子上涂抹发动机机油。

3）将机油泵主、从动转子标记朝向机油泵盖安装主从动转子，如图 6-26 所示。

> **小贴士：**
>
> 丰田卡罗拉 1ZR 发动机机油泵的标准值为 0.11~0.19mm，最大值为 0.32mm。

4）安装机油泵盖螺栓，并紧固，如图 6-27 所示。

5）安装机油泵限压阀。

五、润滑系统的故障诊断与排除

发动机润滑系统的常见故障有机油压力过低或过高、机油消耗过多等。

1. 机油压力过低

（1）故障现象 发动机怠速运转后，机油压力警告灯闪烁或常亮。

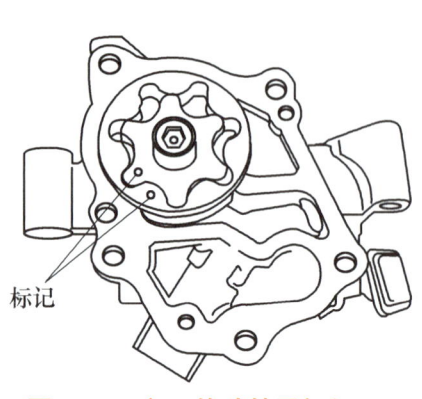

图 6-26　主、从动转子标记

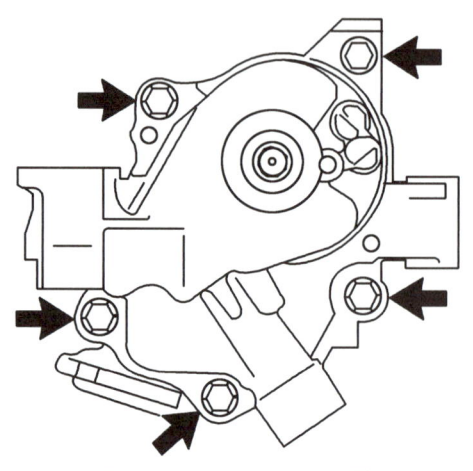

图 6-27　机油泵盖螺栓

（2）故障可能原因

1）机油油量不足。

2）机油黏度太低。

3）机油压力开关效能不佳或失效。

4）气缸体水套出现裂纹，使冷却液漏入油底壳而稀释机油。

5）机油泵齿轮磨损、泵盖磨损或衬垫太厚造成供油压力太低。

6）润滑系统内、外管路或管接头泄漏。

7）机油泵限压阀过软或调整不当、关闭不严、弹簧折断。

8）机油滤清器堵塞。

9）曲轴主轴承、连杆轴承、凸轮轴轴承间隙过大。

（3）故障诊断与排除

1）观察机油压力表或警告灯，发现机油压力过低或为零时，应立即停车熄火，否则会很快发生烧瓦抱轴等机械事故。先拔出机油尺，检查油底壳内机油量及机油品质，若油量不足，应及时添加；若机油中含水或燃油时，应通过拆检，查出渗漏部位；若机油黏度过小，则应更换合适牌号的机油。

2）若机油量充足，再检查机油压力传感器的导线是否松脱。若连接良好，在发动机运转时，拧松机油压力传感器或主油道螺塞，若机油从连接螺纹孔处喷出有力，则为机油压力表或机油压力开关故障。

3）若机油喷出无力，则应立即熄火，检查集滤器、机油泵、限压阀、粗滤器滤芯是否堵塞且旁通阀是否无法打开，各进出油管、油道及油堵是否漏油。

4）若以上检查均正常，则应检查曲轴轴承、连杆轴承或凸轮轴轴承的间隙是否过大，间隙增大会直接影响机油压力。

2. 机油压力过高

（1）故障现象　发动机在正常温度和转速下，机油压力表读数高于规定值。

（2）故障原因

1）机油压力表损坏。

2）机油黏度太大。

3）机油限压阀发卡或调整不当。

4）气缸体的油道堵塞。

5）曲轴主轴承、连杆轴承或凸轮轴轴承的间隙过小。

（3）故障诊断与排除　若发现机油压力过高，应熄火排除故障，否则容易冲裂机油滤清器或机油压力开关。

1）首先检查油底壳油平面是否太高、机油黏度是否过大。

2）检查限压阀是否调整不当（弹簧是否过硬）；对于新装发动机，应检查主轴承、连杆轴承或凸轮轴轴承是否间隙过小。

3）检查主油道是否堵塞。

4）若机油压力突然增高，而未见其他异常现象，应检查机油压力传感器及导线是否有搭铁故障。

5）接通点火开关，机油压力表即有压力指示，则应检查机油压力表或机油压力传感器是否完好。

3. 机油消耗异常

（1）故障现象　机油消耗量超过规定值（机油消耗率超过 0.1~0.5L/100km）。

（2）故障原因

1）活塞与缸壁间隙过大。

2）扭曲活塞环方向装反。

3）活塞环抱死，或其开口转到一起。

4）活塞环磨损过甚或弹力不足。

5）活塞环端隙、侧隙或背隙过大。

6）气门杆油封损坏。

7）气门导管磨损过甚。

8）曲轴箱通风不良。

9）正时齿轮室密封不良，油封漏油。

10）油底壳或气门室盖漏油。

（3）故障诊断与排除

1）首先检查外部是否有漏油，应特别注意曲轴前端和后端、凸轮轴后端油堵是

否漏油。

2）若排气管冒蓝烟，则为烧机油造成的。当发动机大负荷、高速运转时，排气管大量冒蓝烟，同时机油加注口也向外冒蓝烟，该蓝烟是活塞、活塞环与气缸壁磨损过甚造成的；活塞环的端隙、侧隙或背隙过大；多个活塞环端隙口转到一起，扭曲环装反等，使机油窜入燃烧室。

3）若发动机大负荷运转时，排气管冒蓝烟，但机油加注口无烟，则为气门杆油封损坏，气门导管磨损过甚（尤其是进气门），使机油被吸入燃烧室。

检查润滑系统	工作任务单	班级：
		姓名：

1. 车辆信息记录

品牌		整车型号		生产年月	
发动机型号		发动机排量		行驶里程	
车辆识别代号					

2. 机油的检查

项目名称	记录	项目名称	记录
机油液位		查询机油使用型号	
检查机油质量			

3. 机油的更换与泄漏检查

项目名称	记录车辆行驶里程	项目名称	记录
机油及滤清器的更换		更换后机油液位	
润滑系统泄漏检查	泄漏位置 1		
	泄漏位置 2		
	泄漏位置 3		
	泄漏位置 4		

4. 润滑系统压力测试

项目名称	测量值	标准值	判定	维修措施
怠速压力			正常□　损坏□	调整□　维修□　更换□
中速压力			正常□　损坏□	调整□　维修□　更换□

5. 润滑系统的故障与排除

项目名称	故障灯	项目名称	判定
机油压力警告灯	亮□　不亮□	润滑系统压力测试	低□　高□
故障可能原因			
故障点确认			
维修措施	调整□　维修□　更换□		

6. 查阅维修手册

序号	部件名称	章节及页码	规格（公制）
1	机油排放塞拧紧力矩	第　章　页	
2	机油滤清器拧紧力矩	第　章　页	
3	机油加注量	第　章　页	

检查润滑系统			实习日期:		
姓名:		班级:	学号:		教师签名:
自评:□熟练 □不熟练		互评:□熟练 □不熟练	师评:□合格 □不合格		
日期:		日期:	日期:		

检查润滑系统【评分细则】

序号	评分项	得分条件	分值	评分要求	自评	互评	师评
1	安全/7S/态度	□ 1. 能进行工位7S操作 □ 2. 能进行设备和工具安全检查 □ 3. 能进行车辆安全防护操作 □ 4. 能进行工具清洁、校准、存放操作 □ 5. 能进行三不落地操作	15	未完成1项扣3分,扣分不得超过15分	□熟练 □不熟练	□熟练 □不熟练	□合格 □不合格
2	专业技能能力	作业1 □ 1. 能正确地检查机油液位 □ 2. 能正确地查询机油使用型号 □ 3. 能正确地检查机油是否变质 □ 4. 能正确地更换机油和滤清器 □ 5. 能正确地检查润滑系统是否泄漏 □ 6. 能正确地检查机油排放塞是否漏油 □ 7. 能正确地检查机油滤清器是否漏油 □ 8. 能正确地检查发动机油底壳是否漏油 □ 9. 能正确地检查发动机曲轴箱是否漏油 □ 10. 能正确地检查发动机气缸体是否漏油 □ 11. 能正确地检查曲轴前后油封是否漏油 □ 12. 能正确地检查气缸盖是否漏油 □ 13. 能正确地检查气门室罩是否漏油 作业2 □ 1. 能正确地选用机油压力表 □ 2. 能正确地安装机油压力表 □ 3. 能正确地拆装机油压力开关 □ 4. 能正确地检测润滑系统压力 □ 5. 能正确地检查机油压力警告灯是否正常 作业3 □ 1. 能正确地拆装机油泵 □ 2. 能正确地检测机油泵	50	未完成1项扣3分,扣分不得超过50分	□熟练 □不熟练	□熟练 □不熟练	□合格 □不合格
3	工具及设备的使用能力	□ 1. 能正确地选用维修工具 □ 2. 能正确地使用维修工具 □ 3. 能正确地使用机油压力表	10	未完成1项扣3分	□熟练 □不熟练	□熟练 □不熟练	□合格 □不合格
4	资料、信息查询能力	□ 1. 能正确地识读维修手册查询资料 □ 2. 能正确地使用用户手册查询资料 □ 3. 能正确地记录所查询资料的章节及页码 □ 4. 能正确地记录所需维修信息	10	未完成1项扣2分	□熟练 □不熟练	□熟练 □不熟练	□合格 □不合格
5	数据判断和分析能力	□ 1. 能判断机油液位是否正常 □ 2. 能判断机油是否变质 □ 3. 能判断润滑系统是否泄漏 □ 4. 能判断润滑系统压力是否正常 □ 5. 能判断机油压力警告灯是否正常	10	未完成1项扣2分,扣分不得超过10分	□熟练 □不熟练	□熟练 □不熟练	□合格 □不合格
6	表单填写报告的撰写能力	□ 1. 字迹清晰 □ 2. 语句通顺 □ 3. 无错别字 □ 4. 无涂改 □ 5. 无抄袭	5	未完成1项扣1分,扣分不得超过5分	□熟练 □不熟练	□熟练 □不熟练	□合格 □不合格

总分:

参 考 文 献

［1］胡胜.汽车发动机构造与维修［M］.3 版.北京：机械工业出版社，2018.

［2］赵殿明.汽车发动机构造与维修［M］.哈尔滨：哈尔滨工业大学出版社，2014.

［3］北京中车行高新技术有限公司.汽车专业领域职业技能等级证书汽车运用与维修职业技能考核培训方案准则
　　［M］.北京：高等教育出版社，2019.